IGLESIA DEL NAZARENO
MESOAMÉRICA

MINISTERIO DE ESGRIMA BÍBLICO INFANTIL

Josué
Jueces
Rut

¡Solamente esfuérzate y sé muy valiente!

Estudio Bíblico para niños
de 6 a 12 años

Ministerio De Esgrima Bíblico Infantil: Josué, Jueces y Rut

Publicado por: Ministerios de Discipulado de la Región Mesoamérica

www.discipulado.MesoamericaRegion.org

www.MieddRecursos.MesoamericaRegion.org

Copyright © 2022 - Todos los derechos reservados

ISBN: 978-1-63580-309-9

Todos los versículos de las Escrituras que se citan son de la Reina Valera 1960 a menos que se indique lo contrario.

Las personas que participaron en la elaboración original de MEBI:

Carolina Ambrosio

Eva Velázquez

Patricia Picavea

Patricia Zamora

Adaptado por: Pamela Vargas Castillo, con amor para los niños de la Iglesia del Nazareno

Impreso en Guatemala

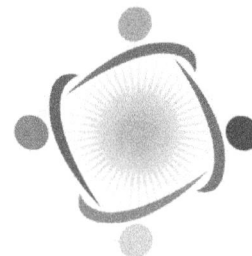

Josué Jueces Rut

Bienvenido al maravilloso ministerio de esgrima bíblico infantil

En este libro usted encontrará:

1. Lecciones de Estudios Bíblicos (p. 12)

2. Guía para trabajar el esgrima infantil con la modalidad de juegos y actividades (MEBI) (p. 94).

3. Guía para trabajar el esgrima infantil con la modalidad de preguntas y respuestas. (p. 169)

4. Preguntas y Respuestas de Josué, Jueces y Rut. (p. 180)

Josué Jueces Rut

Contenido

Josué Jueces Rut

Josué Jueces Rut

Josué Jueces Rut

BIENVENIDA Y RESUMEN

¡Bienvenido a la serie de Estudios Bíblicos para Niños que celebra el discipulado genuino a través de la Palabra transformadora de Dios!

Estos estudios ayudan a los niños, de 6 a 12 años, a adquirir una comprensión práctica de la Biblia. A través de esta serie, los niños ven la historia de Dios a través de la vida de personas reales y eventos históricos. Ven el amor de Dios revelado a través de palabras, acciones y milagros. Aprenden cómo obra Dios a través de la gente común y descubren su lugar en el plan de Dios para redimir al mundo.

Cada lección incluye el contexto bíblico, el contenido y las actividades de repaso. Además, la lección proporciona al maestro preguntas de discusión y de repaso. Las preguntas de repaso de nivel rojo y azul preparan a los niños para participar en un evento opcional de prueba bíblica.

RESUMEN DE LA SERIE DE ESTUDIOS BÍBLICOS PARA NIÑOS
GÉNESIS

Este estudio proporciona la base para toda la serie. Describe la relación de Dios con toda la creación y su deseo de establecer un pueblo para adorarlo. El estudio explica cómo Dios creó el mundo de la nada, formó a un hombre y una mujer y creó un hermoso jardín para su hogar. Revela cómo el mal, el pecado y la vergüenza llegaron al mundo y las consecuencias de las malas decisiones. Génesis presenta el plan de Dios para reconciliar la relación rota que es causada por el pecado. Presenta a Adán, Eva, Noé, Abraham, Isaac y Jacob. Habla sobre el pacto que Dios hizo con Abraham y cómo Jacob llegó a ser conocido como Israel. Génesis cuenta la historia de José, quien salva a los egipcios del hambre. Termina cuando el pueblo israelita se traslada a Egipto para escapar del hambre.

ÉXODO

Éxodo explica cómo Dios continuó cumpliendo su promesa a Abraham. Describe cómo Pharoh esclavizó a los israelitas. Revela cómo Dios usó a Moisés para rescatar a los israelitas de la esclavitud. En Éxodo, Dios establece su autoridad sobre los israelitas. Los guía a través del sacerdocio, el Tabernáculo, los Diez Mandamientos y otras leyes. Dios prepara a los israelitas para ser su pueblo y entrar en la Tierra Prometida. Cuando el Éxodo termina, solo una parte del pacto de Dios con Abraham está completa.

JOSUÉ, JUECES Y RUT

Este estudio explica cómo Dios cumplió su promesa a Abraham. Cuando Moisés estaba cerca del final de su vida, Dios eligió a Josué para dirigir a los israelitas. Josué llevó a las 12 tribus de Israel a conquistar la Tierra Prometida y vivir en ella. Después de la muerte de Josué, los israelitas lucharon por obedecer a Dios. Obedecerían, luego desobedecerían y luego sufrirían las consecuencias de la desobediencia. Mientras el pueblo sufría por sus decisiones infieles, Dios llamó a jueces para guiar a los israelitas a obedecer fielmente al Señor. Este estudio se centra en los jueces Deborah, Gideon y Samson. La historia de Rut tiene lugar durante este tiempo de sufrimiento. Rut, Noemí y Booz muestran el amor y la compasión de Dios en medio de circunstancias difíciles. Dios bendice su fidelidad y redime sus circunstancias. Rut se convierte en la bisabuela del rey David.

Josué Jueces Rut

1 y 2 SAMUEL

El estudio de 1 y 2 de Samuel comienza con la vida y el ministerio del último juez de Israel, Samuel. Samuel siguió a Dios mientras guiaba a Israel. Los israelitas exigieron un rey como las naciones que los rodeaban. Con la guía del Señor, Samuel unge a Saúl como el primer rey de Israel. Saúl comienza bien su reinado, pero luego se aleja de Dios. Debido a esto, David es elegido y ungido como el próximo rey de Israel. David confía en que Dios lo ayudará a hacer cosas imposibles. David está dedicado a Dios. Pero David es tentado y elige pecar. A diferencia de Saúl, David está de luto por su pecado. Le pide a Dios que lo perdone. Dios restaura su relación con David, pero las consecuencias del pecado permanecen con David, su familia y la nación de Israel. A lo largo de estas historias de confusión, la presencia de Dios permanece constante. El rey David preparó el camino para una nueva clase de rey: Jesús.

MATEO

Este estudio es el punto focal de toda la serie. Los estudios anteriores apuntan a Jesús como el Mesías prometido y el Hijo de Dios. Este estudio se centra en el nacimiento, el ministerio, la crucifixión y la resurrección de Jesús. Jesús marcó el comienzo de una nueva era. Los niños aprenden sobre esta nueva era en varios eventos: las enseñanzas de Jesús, la tutoría de sus discípulos, su muerte y su resurrección. Jesús enseña lo que significa vivir en el reino de los cielos. A través de Jesús, Dios proporciona una nueva forma para que todas las personas tengan una relación con él.

HECHOS

Hechos registra el nacimiento de la iglesia y su crecimiento, especialmente a través de los ministerios de Pedro y Pablo. Al comienzo de este estudio, Jesús asciende al cielo y Dios envía el Espíritu Santo a todos los creyentes. Las buenas nuevas de salvación por medio de Jesucristo se esparcen a muchas partes del mundo. Los apóstoles predican el evangelio a los gentiles y comienza la obra misional. El mensaje del amor de Dios transforma tanto a judíos como a gentiles. Se puede ver una conexión directa entre el evangelismo de Pablo y Pedro y la vida de las personas de hoy.

CICLO DE SEIS AÑOS

Josué Jueces Rut

PREPARACIÓN DEL MAESTRO

Es importante prepararse a fondo para cada lección. Los niños están más atentos y obtienen una mejor comprensión cuando el estudio se presenta bien. Si un maestro se prepara bien, también presentará bien la lección.

ELEMENTOS DE LA LECCIÓN

Cada lección contiene los siguientes elementos.

Verso para memorizar: Cada lección incluye pasajes de las Escrituras para que los niños las memoricen. Estos versículos apoyan la "Verdad acerca de Dios". Los niños conocerán al Dios de la Biblia a través de su Palabra.

Verdades Sobre Dios: estas verdades ayudan al maestro a reconocer y enfatizar cómo las acciones de Dios revelan su carácter y amor por todas las personas. El maestro debe enfatizar las "verdades acerca de Dios" mientras enseña la lección.

Objetivo y resumen de la lección: esta sección destaca las principales ideas, eventos y pasajes de las Escrituras que cubre la lección.

Contexto bíblico: Esta sección proporciona al maestro más información sobre la historia bíblica. Ayudará al maestro a comprender mejor el pasaje de las Escrituras. La información enriquece los conocimientos y las habilidades del profesor.

¿Sabías Qué...?: Esto proporciona un dato interesante sobre el contexto de la historia.

Vocabulario: Estas palabras y definiciones ayudarán al maestro a explicar el significado de las palabras utilizadas en la Biblia.

Historia: Esta sección sugiere un método de narración para conectar a los niños con la historia bíblica.

Momento De Contar La Historia: Instrucciones antes de empezar

Lección bíblica: se centra en la lectura de las Escrituras y las preguntas de discusión. Esto ayudará a los niños a aplicar la historia a sus vidas.

Preguntas De Discusión: Discute la historia y haz a los niños las preguntas.

Ideas Finales: Esta es la idea que quieres que los niños recuerden.

Práctica para el Esgrima Bíblico: Tiempo para repasar y preparar a los niños para participar en un evento opcional de Esgrima Bíblico de modalidad de juegos y actividades (MEBI) (p. 94) o modalidad de preguntas y respuestas (p. 170).

Josué Jueces Rut

SECUENCIA DE PREPARACIÓN

Los siguientes pasos describen la secuencia de preparación recomendada para el maestro.

Paso 1: REVISIÓN DE LA LECCIÓN

Debería leer detenidamente toda la lección. Preste especial atención al versículo para memorizar, las verdades sobre Dios, el enfoque y el resumen de la lección y los consejos para la enseñanza de la lección bíblica.

PASO 2: PASAJE DE LA BIBLIA Y ANTECEDENTES BÍBLICOS

Estudie los versículos de la Biblia, el trasfondo bíblico y las secciones de vocabulario.

PASO 3: NARRACIÓN DE HISTORIAS

El texto en comillas de cada estudio sugiere las palabras que debe decirles a los niños. Esta sección incluye un juego u otra actividad para preparar a los niños para la lección bíblica. Familiarícese con la actividad, las instrucciones y los materiales. Prepare y traiga los útiles necesarios a la clase. Prepare la actividad antes de que lleguen los niños.

PASO 4: LECCIÓN BÍBLICA

Repase la lección y apréndala lo suficientemente bien como para contar la historia de modo que los niños comprendan los puntos principales. Aprenda las definiciones de las palabras del vocabulario. Cuando aparezcan las palabras del vocabulario, haga una pausa para explicarlas. Después de la historia, haga las preguntas de discusión. Esto ayudará a los niños a comprender y aplicar la historia a sus vidas.

PASO 5: VERSÍCULO PARA MEMORIZAR

Memorice el versículo antes de enseñárselo a los niños. La página 98 (MEBI) y pagina 178 (Esgrima Bíblico) contiene una lista de los versículos para memorizar. Las páginas 100-102 contienen actividades sugeridas para memorizar versículos. Elija una actividad para ayudar a los niños a aprender el versículo para memorizar. Prepare los útiles que traerá a clase. Familiarícese con la actividad y practique la forma en que instruirá a los niños.

PASO 6: PRÁCTICA PARA ESGRIMA BÍBLICO

Práctica para esgrima bíblico de modalidad de juegos y actividades (MEBI) (p. 94) o modalidad de preguntas y respuestas (p. 169).

Josué Jueces Rut

HORARIO SUGERIDO

Debe planificar una o dos horas de clase. El siguiente es un horario sugerido para cada lección con opciones de 90 minutos y 2 horas. Puede ajustar el horario según sea necesario.

1½ hora	2 horas	
5 minutos	5 minutos	Debe repasar la lección de la semana anterior con los niños que lleguen temprano. También puede optar por obtener una vista previa de los versículos de memoria, historias o palabras de vocabulario para la lección de hoy.
5 minutos	10 minutos	Actividad de apertura de narración de cuentos
10 minutos	10 minutos	Historia bíblica
5 minutos	10 minutos	Repaso
10 minutos	15 minutos	Actividad opcional
10 minutos	15 minutos	Lección bíblica
10 minutos	15 minutos	Actividad de versículo para memorizar
30 minutos	30 minutos	Práctica del MEBI o Esgrima Bíblico
5 minutos	5 minutos	Repaso de los puntos principales y oración

Josué Jueces Rut

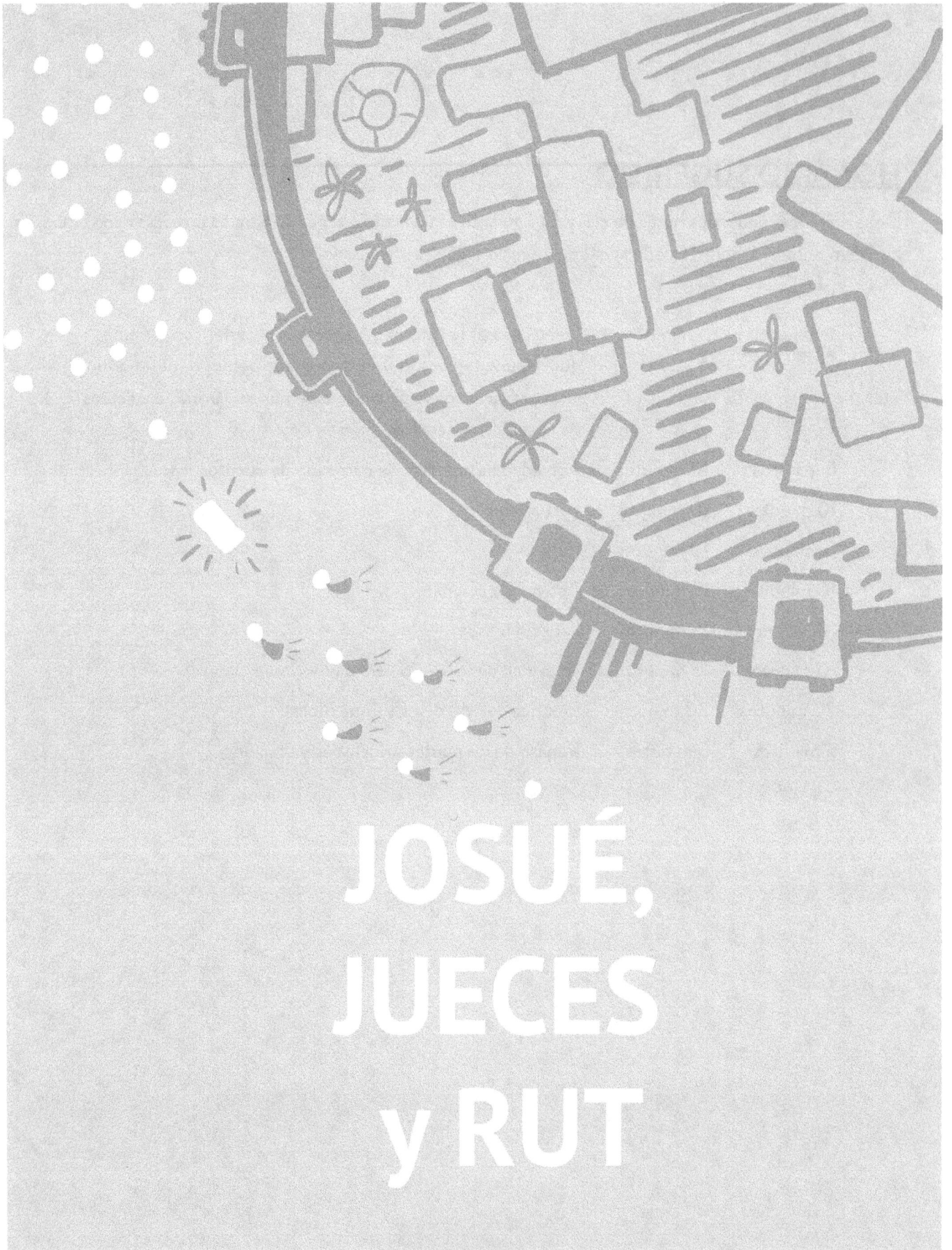

JOSUÉ, JUECES y RUT

KidzFirst Publications
Lenexa, Kansas (USA)

Los Niños Primero Estudios Bíblicos para Niños: Josué, Jueces y Rut

Revisado 2021-08-18

Copyright © 2021 Global Nazarene Publications

kidzfirstpublications.org

ISBN 978-1-56344-948-2

Editor de versión en inglés de EUA: Kimberly D. Crenshaw

Editora Ejecutiva de versión en inglés global: Leslie M. Hart

Comité Editorial: Leslie M. Hart, William J. Hart, Kathy Lewis, Scott Stargel

Diseño de portada: Megan Goodwin

Publicado por KidzFirst Publications
Ministerios Internacionales de Escuela Dominical y Discipulado
17001 Prairie Star Parkway, Lenexa, KS 66220 (EUA)

Esta edición se publicó mediante un acuerdo con Nazarene Publishing House, Kansas City, Missouri EUA.

Citas bíblicas tomadas de Nueva Versión Internacional.

Josué Jueces Rut

LECCIÓN I
NO TENGAS MIEDO

Josué 1:1-18

VERSO PARA MEMORIZAR

«Ya te lo he ordenado: ¡Sé fuerte y valiente! ¡No tengas miedo ni te desanimes! Porque el SEÑOR tu Dios te acompañará dondequiera que vayas». Josué 1:9

VERDADES SOBRE DIOS

Esta lección enseñará las siguientes verdades acerca de Dios. El asterisco (*) indica la verdad principal que debes enseñar a los niños.

- Dios nos da fortaleza y valentía para que hagamos su voluntad. (*)
- Dios es fiel a sus promesas.
- Dios nunca abandona a quienes lo aman.

OBJETIVO Y RESUMEN DE LA LECCIÓN

En este estudio, los niños aprenderán que Dios quería que los israelitas fueran su pueblo santo del pacto.

1. Tras la muerte de Moisés, Josué se convirtió en el líder de los israelitas.
2. Dios dijo a Josué que condujera a los israelitas hasta la tierra que Dios había prometido darles.
3. Dios prometió a Josué que lo ayudaría a cumplir esta gran tarea.
4. Los israelitas prometieron obedecer a Josué como su nuevo líder.

CONTEXTO BÍBLICO

En el libro de Éxodo, Dios dio a Moisés la ley y proveyó a los israelitas de formas milagrosas. Tras la muerte de Moisés, Josué sirvió como representante de Dios y condujo a la nación de Israel a una nueva era. Los israelitas esperaron muchos largos años a tener un lugar al que llamar «hogar». Estos años habían llegado a su fin, y el pueblo de Israel esperaba en la frontera para entrar en Canaán, la tierra prometida.

En el capítulo 1, el Señor aseguró a Josué la victoria sobre los cananeos. Dios dio a Josué estas órdenes: que fuera fuerte y valiente, que obedeciera la ley, que recitara el libro de la ley y que meditara en él. Estas órdenes servían para cumplir el gran propósito de Dios de crear un pueblo santo y de pacto.

Dios quería que los israelitas lo amaran con todo su corazón, con toda su alma y con todas sus fuerzas (Deuteronomio 6:4-5) y que lo sirvieran como un reino de sacerdotes para toda la tierra (Éxodo 19:5-6). Conquistar Canaán no sería fácil para Israel, pero los israelitas tendrían éxito si confiaban en Dios, seguían a Josué y no se rendían. Su lucha los fortalecería. Desarrollarían un carácter santo y obtendrían una tierra propia.

¿SABÍAS QUÉ...?

Poco antes de que Moisés muriera, Dios le permitió contemplar la tierra prometida de Canaán desde el monte Nebo. Dios enterró su cuerpo cerca de ese lugar, y desde allí, Josué dirigió a los israelitas para conquistar la tierra que Dios había prometido a los descendientes de Abraham muchos años antes (Génesis 15).

VOCABULARIO

Palabras de fe

«Obediencia» significa hacer lo que Dios nos dice que hagamos. La Biblia nos ayuda a entender lo que Dios quiere que hagamos.

Personas

- **Josué** ayudó a Moisés durante los años que estuvieron en el desierto. Antes de la muerte de Moisés, Dios eligió a Josué para que guiara a los israelitas. Josué condujo al pueblo hasta la tierra prometida.

Josué Jueces Rut

- Los **jefes** del pueblo eran los líderes que escuchaban lo que Josué ordenaba y luego trasmitían sus órdenes al pueblo.
- Los **rubenitas**, los **gaditas** y la **media tribu de Manasés** eran tres de las tribus de Israel.

Lugares
- **Jericó** era una gran ciudad muy importante que estaba protegida por una muralla alta y gruesa.
- El **Río Jordán** era un gran río de Canaán que conectaba el mar de Galilea con el mar Muerto.

Términos
- **El libro de la ley**, en ocasiones denominado **«la ley»**, comprende los primeros cinco libros de la Biblia. El Señor ordenó a Moisés que comenzara a escribirlo cuando estaba en el monte Sinaí. Dios dio estas instrucciones al pueblo de Israel para que supieran cómo debían obedecerlo.
- **«Abandonar»** significa rechazar, dejar o apartarse de alguien.
- Ser **«valiente»** significa tener coraje. Se refiere a una persona que actúa con valor incluso cuando tiene miedo, está en peligro o ante cualquier dificultad.

HISTORIA

Todas las semanas necesitarás los siguientes objetos.
1. Una mochila o una pequeña bolsa de viaje.
2. Un recipiente para guardar los objetos empleados en las historias semanales (puede ser una bolsa, un cesto o una caja).

Para la historia de hoy, también necesitarás los siguientes objetos.
1. Un bastón o un palo que lo represente.
2. Un mapa o una pequeña caja de regalo o bolsa llena de tierra.
3. Una Biblia, una tabla o un pergamino que represente la ley o el libro de la ley.

Antes de la clase
1. Lee Josué 1:1-18.
2. Reúne los objetos para la historia de hoy. Si no tienes alguno de ellos, puedes sustituirlo por una imagen.
3. Mete los objetos para la historia de hoy en la bolsa de viaje y colócala en la zona destinada a contar historias.

Sigue al líder
Di a los niños que se pongan en fila recta, uno detrás del otro. Elige a uno de ellos para que sea el líder. Di a los demás que deben observar al líder e imitar todo lo que haga. Luego el líder deberá conducir al grupo a través del aula realizando diferentes gestos con las manos, sonidos o movimientos para que los niños los imiten. Por ejemplo, el líder puede dar pasitos como un bebé, dar pasos grandes o dar saltos. Termina el juego en la zona destinada a contar historias.

MOMENTO DE CONTAR LA HISTORIA
Lee estas instrucciones antes de empezar.
1. Cuenta la historia con tus palabras centrándote en los puntos más importantes. Saca un objeto de la bolsa para ilustrar cada punto. Si te sientes cómodo, incluye más detalles. Si lo necesitas, puedes usar el guion propuesto.
2. Muestra cada uno de los objetos en orden a medida que cuentas la historia. Coloca los objetos donde los niños puedan verlos.
3. Vuelve a meter los objetos en la bolsa cuando acabes de contar la historia.
4. Para repasar la historia, pide a un voluntario que saque un objeto de la bolsa y diga lo que representa. Repite este proceso con todos los objetos hasta que todos los niños puedan recontar la historia por completo.
5. Repasa el «Movimiento para memorizar» descrito a continuación. Realiza este movimiento cada vez que menciones lo que representa. Esta semana incluye dos movimientos para memorizar.

Josué Jueces Rut

Puntos más importantes en orden

Por ejemplo, puedes decir: «Estamos en una expedición épica. He llenado nuestra bolsa de viaje con herramientas que nos ayudarán a explorar el libro de Josué. Cada semana buscaremos dentro de la bolsa las herramientas que necesitaremos para nuestro viaje. Hoy comenzaremos con...». Saca los objetos a medida que cuentes la historia.

1. Un bastón o un palo que lo represente. Usa el palo para caminar de un lado para otro frente a los niños. Di lo siguiente: «En el libro de Éxodo, Moisés sirvió a Dios y guio al pueblo de Israel con su ayudante, Josué. Después de muchos años, llegaron por fin a la tierra prometida. Antes de que Moisés muriera, Dios eligió a Josué para que fuera el siguiente líder de los israelitas» (Deuteronomio 31:1-8).

2. Un mapa o una pequeña caja de regalo o bolsa llena de tierra. Di lo siguiente: «Entonces, llegó la hora de que Josué condujera al pueblo de Dios hasta la tierra prometida. Dios le dijo a Josué que se preparara para cruzar el río Jordán. Dios prometió dar a los israelitas la tierra que les había prometido a Moisés y a sus antepasados. Toda la tierra que pisaran los israelitas sería suya».

3. Movimiento para memorizar 1: ¡Sé fuerte y valiente! Hay dos movimientos. 1. «Sé fuerte». Muestra a los niños cómo cerrar el puño en el aire a la vez que flexionan los músculos del brazo o cualquier otro gesto culturalmente adecuado para mostrar su fuerza. 2. «Sé valiente». A continuación, muestra a los niños cómo bajar los puños hasta la cadera y pararse con los pies separados, imitando a un superhéroe, o cualquier otra postura culturalmente adecuada que denote valentía. También puedes pedir a los niños que piensen en otro movimiento diferente. Di lo siguiente: «Dios prometió a Josué que nunca lo dejaría o abandonaría. También le prometió que lo ayudaría a conducir a los israelitas hasta la tierra prometida. Dios le dijo a Josué que fuera fuerte y valiente. Mientras cuento la historia, hagan este movimiento cada vez que oigan lo que representa. Cuenten el número de veces que se le dice esta frase a Josué».

4. La Biblia, dos tablas o un pergamino que represente el libro de la ley. Di lo siguiente: «Dios dijo que estaría con Josué como estuvo con Moisés. Pero Josué debía obedecer el libro de la ley que Dios le había dado a Moisés. Dios le dijo a Josué que estudiara la ley bien a fondo para que pudiera obedecer todo lo que estaba escrito en ella. Si Josué obedecía la ley de Dios, tendría éxito y Dios estaría con él».

5. Movimiento para memorizar 2: saludo o apretón de manos. Esto representa la promesa o el acuerdo de obedecer o seguir a alguien. Di lo siguiente: «Josué le dijo al pueblo de Israel que preparara provisiones porque, en tres días, cruzarían el río Jordán y conquistarían la tierra que Dios les había prometido a sus antepasados. Los líderes israelitas prometieron obedecer a Josué de la misma manera como habían obedecido a Moisés».

Di lo siguiente: «Ahora les toca a ustedes contar la historia». Vuelve a meter los objetos en la bolsa. Pide a los niños que se turnen. Elige a un voluntario para que, sin mirar, tome un objeto de la bolsa y explique lo que quiere decir o representa. Los niños también pueden elegir repasar uno de los movimientos para memorizar y explicar lo que representa. Una vez que los niños hayan sacado todos los objetos y los hayan explicado, pide a un voluntario que los vuelva a meter en el orden correcto según la historia.

LECCIÓN BÍBLICA

Consejos para el maestro

Haz hincapié en estas ideas al conducir el estudio bíblico.

• Explica que la historia de Josué es una continuación de la historia del pueblo de Dios. En Génesis 15, Dios prometió la tierra a Abraham. Muchos años después, Josué se preparó para conducir a los israelitas para que tomaran posesión de esa misma tierra.

• Recuerda a los niños que la tierra no fue un regalo gratuito. Los israelitas tuvieron que enfrentarse a enemigos violentos. Debían seguir las instrucciones de Dios al pie de la letra. Los israelitas confiaban en que Dios los ayudaría a triunfar.

• Si es posible, usa un mapa bíblico para mostrar a los niños los lugares que se mencionan en estas historias.

Lee las Escrituras

Di lo siguiente antes de contar la historia: «Hoy comenzaremos nuestro estudio de un libro de la Biblia llamado el libro de Josué. Josué también es el nombre de uno de los mayores héroes de nuestra fe».

Ya conocimos a Moisés cuando estudiamos el libro de Éxodo. Con Josué a su lado, Moisés sacó a los israelitas de Egipto y los llevó por el desierto durante cuarenta años. Los israelitas completaron por fin su viaje a la tierra que Dios les había prometido. Tras la muerte de Moisés, Dios le dijo a Josué que condujera al pueblo de Israel hasta la nueva tierra.

Conquistar la tierra no era fácil. Algunas veces, los enemigos superaban en número a los israelitas. El pueblo de Israel tenía que obedecer a Dios y seguir sus instrucciones al pie de la letra. Si lo hacían, Dios les daría la victoria sobre todos sus enemigos.

Lee en voz alta Josué 1:1–18. Puedes elegir usar los objetos y los movimientos para hacer hincapié en los puntos más importantes.

PREGUNTAS DE DISCUSIÓN

Discute la historia y haz a los niños las siguientes preguntas. Recuerda que puede no haber respuestas correctas o incorrectas.

1. ¿Por qué piensan que Dios le dijo a Josué que fuera fuerte y valiente? ¿De qué podría tener miedo?
2. ¿Cómo ayudaría a los israelitas tener conocimiento sobre el libro de la ley?
3. ¿Qué sabía el Señor sobre el pueblo que vivía en Canaán? Lean Génesis 15:12–21.
4. El Señor sabía que no sería fácil. ¿A qué dificultades se enfrentarían los israelitas?
5. El Señor ayudó a los israelitas. ¿Cómo nos ayuda el Señor cuando nos enfrentamos a situaciones difíciles? ¿Qué debemos hacer?

IDEAS FINALES

Esta es la idea que quieres que los niños recuerden.

Di lo siguiente: «¿Recuerdan su primer día en la escuela? ¿Cómo se sentían? ¿Estaban emocionados o un poco nerviosos? Los Israelitas se embarcaron en una aventura que los llevaría a un nuevo lugar. Debían ser fuertes y valientes para permanecer fieles al Señor. El Señor prometió que nunca dejaría a Josué. Con ustedes y conmigo sucede lo mismo. Dios no siempre elimina nuestros problemas, pero él es fiel. Eso significa que siempre estará con nosotros. Nos protegerá si lo obedecemos. Debemos ser fuertes y decir "sí" al Señor. Debemos ser valientes y permanecer fieles a él».

PRÁCTICA DEL MEBI O ESGRIMA BÍBLICO

Josué Jueces Rut

LECCIÓN 2
EL ESCONDITE

Josué 2:1-24

VERSO PARA MEMORIZAR

«Pedro tomó la palabra, y dijo: —Ahora comprendo que en realidad para Dios no hay favoritismos, sino que en toda nación él ve con agrado a los que le temen y actúan con justicia». Hechos 10:34-35

VERDADES SOBRE DIOS

Esta lección enseñará las siguientes verdades acerca de Dios. El asterisco (*) indica la verdad principal que debes enseñar a los niños.

- Dios hizo posible que todo el mundo lo conociera. (*)
- Dios quiere tener una relación personal con todo el mundo.
- Dios acepta a todos los que creen que él es el único Dios verdadero y le confían su vida.

OBJETIVO Y RESUMEN DE LA LECCIÓN

En este estudio, los niños aprenderán que Dios cumple sus promesas. Él cuida a las personas que le confían su vida.

1. Josué envió espías para que exploraran la tierra prometida, especialmente Jericó.
2. Una mujer llamada Rahab escondió a los espías y los ayudó a escapar de Jericó.
3. Los habitantes de Jericó estaban aterrorizados por los israelitas.
4. Los espías prometieron perdonar la vida a Rahab y a su familia cuando regresaran para destruir Jericó.

CONTEXTO BÍBLICO

En esta lección, conocemos a Rahab, una aliada inesperada y una persona especial en la historia de Israel. Rahab nos muestra que cualquiera puede creer que el único Dios verdadero existe y confiar en él.

Aunque Rahab no era descendiente de Abraham, ella creía que el Dios de los israelitas era el Señor tanto del cielo como de la tierra. Desde la época del Éxodo, la nación de Israel había incluido a personas que no eran descendientes de Abraham. Si una persona quería ser parte del pacto de Israel, debía creer en Yahveh, el nombre de Dios, y vivir siendo fiel a él.

Todos en Jericó sabían que el Dios de Israel había derrotado a Egipto y había protegido milagrosamente a su pueblo. Sabían que Dios les había dado la victoria a los israelitas sobre los poderosos ejércitos de los reyes amorreos. Sin embargo, solo Rahab eligió unirse al pueblo de Dios. Todas las demás personas de la ciudad se resistieron a ellos.

Este pasaje no aprueba las mentiras de Rahab para proteger a los espías. Recuerda que ella no era israelita y que no sabía cómo vivir una vida que agradara a Dios. Rahab no conocía los diez mandamientos. Aunque no todo su comportamiento fue bueno, ella creía en el Dios de Israel. Como eligió ayudar al pueblo de Dios, Josué les perdonó la vida a ella y a su familia.

Lo que fue cierto para Rahab también lo es hoy. Dios no espera que seamos santos antes de unirnos a su reino. Él nos da el poder de vivir una vida santa una vez que pasamos a formar parte de su pueblo.

¿SABÍAS QUÉ...?

La antigua ciudad de Jericó era un área que medía aproximadamente 6 acres. Un acre es aproximadamente el tamaño de un campo de fútbol moderno. La muralla que rodeaba la ciudad medía 5 metros de alto y 2 metros de grosor.

Josué Jueces Rut

VOCABULARIO

Palabras de fe

- Las **elecciones** son decisiones que tomamos. Todas las elecciones tienen consecuencias. Cuando obedecemos a Dios, tomamos las elecciones correctas. Cuando sabemos cuál es la elección correcta y elegimos otra cosa, desobedecemos a Dios.

Personas

- Los **espías** eran hombres enviados por Josué para reunir recursos en Canaán y Jericó.
- **Rahab** era una mujer que vivía en Jericó, la cual escondió a los dos espías.
- Los **amorreos** vivían en el país de Amón, situado al este de Jericó.

Lugares

- **Sitín** era una ciudad situada al este de Jericó.

Términos

- El **lino** es una planta que crece hasta una altura de 1 o 2 metros y que es buena para muchas cosas. Sus semillas son muy nutritivas, y las personas usaban su fibra para hacer ropa y papel. Rahab escondió a los espías entre los manojos de lino que secaba en el tejado de su casa.

HISTORIAS

Todas las semanas necesitarás los siguientes objetos.

1. Una mochila o una pequeña bolsa de viaje.
2. Un recipiente para guardar los objetos empleados en las historias semanales (puede ser una bolsa, un cesto o una caja).

Para la historia de hoy, también necesitarás los siguientes objetos.

1. Un catalejo, binoculares o lentes.
2. Una hoja ancha o una rama pequeña.
3. Un mapa o una espada.
4. Un cordón, una cuerda o una cinta de color rojo.

Antes de la clase

1. Lee Josué 2:1-24.
2. Reúne los objetos para la historia de hoy. Si no tienes alguno de ellos, puedes sustituirlo por una imagen.
3. Pasa todos los objetos de la lección anterior de la bolsa de viaje al recipiente de almacenamiento. Coloca este recipiente junto a la zona destinada a contar historias.
4. Mete los objetos para la historia de hoy en la bolsa de viaje y colócala en la zona destinada a contar historias.

Actividad opcional: Sigue al líder

Di a los niños que se pongan en fila recta, uno detrás del otro. Elige a uno de ellos para que sea el líder. Di a los demás que deben observar al líder e imitar todo lo que haga. Luego el líder deberá conducir al grupo a través del aula realizando diferentes gestos con las manos, sonidos o movimientos para que los niños los imiten. Por ejemplo, el líder puede dar pasitos como un bebé, dar pasos grandes o dar saltos. Termina el juego en la zona destinada a contar historias.

REPASO DE LA LECCIÓN

Pide a un voluntario que elija un objeto del recipiente de almacenamiento y explique lo que representaba en la lección anterior.

MOMENTO DE CONTAR LA HISTORIA

Lee estas instrucciones antes de empezar.

1. Cuenta la historia con tus palabras centrándote en los puntos más importantes. Saca un objeto de la bolsa para ilustrar cada punto. Si te sientes cómodo, incluye más detalles. Si lo necesitas, puedes usar el guion propuesto.

Josué Jueces Rut

2. Muestra cada uno de los objetos en orden a medida que cuentas la historia. Coloca los objetos donde los niños puedan verlos.

3. Vuelve a meter los objetos en la bolsa cuando acabes de contar la historia.

4. Para repasar la historia, pide a un voluntario que saque un objeto de la bolsa y diga lo que representa. Repite este proceso con todos los objetos hasta que todos los niños puedan recontar la historia por completo.

5. Repasa el «Movimiento para memorizar» descrito a continuación. Realiza este movimiento cada vez que menciones lo que representa.

Puntos más importantes en orden

Di lo siguiente: «Hoy continuaremos explorando el libro de Josué. Todas las semanas, meto en la bolsa de viaje las herramientas necesarias para nuestro viaje. Hoy comenzaremos con...». Saca los objetos a medida que cuentes la historia.

1. Mira a través del catalejo, los binoculares o los lentes, o ponte la mano sobre los ojos como si estuvieras observando una tierra muy lejana. Di lo siguiente: «Josué envió en secreto a dos espías para que exploraran los recursos existentes en la tierra y en la ciudad de Jericó».

2. Sostén la hoja ancha o la rama pequeña. Di lo siguiente: «Rahab escondió a los espías en el techo de su casa entre unos manojos de lino. Cuando los mensajeros del rey salieron en busca de los espías israelitas, ella les dijo que estos hombres se habían ido cuando se cerraron las puertas de la ciudad».

3. Saca un mapa o una espada, y di lo siguiente: «Los habitantes de Jericó estaban aterrorizados por los israelitas. Habían oído hablar de las señales y las maravillas que Dios había hecho en Egipto y de cómo los había protegido. También sabían que los israelitas habían destruido a los reyes al este del río Jordán».

4. Un cordón, una cuerda o una cinta de color rojo. Di lo siguiente: «A cambio de la seguridad que Rahab les ofreció, los espías aceptaron perdonarles la vida a ella y a su familia cuando regresaran para conquistar Jericó. Si Rahab ataba un cordón rojo en su ventana y metía a su familia en casa, los espías les perdonarían la vida».

5. Movimiento para memorizar: trepar la cuerda. Muestra a los niños cómo cerrar los dos puños alrededor de una cuerda imaginaria en posición vertical. Pon un puño frente a tu cara y, el otro, enfrente de tu pecho. Haz un movimiento hacia abajo con la mano situada más arriba y cierra el puño como agarrando la cuerda, a la vez que te mueves como si estuvieras trepando por ella. También puedes pedir a los niños que piensen en otro movimiento. Di lo siguiente: «Después de que los espías le prometieron a Rahab que les perdonarían la vida a ella y a su familia, Rahab los bajó por una soga a través de su ventana en la muralla de la ciudad. Mientras cuento la historia, hagan este movimiento cuando oigan lo que representa».

Di lo siguiente: «Ahora les toca a ustedes contar la historia». Vuelve a meter los objetos en la bolsa. Pide a los niños que se turnen. Elige a un voluntario para que, sin mirar, tome un objeto de la bolsa y explique lo que quiere decir o representa. Los niños también pueden elegir repasar uno de los movimientos para memorizar y explicar lo que representa. Una vez que los niños hayan sacado todos los objetos y los hayan explicado, pide a un voluntario que los vuelva a meter en el orden correcto según la historia.

Josué Jueces Rut

LECCIÓN BÍBLICA

Consejos para el maestro

Haz hincapié en estas ideas al conducir el estudio bíblico.

• No tengas miedo de las preguntas difíciles que puedan surgir a partir de esta historia. Muchas cosas que aparecen en ella pueden parecer inapropiadas para los niños. Antes de la clase, diles a los padres que el pasaje del estudio bíblico de hoy menciona la palabra «prostituta» y coméntales cómo vas a dialogar al respecto. Ora para recibir sabiduría al planificar una respuesta. No des ninguna explicación a menos que tus alumnos pregunten. Si los niños preguntan «¿qué es una prostituta?», dales una respuesta simple. Por ejemplo, una posible respuesta sería: «Una prostituta es una mujer que vivía una vida de pecado con muchos hombres». Si esto parece inapropiado para tu grupo, diles: «Los detalles no son importantes» o «Ahora no es apropiado hablar de ello». Hoy lo importante es recordar que Rahab no conocía a Dios. No conocía los diez mandamientos. Aunque parte de su comportamiento era malo, Dios ayudó a Rahab a creer en él y a elegir ayudar al pueblo de Dios. De Rahab aprendemos que Dios no espera que seamos santos antes de conocerlo y aceptarlo. Dios nos da el poder de vivir una vida santa una vez que pasamos a formar parte de su pueblo.

• Ayuda a los niños a centrarse en las partes importantes de la historia, en particular, en el hecho de que un extranjero pudo formar parte del pueblo de Dios.

Lee las Escrituras

Di lo siguiente: «¿Conocen a alguien que tenga mala reputación? Algunas veces, todos conocemos a alguien que está en boca de todos. Esta semana, conoceremos a Rajab, una mujer que tenía dos problemas: una mala reputación y una ciudad natal llamada Jericó situada en Canaán. La mayoría de los cananeos vivían vidas perversas y adoraban a falsos dioses. Sin embargo, el Señor ayudó a Rajab a creer que él era el único Dios verdadero».

Lee en voz alta Josué 2:1-24. Puedes elegir usar los objetos y los movimientos para hacer hincapié en los puntos más importantes.

PREGUNTAS DE DISCUSIÓN

Discute la historia y haz a los niños las siguientes preguntas. Recuerda que puede no haber respuestas correctas o incorrectas.

1. ¿Qué pensaban los habitantes de Jericó y Canaán sobre Dios y los israelitas? ¿Qué sabían ellos? ¿Qué opinión tenían los cananeos de los israelitas y de Dios?

2. ¿Por qué creen que el rey de Jericó quería encontrar a los espías israelitas?

3. ¿Por qué fue un acto de valentía por parte de Rahab esconder y proteger a los espías israelitas?

4. ¿Creen que estuvo bien cuando Rahab mintió para proteger a los espías? ¿Por qué sí o por qué no? ¿Qué otra opción tenía Rahab?

5. ¿En qué hubiera sido diferente esta situación si todo Jericó hubiera pedido formar parte del pueblo de Dios?

IDEAS FINALES

Esta es la idea que quieres que los niños recuerden.

Di lo siguiente: «El Señor ayudó a Rahab a creer que él era el único Dios verdadero. Como ella creía en él y en su poder, ayudó a los espías israelitas. A cambio, el Señor le mostró misericordia a Rahab. El Señor obró a través de los espías para salvarles la vida a Rahab y a su familia».

Dios ama a todas las personas, buenas y malas. Por causa de su amor, Al igual que Rahab, todas las personas pueden formar parte del pueblo de Dios si lo eligen a él».

PRÁCTICA DEL MEBI O ESGRIMA BÍBLICO

Josué Jueces Rut

LECCIÓN 3
¿QUÉ LE SUCEDIÓ AL RÍO?

Josué 3:1-17

VERSO PARA MEMORIZAR

«Josué le ordenó al pueblo: "Purifíquense, porque mañana el Señor va a realizar grandes prodigios entre ustedes"». Josué 3:5

VERDADES SOBRE DIOS

Esta lección enseñará las siguientes verdades acerca de Dios. El asterisco (*) indica la verdad principal que debes enseñar a los niños.

- Dios puede hacer lo imposible. (*)
- Dios da instrucciones a su pueblo.
- Dios tiene poder sobre la naturaleza.

OBJETIVO Y RESUMEN DE LA LECCIÓN

En este estudio, los niños aprenderán que cuando el pueblo de Dios siguió sus instrucciones, vieron milagros poderosos.

1. Josué condujo a los israelitas hasta las orillas del río Jordán.
2. Los sacerdotes cargaron el arca del pacto y condujeron a los israelitas a través del Jordán.
3. Cuando los sacerdotes se metieron en el río Jordán, las aguas se detuvieron y dejaron de fluir.
4. Los israelitas cruzaron el Jordán sobre terreno seco.

CONTEXTO BÍBLICO

En esta lección aprenderemos cómo la nación de Israel salió del desierto y entró en Canaán, la tierra prometida. Los israelitas llegaron al río Jordán, pero, como las aguas del río se desbordaban en el tiempo de las cosechas y no había ningún puente, no podían cruzarlo. Y este no era el único problema. Tenían que portar con ellos muchas posesiones. Tradicionalmente, el arca del pacto lideraba al ejército israelita en las batallas. Sin embargo, era grande y pesaba mucho. Parecía imposible que los israelitas pudieran cruzar el río desbordado.

Una vez más, el Señor hizo lo imposible. Cuando los pies de los sacerdotes que cargaban el arca del pacto tocaron las aguas, estas dejaron de fluir. La nación de Israel cruzó el río Jordán sobre terreno seco.

El Señor obró muchos milagros para beneficiar al pueblo de Israel. Los salvó, los instruyó y se les reveló a través de milagros. Este milagro logró tres cosas. En primer lugar, permitió que el pueblo de Israel cruzara un río que no podían cruzar por sí solos. El segundo efecto fue espiritual. En el verso 10, Josué explica que el Señor detuvo las aguas del río para demostrar que él estaba con el pueblo de Israel cuando entraran a la tierra. La presencia de Dios les aseguraba a los israelitas su futura victoria sobre los habitantes de Canaán. Un tercer propósito del milagro fue mostrar que Dios había elegido a Josué como el nuevo líder de Israel. Dios obraría a través de Josué de la misma manera como había obrado a través de Moisés.

¿SABÍAS QUÉ...?

El arca del pacto era muy pesada; pesaba entre ochenta y ciento veinte kilogramos. La acompañaban siempre seis hombres: cuatro la cargaban y otros dos permitían que estos cuatro se turnaran para descansar. En el antiguo Israel, los sacerdotes solían cargar el arca del pacto en las batallas por delante de los guerreros. Esto simbolizaba que la presencia de Dios dirigía a Israel en la batalla.

Josué Jueces Rut

VOCABULARIO

Palabras de fe

- «Purificar» significa elegir y preparar un objeto o a una persona para uso exclusivo de Dios.

Personas

- Los **levitas** eran los miembros de la tribu de Leví que ayudaban a los sacerdotes en sus tareas.
- Los **sacerdotes** eran los descendientes de Aarón, un levita. Dios eligió a los sacerdotes para que sirvieran como los líderes de adoración de Israel. Ellos servían en el tabernáculo.

Lugares

- **Adán** era un pueblo situado cerca de Saretán. Estaba situado a unos treinta kilómetros río arriba desde el lugar donde los israelitas cruzaron el Jordán.
- El **mar de Arabá** era otro nombre para el mar Muerto.

HISTORIAS

Todas las semanas necesitarás los siguientes objetos.

1. Una mochila o una pequeña bolsa de viaje.
2. Un recipiente para guardar los objetos empleados en las historias semanales (puede ser una bolsa, un cesto o una caja).

Para la historia de hoy, también necesitarás los siguientes objetos.

1. Un recipiente de agua o la imagen de un río.
2. Un pequeño cofre de juguete o una caja de recuerdos especial.
3. Un recipiente de arena o tierra seca.

Antes de la clase

1. Lee Josué 3:1-17.

2. Reúne los objetos para la historia de hoy. Si no tienes alguno de ellos, puedes sustituirlo por una imagen.
3. Pasa todos los objetos de la lección anterior de la bolsa de viaje al recipiente de almacenamiento. Coloca este recipiente junto a la zona destinada a contar historias.
4. Mete los objetos para la historia de hoy en la bolsa de viaje y colócala en la zona destinada a contar historias.

Actividad opcional: Sigue al líder

Di a los niños que se pongan en fila recta, uno detrás del otro. Elige a uno de ellos para que sea el líder. Di a los demás que deben observar al líder e imitar todo lo que haga. Luego el líder deberá conducir al grupo a través del aula realizando diferentes gestos con las manos, sonidos o movimientos para que los niños los imiten. Por ejemplo, el líder puede dar pasitos como un bebé, dar pasos grandes o dar saltos. Termina el juego en la zona destinada a contar historias.

REPASO DE LA LECCIÓN

Pide a un voluntario que elija un objeto del recipiente de almacenamiento y explique lo que representaba en la lección anterior.

Momento de contar la historia

Lee estas instrucciones antes de empezar.

1. Cuenta la historia con tus palabras centrándote en los puntos más importantes. Saca un objeto de la bolsa para ilustrar cada punto. Si te sientes cómodo, incluye más detalles. Si lo necesitas, puedes usar el guion propuesto.
2. Muestra cada uno de los objetos en orden a medida que cuentas la historia. Coloca los objetos donde los niños puedan verlos.
3. Vuelve a meter los objetos en la bolsa cuando acabes de contar la historia.

Josué Jueces Rut

4. Para repasar la historia, pide a un voluntario que saque un objeto de la bolsa y diga lo que representa. Repite este proceso con todos los objetos hasta que todos los niños puedan recontar la historia por completo.

5. Repasa el «Movimiento para memorizar» descrito a continuación. Realiza este movimiento cada vez que menciones lo que representa.

Puntos más importantes en orden

Di lo siguiente: «Hoy continuaremos explorando el libro de Josué. Todas las semanas, meto en la bolsa de viaje las herramientas necesarias para nuestro viaje. Hoy comenzaremos con…». Saca los objetos a medida que cuentes la historia.

1. Sostén el recipiente de agua o la imagen de un río. Di lo siguiente: «Josué condujo a los israelitas hasta las orillas del río Jordán. Allí acamparon durante tres días antes de que Josué les diera las instrucciones del Señor de prepararse para cruzar el río».

2. Un pequeño cofre de juguete o una caja de recuerdos especial. Di lo siguiente: «Aquí tengo una pequeña caja especial para representar el arca del pacto, la posesión más preciada de los israelitas. El arca del pacto era grande y pesaba mucho. Hacían falta cuatro sacerdotes para cargarla. Era importante porque simbolizaba la presencia de Dios. Los israelitas la llevaron consigo a través del desierto. La cargaron para cruzar el río Jordán y llevarla a la Tierra Prometida».

3. Movimiento para memorizar: Señal de pare. Muestra a los niños cómo levantar una mano con la palma mirando hacia delante para representar que Dios detuvo las aguas del río Jordán. También puedes pedir a los niños que piensen en otro movimiento apropiado. Di lo siguiente: «Mientras cuento la historia, hagan este movimiento cuando oigan lo que representa».

4. Di lo siguiente: «El río Jordán estaba en época de crecidas. Cuando los sacerdotes entraron en las aguas, las aguas dejaron de fluir y se alzaron formando un muro hasta el pueblo de Adán, una larga distancia desde el lugar donde cruzaron los israelitas. Por lo tanto, el agua que fluía hasta el mar se detuvo».

5. Un pequeño recipiente de tierra o arena que represente la tierra seca. Di lo siguiente: «Los sacerdotes cargaron el arca del pacto y avanzaron a través del río Jordán sobre terreno seco. Esto simbolizaba que el Señor iba delante de los israelitas, que estaba con ellos donde estaba el peligro y que los protegía. Todo el pueblo de Israel cruzó sobre terreno seco, igual que cuando cruzó el mar Rojo en su huída para escapar del faraón de Egipto y su ejército».

Di lo siguiente: «Ahora les toca a ustedes contar la historia». Vuelve a meter los objetos en la bolsa. Pide a los niños que se turnen. Elige a un voluntario para que, sin mirar, tome un objeto de la bolsa y explique lo que quiere decir o representa. Los niños también pueden elegir repasar uno de los movimientos para memorizar y explicar lo que representa. Una vez que los niños hayan sacado todos los objetos y los hayan explicado, pide a un voluntario que los vuelva a meter en el orden correcto según la historia.

LECCIÓN BÍBLICA

Consejos para el maestro
Haz hincapié en estas ideas al conducir el estudio bíblico.

• Recuerda a los niños que la palabra «purificar» significa apartar algo para uso exclusivo de Dios. La expresión «los israelitas se purificaron» significa que el pueblo de Israel se preparó para representar a Dios en la tierra.

Josué Jueces Rut

• El Señor condujo a su pueblo de forma clara. El arca del pacto representaba la presencia de Dios e iba siempre a la cabeza del pueblo. Después de purificarse, el pueblo de Israel emprendió su marcha detrás del arca y esperó a que Dios le diera todo lo que necesitaba.

• Josué dijo a las personas que debían mantener una distancia entre ellas y el arca de más o menos dos mil codos. Dos mil codos son aproximadamente 900 metros.

• Habla sobre la forma en la que Dios nos habla a cada uno de nosotros de formas diferentes. A veces, él nos da instrucciones, pero nos permite elegir entre diferentes opciones. Algunas veces, él nos instruye a través de otras personas. A menudo, Dios nos instruye a través de la oración. Cuando oramos, debemos escuchar para que la voz de Dios dirija nuestros pensamientos y responda nuestras preguntas. En ocasiones, debemos ser pacientes y esperar una respuesta.

Lee las Escrituras

Muestra a los alumnos el pequeño cofre de juguete o la caja de recuerdos especial que usaste en la actividad de «Historias» y di lo siguiente: «Los sacerdotes cargaron el arca del pacto mientras conducían a los israelitas a través de las aguas del río Jordán. Cuando las personas vieron a los sacerdotes y el arca, supieron adónde debían ir. Sin embargo, Josué les advirtió que mantuvieran una distancia entre ellos y el arca, y que no se acercaran».

Lee en voz alta Josué 3:1-17. Puedes elegir usar los objetos y los movimientos para hacer hincapié en los puntos más importantes.

PREGUNTAS DE DISCUSIÓN

Discute la historia y haz a los niños las siguientes preguntas. Recuerda que puede no haber respuestas correctas o incorrectas.

1. ¿Por qué creen que el Señor quería que el arca del pacto marchara al frente del pueblo?
2. ¿Por qué era importante que las personas se purificaran antes de cruzar el río Jordán?
3. ¿Cómo sabrían los cananeos que el Dios de los israelitas era el único Dios verdadero?
4. Lee Éxodo 14:13-22 y Josué 3:14-17. Luego pregunta: «¿En qué se parecen los milagros que ocurrieron en el río Jordán y en el mar Rojo?».
5. ¿Qué —y qué no— sabían los israelitas acerca del plan de Dios para que ellos entraran en la tierra prometida? ¿Por qué tenían que confiar en él?

IDEAS FINALES

Esta es la idea que quieres que los niños recuerden.

Di lo siguiente: «¡El agua formó un muro! ¡Miles de personas caminaron sobre el lecho seco del río, por donde antes fluía agua en abundancia! ¡Parece imposible! En el libro de Éxodo, el Señor separó las aguas del mar Rojo para que los israelitas pudieran cruzar de forma segura. Cuarenta años después, el Señor ayudó a sus hijos a cruzar el río Jordán de la misma forma. Dios era fiel y estaba comprometido con el pueblo de Israel. Podía ofrecerles todo lo que necesitaran, incluso aquello que parecía imposible».

La buena noticia es que Dios no nos ayuda solo cuando tenemos una gran necesidad. Él está ahí para nosotros todos los días, a lo largo de nuestra vida, de la misma forma como lo estuvo para los israelitas. Cuando fue necesario, Dios hizo lo imposible por ellos. Del mismo modo, él también puede hacer lo imposible por ustedes».

PRÁCTICA DEL MEBI O ESGRIMA BÍBLICO

Josué Jueces Rut

LECCIÓN 4
UNA HISTORIA SOBRE DOCE PIEDRAS

Josué 4:1-24; 5:10-12

VERSO PARA MEMORIZAR

«Y se dirigió a los israelitas: "En el futuro, cuando sus hijos les pregunten: '¿Por qué están estas piedras aquí?', ustedes les responderán: 'Porque el pueblo de Israel cruzó el río Jordán en seco'"». Josué 4:21-22

VERDADES SOBRE DIOS

Esta lección enseñará las siguientes verdades acerca de Dios. El asterisco (*) indica la verdad principal que debes enseñar a los niños.

- Recordar lo que Dios hizo en el pasado nos ayuda a confiar en él en el presente. (*)
- Dios honra a quienes confían en él.
- Dios quiere que su pueblo recuerde lo que él hizo por ellos.

OBJETIVO Y RESUMEN DE LA LECCIÓN

En este estudio los niños aprenderán que Dios quiere que recordemos lo que él hizo por nosotros en el pasado. Esto nos ayudará a saber que él es digno de confianza. Él estará siempre con nosotros y satisfará nuestras necesidades.

1. Dios le instruyó a Josué que una persona de cada una de las doce tribus de Israel tomara una piedra del cauce del río Jordán.
2. Cuando los sacerdotes salieron del río Jordán, las aguas volvieron a desbordarse.
3. Josué hizo un monumento con las doce piedras para recordar a los israelitas lo que Dios había hecho por ellos.
4. En Guilgal, dejó de caer maná cuando los israelitas comenzaron a alimentarse con los productos de Canaán.

CONTEXTO BÍBLICO

¿Por qué molestarnos en recordar el pasado? ¿Por qué deberían ser importantes para nosotros los acontecimientos del Antiguo Testamento? La lección de hoy nos ofrece la respuesta a estas preguntas. Recordar lo que Dios hizo en el pasado nos ayuda a confiar en él en el presente y por toda la eternidad. Dios es el mismo ayer y hoy y por los siglos. Su poder, su carácter y sus deseos para con nosotros nunca cambian. Lo que era verdad sobre él en el pasado también es verdad sobre él en el presente. Dios quiere que recordemos lo que hizo para que lo conozcamos, confiemos en él y lo amemos.

La semana pasada aprendimos que un objetivo del milagro ocurrido en el río Jordán era ayudar a Israel a reconocer que Josué era el líder elegido por Dios. Sin embargo, Dios no quería que el pueblo pensara que el mismo Josué tenía el poder de hacer que las aguas se detuvieran. Dios mostró que la fuente de los milagros que presenciaron era su poder divino. Dios llenó el arca, las nubes y el fuego con su presencia. Él habló y actuó a través de ellos. Los hizo santos para poder usarlos. Sin embargo, Dios no estaba confinado a los límites de un objeto físico. Dios trascendía todo lo que usaba para comunicarse con Israel.

Israel respetaba a Josué. Sin embargo, la presencia de Dios marchaba en frente del pueblo con el arca que llevaban los sacerdotes. Los israelitas sabían que la fuente de la victoria era el Señor.

¿SABÍAS QUÉ...?

Los hombres de las tribus de Rubén, Gad y la media tribu de Manasés preguntaron a Moisés si ellos y sus familias podían quedarse en el lado este del río Jordán y no cruzar a la tierra prometida. Moisés accedió. Sin embargo, les dijo que los hombres debían cruzar el Jordán para ayudar a sus hermanos a luchar por su tierra.

VOCABULARIO

Palabras de fe

- Un **milagro** es un hecho imposible que solo Dios puede hacer. Los milagros de Dios muestran a las personas su carácter divino y las ayudan a confiar en él.

Personas

- Los **descendientes** son los hijos, nietos, bisnietos, tataranietos y demás generaciones de una persona.

Lugares

- **Gilgal** fue el primer lugar donde Israel acampó en Canaán. No estaba lejos de Jericó.

Términos

- Un **monumento** es un objeto, acontecimiento o lugar que ayuda a las personas a recordar un acontecimiento o a una persona especiales.

- La **Pascua** es una fiesta especial en la que se celebra cómo Dios liberó a los israelitas de Egipto. Dios protegió a sus primogénitos de la muerte cuando pasó por los hogares de los israelitas en la última plaga.

- El **maná** era el pan especial enviado por Dios a los israelitas en el desierto. «Maná» significa «¿qué es esto?».

HISTORIAS

Todas las semanas necesitarás los siguientes objetos.

1. Una mochila o una pequeña bolsa de viaje.
2. Un recipiente para guardar los objetos empleados en las historias semanales (puede ser una bolsa, un cesto o una caja).

Para la historia de hoy, también necesitarás los siguientes objetos.

1. Una piedra con el número 12 escrito en ella o doce piedras pequeñas.
2. Un recipiente de agua.
3. Un pequeño cofre de juguete o una caja de recuerdos especial que represente el arca del pacto.
4. Un trozo de pan o una galleta.

Antes de la clase

1. Lee Josué 4:1-24 y 5:10-12.
2. Reúne los objetos para la historia de hoy. Si no tienes alguno de ellos, puedes sustituirlo por una imagen.
3. Pasa todos los objetos de la lección anterior de la bolsa de viaje al recipiente de almacenamiento. Coloca este recipiente junto a la zona destinada a contar historias.
4. Mete los objetos para la historia de hoy en la bolsa de viaje y colócala en la zona destinada a contar historias.

Actividad opcional: Sigue al líder

Di a los niños que se pongan en fila recta, uno detrás del otro. Elige a uno de ellos para que sea el líder. Di a los demás que deben observar al líder e imitar todo lo que haga. Luego el líder deberá conducir al grupo a través del aula realizando diferentes gestos con las manos, sonidos o movimientos para que los niños los imiten. Por ejemplo, el líder puede dar pasitos como un bebé, dar pasos grandes o dar saltos. Termina el juego en la zona destinada a contar historias.

Josué Jueces Rut

REPASO DE LA LECCIÓN

Pide a un voluntario que elija un objeto del recipiente de almacenamiento y explique lo que representaba en la lección anterior.

MOMENTO DE CONTAR LA HISTORIA

Lee estas instrucciones antes de empezar.

1. Cuenta la historia con tus palabras centrándote en los puntos más importantes. Saca un objeto de la bolsa para ilustrar cada punto. Si te sientes cómodo, incluye más detalles. Si lo necesitas, puedes usar el guion propuesto.

2. Muestra cada uno de los objetos en orden a medida que cuentas la historia. Coloca los objetos donde los niños puedan verlos.

3. Vuelve a meter los objetos en la bolsa cuando acabes de contar la historia.

4. Para repasar la historia, pide a un voluntario que saque un objeto de la bolsa y diga lo que representa. Repite este proceso con todos los objetos hasta que todos los niños puedan recontar la historia por completo.

5. Repasa el «Movimiento para memorizar» descrito a continuación. Realiza este movimiento cada vez que menciones lo que representa.

Puntos más importantes en orden

Di lo siguiente: «Hoy continuaremos explorando el libro de Josué. Todas las semanas, meto en la bolsa de viaje las herramientas necesarias para nuestro viaje. Hoy comenzaremos con…». Saca los objetos a medida que cuentes la historia.

1. Sostén las doce piedras pequeñas o la piedra con el número 12 escrito en ella. Di lo siguiente: «Toda la nación de Israel cruzó el río Jordán. Dios quería que un hombre de cada una de las doce tribus eligiera una piedra del lugar donde los sacerdotes habían permanecido de pie en medio del río. Las piedras les recordarían que Dios había detenido las aguas y que ellos habían podido cruzar sobre terreno seco».

2. El pequeño cofre de juguete o la caja de recuerdos. Di lo siguiente: «Esta caja especial representa el arca del pacto. Los sacerdotes cargaron el arca y se detuvieron en medio del río Jordán hasta que se realizó todo lo que el Señor había ordenado. El arca le recordaba al pueblo que Dios marchaba delante de ellos ante cualquier peligro».

3. Un recipiente de agua. Di lo siguiente: «Cuando los sacerdotes salieron del río Jordán, las aguas volvieron a desbordarse».

4. Movimiento para memorizar: Construir un altar. Muestra cómo golpear un puño sobre el otro y cómo alternar este movimiento con el otro puño. Di lo siguiente: «Este movimiento representa que Josué construyó un altar con las doce piedras del río Jordán. Cuando lo veían, los israelitas recordaban lo que Dios había hecho. Mientras cuento la historia, hagan este movimiento cuando oigan lo que representa». También puedes pedir a los niños que piensen en otro movimiento distinto.

5. Un trozo de pan o una galleta. Di lo siguiente: «Cuando los israelitas llegaron a Guilgal, celebraron la Pascua y comieron el maná. Al día siguiente, comieron trigo tostado y pan hechos con los productos de la tierra. Esto representa el alimento proporcionado por Dios».

Di lo siguiente: «Ahora les toca a ustedes contar la historia». Vuelve a meter los objetos en la bolsa. Pide a los niños que se turnen. Elige a un voluntario para que, sin mirar, tome un objeto de la bolsa y explique lo que quiere decir o representa. Los niños también pueden elegir repasar uno de los movimientos para memorizar y explicar lo que representa. Una vez que los niños hayan sacado todos los objetos y los hayan explicado, pide a un voluntario que los vuelva a meter en el orden correcto según la historia.

Josué Jueces Rut

LECCIÓN BÍBLICA

Consejos para el maestro

Haz hincapié en estas ideas al conducir el estudio bíblico.

• Dios usó las doce piedras para recordar a los israelitas que él había ayudado milagrosamente a todo el pueblo de Israel a cruzar el Jordán sobre terreno seco. El pueblo actuó con fe y obedeció las instrucciones de Dios.

• Puede parecer que este acontecimiento fue fácil de recordar; sin embargo, los israelitas se olvidaron rápidamente de que su obediencia era importante.

• En estas historias llenas de milagros, las lecciones más importantes son recordar que Dios provee y que debemos obedecerlo siempre.

Lee las Escrituras

Di lo siguiente: «En la última sesión, el río Jordán se desbordó y parecía imposible de cruzar. Sin embargo, Dios proveyó una forma de cruzarlo».

Lee en voz alta Josué 4:1-24 y 5:10-12. Puedes elogir usar los objetos y los movimientos para hacer hincapié en los puntos más importantes.

PREGUNTAS DE DISCUSIÓN

Discute la historia y haz a los niños las siguientes preguntas. Recuerda que puede no haber respuestas correctas o incorrectas.

1. ¿Qué significa temer al Señor?
2. ¿Por qué quería el Señor que los israelitas construyeran un monumento con las doce piedras? ¿Por qué creen que era importante que los israelitas recordaran lo que Dios había hecho?
3. ¿De qué forma podemos construir «monumentos» personales que nos recuerden lo bueno que es Dios con nosotros?
4. ¿Cómo creen que se sintió Josué cuando Dios habló con él? Si fueran Josué, ¿cómo se sentirían si el Señor les dijera que se van a convertir en un héroe y líder de Israel?
5. Los israelitas esperaron muchas generaciones (más de 450 años) para recibir la tierra prometida. ¿Cómo creen que se sintieron cuando por fin llegaron a Canaán?

IDEAS FINALES

Esta es la idea que quieres que los niños recuerden.

Di lo siguiente: «Puede parecer extraño leer que un montón de piedras era importante. Sin embargo, Dios ordenó a los líderes que eligieran esas piedras especiales. Dios quería algo que perdurara y que las personas pudieran ver, tocar y recordar. Así sabrían que lo que había sucedido había sido real. No había sido un sueño ni un recuerdo que se desvanecía fácilmente. Cada vez que el pueblo viera las piedras o cuando sus hijos les preguntaran sobre ellas, los israelitas les contarían la historia de cómo los había ayudado Dios».

Dios mantuvo su promesa. Los descendientes de Abraham estaban ahora en la tierra prometida. El futuro entrañaría desafíos. Sin embargo, cuando ocurrieran situaciones difíciles, las piedras le recordarían al pueblo de Israel que Dios es fiel. Podían encomendar sus vidas a Dios.

¿Recuerdan algún momento en el que Dios los ayudó? Cuando lleguen a casa, busque una piedra que les recuerde que Dios los cuida. Colóquenla donde puedan verla con facilidad y recuerden que Dios es digno de confianza. Si recuerdan alguna otra situación en la que Dios los ha ayudado, añadan otra piedra y construyan su «monumento» personal.

PRÁCTICA DEL MEBI O ESGRIMA BÍBLICO

Josué Jueces Rut

LECCIÓN 5
¡OH, NO! ¡JERICÓ!

Josué 5:13—6:25

VERSO PARA MEMORIZAR

«Obedece al Señor tu Dios y cumple los mandamientos y preceptos que hoy te mando». Deuteronomio 27:10

VERDADES SOBRE DIOS

Esta lección enseñará las siguientes verdades acerca de Dios. El asterisco (*) indica la verdad principal que debes enseñar a los niños.

- Dios siempre está obrando en el mundo. Cuando lo obedecemos, participamos en la obra de Dios. (*)
- A veces, Dios usa formas inusuales para cumplir su voluntad.
- Dios recompensa a quienes lo obedecen.

OBJETIVO Y RESUMEN DE LA LECCIÓN

En este estudio, los niños aprenderán que Dios nos invita a unirnos a la obra que él hace en el mundo. Sin embargo, para experimentar su bendición debemos obedecerlo.

1. Un comandante celestial del ejército de Dios se encontró con Josué.
2. El comandante celestial le dijo a Josué cómo conquistar Jericó.
3. Los israelitas obedecieron las órdenes de Dios y destruyeron Jericó.
4. Los espías cumplieron su promesa y Josué les perdonó la vida a Rahab y a su familia.

CONTEXTO BÍBLICO

Después de que los israelitas cruzaron el río Jordán, Josué se vio sorprendido por un hombre que portaba una espada. Josué le preguntó si era del bando de los suyos o del enemigo. El hombre le dijo que era comandante del ejército del Señor y que no era de ningún bando. Josué se postró rostro en tierra y le preguntó qué órdenes traía. El hombre le dijo que se quitara las sandalias porque el lugar que pisaba era sagrado.

Este acontecimiento fue importante porque demostró que Josué tenía una actitud humilde, respetuosa y reverente hacia el Señor. Dios quería que Josué entendiera que Dios era el líder y que Josué lo servía a él y a su plan divino. Dios no quería que Israel olvidara esto y pensara que había sido Josué quien lo había dirigido por sus propias fuerzas sin la ayuda de Dios. El Señor no dio su aprobación incondicional a las acciones de Israel. Dios dejó claro que Israel lo servía a él y que actuaba según su plan. Josué honraba la presencia y la autoridad de Dios. Se sometía al Señor con humildad.

Josué no solo era humilde, sino también obediente. Le pidió a Dios que le diera órdenes. La obediencia era crucial para la victoria porque el Señor requería que Israel participara junto a él en la batalla. Si los israelitas no acataban sus órdenes, lucharían solos, no con el Señor. Si no lo seguían y obedecían incondicionalmente, él no lucharía por ellos. El papel de Israel fue necesario, aunque estaba claro que fue el poder de Dios, y no el de Israel, el que les garantizó la victoria. El poder divino fue abundante cuando Israel obedeció con humildad. Dios les dio la victoria que les había prometido.

¿SABÍAS QUÉ...?

El número 7 es muy importante en esta historia (y en la Biblia). Había siete sacerdotes con siete trompetas. La batalla terminó el séptimo día, cuando marcharon siete veces alrededor de la ciudad. El número 7 simboliza la plenitud o perfección. Otro ejemplo son los siete días que duró la creación.

Josué Jueces Rut

Palabras de fe

- La **obra de Dios** significa todo lo que Dios hace. La obra de Dios también se refiere a lo que Dios les pide a las personas que hagan.

Lugares

- **Jericó** era una antigua ciudad con mucha historia. Algunos arqueólogos afirman que es la ciudad amurallada más antigua del mundo. Fue construida más de 7000 años antes de los tiempos de Abraham. En la antigüedad, Jericó también recibía el nombre de «la ciudad de las palmeras».

Términos

- **Las cosas consagradas** eran el oro, la plata y otros objetos valiosos que los habitantes de Jericó ofrecían a su dios o a sus dioses. Estas cosas no volvían a ser utilizadas para nada más. En ocasiones, Dios les decía a los israelitas que destruyeran las cosas consagradas tras su victoria.
- En la batalla, «**gritar a voz en cuello**» significa dar un grito en voz alta como parte del ritual de combate.
- Probablemente **el tesoro del Señor** se encontraba cerca o dentro del tabernáculo. Allí las personas almacenaban todos los objetos de oro, plata y demás objetos valiosos hasta que los sacerdotes los usaban en el servicio al Señor.

HISTORIAS

Todas las semanas necesitarás los siguientes objetos.

1. Una mochila o una pequeña bolsa de viaje.
2. Un recipiente para guardar los objetos empleados en las historias semanales (puede ser una bolsa, un cesto o una caja).

Para la historia de hoy, también necesitarás los siguientes objetos.

1. Una sandalia o un zapato.
2. Un pequeño cofre de juguete o una caja de recuerdos especial que represente el arca del pacto.
3. Una trompeta de juguete con el número 7 pegado a ella.
4. Un cordón, cuerda o cinta de color rojo.
5. Monedas de oro o plata, u objetos de un metal valioso.

Antes de la clase

1. Lee Josué 5:13—6:25.
2. Reúne los objetos para la historia de hoy. Si no tienes alguno de ellos, puedes sustituirlo por una imagen.
3. Pasa todos los objetos de la lección anterior de la bolsa de viaje al recipiente de almacenamiento. Coloca este recipiente junto a la zona destinada a contar historias.
4. Mete los objetos para la historia de hoy en la bolsa de viaje y colócala en la zona destinada a contar historias.

Actividad opcional: Sigue al líder

Di a los niños que se pongan en fila recta, uno detrás del otro. Elige a uno de ellos para que sea el líder. Di a los demás que deben observar al líder e imitar todo lo que haga. Luego el líder deberá conducir al grupo a través del aula realizando diferentes gestos con las manos, sonidos o movimientos para que los niños los imiten. Por ejemplo, el líder puede dar pasitos como un bebé, dar pasos grandes o dar saltos. Termina el juego en la zona destinada a contar historias.

REPASO DE LA LECCIÓN

Pide a un voluntario que elija un objeto del recipiente de almacenamiento y explique lo que representaba en la lección anterior.

Josué Jueces Rut

Lee estas instrucciones antes de empezar.

1. Cuenta la historia con tus palabras centrándote en los puntos más importantes. Saca un objeto de la bolsa para ilustrar cada punto. Si te sientes cómodo, incluye más detalles. Si lo necesitas, puedes usar el guion propuesto.

2. Muestra cada uno de los objetos en orden a medida que cuentas la historia. Coloca los objetos donde los niños puedan verlos.

3. Vuelve a meter los objetos en la bolsa cuando acabes de contar la historia.

4. Para repasar la historia, pide a un voluntario que saque un objeto de la bolsa y diga lo que representa. Repite este proceso con todos los objetos hasta que todos los niños puedan recontar la historia por completo.

5. Repasa el «Movimiento para memorizar» descrito a continuación. Realiza este movimiento cada vez que menciones lo que representa.

Puntos más importantes en orden

Di lo siguiente: «Hoy continuaremos explorando el libro de Josué. Todas las semanas, meto en la bolsa de viaje las herramientas necesarias para nuestro viaje. Hoy comenzaremos con…». Saca los objetos a medida que cuentes la historia.

1. Sostén la sandalia o el zapato. Di lo siguiente: «Dios envió a un comandante celestial para que se encontrara con Josué. Cuando Josué le preguntó al comandante si traía un mensaje del Señor, el comandante le dijo: "Quítate las sandalias, porque el lugar que pisas es sagrado". Y Josué obedeció».

2. Un pequeño cofre de juguete o una caja de recuerdos especial. Di lo siguiente: «El Señor le dijo a Josué cómo conquistar Jericó. En esta batalla, el Señor no solo quería que Josué conquistara la ciudad cananea, sino también su religión falsa. Josué dijo a los israelitas que marcharan alrededor de la ciudad en este orden: los hombres armados, los siete sacerdotes con las trompetas, el arca del pacto y la retaguardia. Debían hacer esto durante seis días».

3. Una trompeta de juguete con el número 7 escrito o pegado en ella. Di lo siguiente: «El séptimo día, los israelitas marcharon alrededor de Jericó siete veces. Una vez completada la séptima vuelta, los sacerdotes tocaron las trompetas y el pueblo empezó a gritar… y las murallas de Jericó se derrumbaron».

4. Movimiento para memorizar: Marchar y gritar. Muestra a los niños cómo marchar sin moverse del sitio mientras cuentas hasta siete. Cuando digas «siete», da un grito. También puedes pedir a los niños que piensen en otro movimiento distinto. Di lo siguiente: «Mientras cuento la historia, hagan este movimiento cuando oigan lo que representa».

5. Un cordón, cuerda o cinta de color rojo. Di lo siguiente: «Rahab sabía que los israelitas habían llegado, así que metió a su familia en su casa y colocó el cordón de color rojo por fuera de su ventana en la muralla de la ciudad. Los espías cumplieron su promesa y les perdonaron la vida a ella y a su familia. Los sacaron a todos fuera de la ciudad antes de destruirla».

6. Monedas de oro o plata, u objetos de un metal valioso. Di lo siguiente: «Todo fue destruido, excepto las cosas que no estaban destinadas al exterminio. Había objetos de oro, de plata, de bronce y de hierro que debían usarse en el servicio del Señor. El pueblo destinó estos objetos al Señor y los colocó en su tesoro».

Josué Jueces Rut

Di lo siguiente: «Ahora les toca a ustedes contar la historia». Vuelve a meter los objetos en la bolsa. Pide a los niños que se turnen. Elige a un voluntario para que, sin mirar, tome un objeto de la bolsa y explique lo que quiere decir o representa. Los niños también pueden elegir repasar uno de los movimientos para memorizar y explicar lo que representa. Una vez que los niños hayan sacado todos los objetos y los hayan explicado, pide a un voluntario que los vuelva a meter en el orden correcto según la historia.

LECCIÓN BÍBLICA

Consejos para el maestro

Haz hincapié en estas ideas al conducir el estudio bíblico.

• Recuérdales a los niños que Dios quiere que lo obedezcamos. Es importante escuchar a Dios y cumplir sus órdenes.

• Si tienes tiempo, discute las similitudes que hay entre la experiencia de Josué con el comandante del ejército del Señor y la experiencia de Moisés con la zarza ardiente.

Lee las Escrituras

Muestra a los niños la sandalia o el zapato y di lo siguiente: «Este zapato nos recuerda que Josué era humilde ante el Señor. Quitarse las sandalias y postrarse rostro en tierra fue un acto de respeto a Dios. Josué tenía la actitud correcta. Escuchaba atentamente las órdenes de Dios para poder obedecerlas de forma minuciosa».

Lee en voz alta Josué 5:13—6:25. Puedes elegir usar los objetos y los movimientos para hacer hincapié en los puntos más importantes.

PREGUNTAS DE DISCUSIÓN

Discute la historia y haz a los niños las siguientes preguntas. Recuerda que puede no haber respuestas correctas o incorrectas.

1. ¿A quién honró realmente Josué cuando se postró ante el comandante del ejército del Señor y se quitó las sandalias?

2. Cuando los israelitas gritaban en batalla, expresaban su alegría, la cual provenía de su fe y confianza en el Señor. ¿Cómo expresan ustedes su fe y confianza en Dios?

3. ¿Qué creen que habría pasado en Jericó si los israelitas no hubieran obedecido minuciosamente las órdenes de Dios?

4. Imagínense que son israelitas y que ven las murallas de Jericó derrumbándose. ¿Qué pensarían?

5. Los israelitas cumplieron su promesa de rescatar a Rahab y su familia. ¿Qué creen que aprendió Rahab de eso?

IDEAS FINALES

Esta es la idea que quieres que los niños recuerden.

Di lo siguiente: «Los israelitas conquistaron Jericó. Obedecieron a Dios y ganaron una gran victoria. ¿Qué habría sido diferente si hubieran desobedecido las órdenes del Señor y hubieran seguido su propio plan? La obediencia al Señor fue clave para alcanzar el éxito. Cuando obedecemos al Señor, nuestros corazones están abiertos a escuchar y a seguir al Señor. Estamos alineados con lo que él hace. Por el contrario, cuando lo desobedecemos, queremos hacer las cosas a nuestra manera en vez de a la manera de Dios y no recibimos la bendición que él quiere darnos. En esta historia, los israelitas eligieron seguir las órdenes del Señor. Participaron en su plan. Elijan hoy mismo seguir al Señor. ¡Puede que sus planes los sorprendan!».

PRÁCTICA DEL MEBI O ESGRIMA BÍBLICO

Josué Jueces Rut

LECCIÓN 6
EL PECADO DE ACÁN

Josué 7:1-26

VERSO PARA MEMORIZAR

«Hay caminos que al hombre le parecen rectos, pero que acaban por ser caminos de muerte». Proverbios 14:12

VERDADES SOBRE DIOS

Esta lección enseñará las siguientes verdades acerca de Dios. El asterisco (*) indica la verdad principal que debes enseñar a los niños.

- Dios no ignora el pecado. (*)
- Dios requiere que las personas lo obedezcan incondicionalmente.
- Dios ofrece una forma de que las personas se arrepientan de sus pecados y restauren su relación con él.

OBJETIVO Y RESUMEN DE LA LECCIÓN

En este estudio, los niños aprenderán que el pecado rompe su relación con Dios y suele afectar a los demás. Sin embargo, Dios ofrece una forma de restaurar esa relación rota.

1. Acán desobedeció las órdenes de Dios y se guardó algunas cosas de Jericó.
2. Debido a la desobediencia de Acán, los israelitas fueron derrotados en Hai.
3. Dios les dijo a los israelitas que no podrían derrotar a sus enemigos hasta haber destruido lo que habían robado.
4. Los israelitas castigaron a Acán y destruyeron las cosas que él se había guardado.

CONTEXTO BÍBLICO

Dios no pasa por alto el pecado. La historia del pecado y el castigo de Acán ilustra este aspecto de una forma muy clara. Nos recuerda que nuestros pecados tienen consecuencias.

Israel sabía que el pecado era un problema grave. Los pecados desafiantes eran particularmente graves porque suponían una violación deliberada de la ley del pacto de Dios. No había sacrificio posible para redimir esos pecados. Números 15:30-31 nos dice que el castigo justo por un pecado desafiante era eliminar al pecador de su comunidad. La vida de un hombre continuaba, por así decirlo, a través de sus descendientes, quienes continuaban realizando su trabajo, mantenían sus propiedades y sus posesiones. Entonces, ser eliminado era muy similar a ser condenado a muerte porque afectaba a todo el legado de una persona. Era un castigo severo. Es como si el Señor dijera: «Si quebrantas los votos del pacto y me rechazas, lo perderás todo. En definitiva, será tu muerte. Sí, es así de grave».

La historia de Acán también muestra que el pecado de una persona afecta a toda una comunidad. Dios detuvo el progreso de Israel hasta que la comunidad se ocupó del pecado. En su misericordia, Dios le ofreció a Israel una forma de arrepentirse. Dios amaba tanto a los israelitas que los guio, advirtió, castigó justamente y restauró la comunidad a su antigua relación con él.

¿SABÍAS QUE...?

Algunas veces, los israelitas «echaban suertes» para determinar la voluntad de Dios. Este proceso parecía aleatorio —como lanzar trozos de huesos o piedras de forma similar a un dado—. Pero, para los israelitas, no era algo aleatorio, arriesgado ni mágico. Creían que era Dios mismo quien guiaba este proceso.

Josué Jueces Rut

VOCABULARIO

Palabras de fe

- «Pecar» significa «desobedecer a Dios». Pecamos cuando hacemos algo que Dios dice que no debemos hacer. Y también cuando no hacemos algo que Dios dice que debemos hacer.

Personas

- El **clan de Judá** incluye a todas las familias descendientes de Judá, uno de los hijos de Jacob. Judá es también una de las doce tribus de Israel.

Lugares

- **Hai** era una ciudad situada al norte de Jericó. La palabra «Hai» significa «la ruina».
- El **valle de Acor** estaba situado entre Jericó y Jerusalén. Allí fue donde apedrearon a Acán. La palabra «Acor» significa «problema».

Términos

- Un «**siclo**» era una moneda hebrea de uso común que pesaba unos catorce gramos. Doscientos siclos era mucho dinero.
- Las **personas u objetos consagrados** eran posesión exclusiva del Señor Dios o de otros ídolos.

Expresiones

- «**Provocó la ira del Señor contra Israel**» significa que Dios desató contra Israel todo su enfado. La ira del Señor no cesó hasta que el infractor restituyó el mal cometido.
- «**Se rasgó las vestiduras**» describe la forma que tenían las personas de la antigüedad para expresar una profunda pena, preocupación, arrepentimiento o cualquier otra emoción fuerte.

HISTORIAS

Todas las semanas necesitarás los siguientes objetos.

1. Una mochila o una pequeña bolsa de viaje.

2. Un recipiente para guardar los objetos empleados en las historias semanales (puede ser una bolsa, un cesto o una caja).

Para la historia de hoy, también necesitarás los siguientes objetos.

1. Monedas de oro o plata, y una prenda de vestir bonita.
2. Un trapo o algo para ocultar las monedas u objetos valiosos descritos arriba.
3. Un trozo de tela rasgada.
4. Una piedra.

Antes de la clase

1. Lee Josué 7:1-26.
2. Reúne los objetos para la historia de hoy. Si no tienes alguno de ellos, puedes sustituirlo por una imagen.
3. Pasa todos los objetos de la lección anterior de la bolsa de viaje al recipiente de almacenamiento. Coloca este recipiente junto a la zona destinada a contar historias.
4. Mete los objetos para la historia de hoy en la bolsa de viaje y colócala en la zona destinada a contar historias.

Actividad opcional: Sigue al líder

Di a los niños que se pongan en fila recta, uno detrás del otro. Elige a uno de ellos para que sea el líder. Di a los demás que deben observar al líder e imitar todo lo que haga. Luego el líder deberá conducir al grupo a través del aula realizando diferentes gestos con las manos, sonidos o movimientos para que los niños los imiten. Por ejemplo, el líder puede dar pasitos como un bebé, dar pasos grandes o dar saltos. Termina el juego en la zona destinada a contar historias.

REPASO DE LA LECCIÓN

Pide a un voluntario que elija un objeto del recipiente de almacenamiento y explique lo que representaba en la lección anterior.

Josué Jueces Rut

MOMENTO DE CONTAR LA HISTORIA

Lee estas instrucciones antes de empezar.

1. Cuenta la historia con tus palabras centrándote en los puntos más importantes. Saca un objeto de la bolsa para ilustrar cada punto. Si te sientes cómodo, incluye más detalles. Si lo necesitas, puedes usar el guion propuesto.

2. Muestra cada uno de los objetos en orden a medida que cuentas la historia. Coloca los objetos donde los niños puedan verlos.

3. Vuelve a meter los objetos en la bolsa cuando acabes de contar la historia.

4. Para repasar la historia, pide a un voluntario que saque un objeto de la bolsa y diga lo que representa. Repite este proceso con todos los objetos hasta que todos los niños puedan recontar la historia por completo.

5. Repasa el «Movimiento para memorizar» descrito a continuación. Realiza este movimiento cada vez que menciones lo que representa.

PUNTOS MÁS IMPORTANTES EN ORDEN

Di lo siguiente: «Hoy continuaremos explorando el libro de Josué. Todas las semanas, meto en la bolsa de viaje las herramientas necesarias para nuestro viaje. Hoy comenzaremos con…». Saca los objetos a medida que cuentes la historia.

1. Toma las monedas de oro o plata, y la prenda de vestir bonita, y cúbrelas luego con el trapo para ocultarlas. Di lo siguiente: «Cuando Israel derrotó a Jericó, Dios ordenó a los israelitas que lo destruyeran todo, excepto lo que estaba consagrado. Sin embargo, un israelita llamado Acán se guardó para sí algunos de los objetos que Dios había mandado destruir y los escondió en su carpa. Así que el Señor se enojó mucho debido a la desobediencia de Israel».

2. Un trozo de tela rasgada. Di lo siguiente: «Tras la victoria de Israel sobre Jericó, Josué envió a un pequeño ejército para que destruyera la ciudad de Hai, porque no era muy grande. Sin embargo, ¡los soldados de Hai derrotaron al ejército de Israel! Los israelitas se desmoralizaron y se llenaron de temor. Josué se rasgó las vestiduras para mostrar su desolación. Estaba confundido y no entendía por qué Dios había permitido que los derrotaran. Tuvo miedo de que los cananeos se enteraran de su derrota y fueran a atacarlos».

3. Movimiento para memorizar: postura de oración. Muestra a los niños cómo entrelazar las manos, cerrar los ojos, agachar la cabeza, arrodillarse o inclinarse en señal de reverencia a Dios cuando oramos. También puedes pedirles que piensen en otro movimiento apropiado. Di lo siguiente: «Mientras cuento la historia, hagan este movimiento cuando oigan lo que representa. Cuando Josué se enteró de la derrota de Hai, se rasgó inmediatamente las vestiduras y se postró ante el arca del pacto. Le contó a Dios acerca de su miedo y su confusión. Dios le dijo que Israel había pecado y que un israelita había robado algunas cosas destinadas al exterminio».

4. Una piedra. Di lo siguiente: «Con el tiempo, Acán admitió que había robado lo destinado al exterminio. Su pecado trajo culpa y castigo sobre los israelitas. Dios dijo que no seguiría estando con ellos hasta que los israelitas destruyeran todo lo que había entre ellos que él había destinado a la destrucción. Los israelitas castigaron a Acán y a su familia. Siguieron las instrucciones de Dios, lo apedrearon y lo quemaron todo. Después, colocaron sobre ellos un montón de piedras».

Josué Jueces Rut

Di lo siguiente: «Ahora les toca a ustedes contar la historia». Vuelve a meter los objetos en la bolsa. Pide a los niños que se turnen. Elige a un voluntario para que, sin mirar, tome un objeto de la bolsa y explique lo que quiere decir o representa. Los niños también pueden elegir repasar uno de los movimientos para memorizar y explicar lo que representa. Una vez que los niños hayan sacado todos los objetos y los hayan explicado, pide a un voluntario que los vuelva a meter en el orden correcto según la historia.

LECCIÓN BÍBLICA

Consejos para el maestro

Haz hincapié en estas ideas al conducir el estudio bíblico.

• Responde las preguntas sobre por qué Dios castigó a Acán y a su familia con tanta dureza. Entender esto no es fácil, ni siquiera para los adultos.

• Ayuda a los niños a entender que el arrepentimiento va más allá de simplemente decir: «Lo siento. Fui yo quien lo hizo». Sentimos pena cuando entendemos que hemos deshonrado a Dios con nuestro pecado. El arrepentimiento es la fuerte determinación de no volver a hacer nunca lo que hicimos.

• Acán no mostró ninguna señal de arrepentimiento. Solo confesó su pecado cuando Josué lo confrontó. Asegura a los niños que, aunque el pecado es grave, Dios perdona con gusto a quienes se arrepienten.

Lee las Escrituras

Di lo siguiente: «La historia de hoy es difícil porque nos enseña que el pecado es muy grave y causa destrucción. Como Dios es santo, él no tolera el pecado. El pecado tiene como resultado el castigo porque supone desobedecer deliberadamente a Dios. A veces, el pecado de una persona afecta a otras personas. El pecado rompe nuestra relación con Dios, pero hay esperanza. Dios siempre ofrece una forma de restaurar nuestra relación con él. Él nos perdona con gusto cuando nos arrepentimos».

Lee en voz alta Josué 7:1-26. Puedes elegir usar los objetos y los movimientos para hacer hincapié en los puntos más importantes.

PREGUNTAS DE DISCUSIÓN

Discute la historia y haz a los niños las siguientes preguntas. Recuerda que puede no haber respuestas correctas o incorrectas.

1. Cuando Acán robó lo destinado al exterminio, quebrantó el pacto que los israelitas habían hecho con Dios. ¿Por qué creen que Acán hizo eso?

2. Josué no podía entender por qué habían sido derrotados en la batalla en Hai. ¿Qué esperaba Josué que sucediera?

3. Lee Josué 7:6-9. Josué estaba preocupado por el futuro. ¿Qué creía que podía pasar? Si ustedes fueran Josué, ¿les resultaría fácil volver a confiar en el Señor? ¿Por qué?

4. Si fueran Acán, ¿cuán difícil les resultaría admitir su pecado? ¿Cómo creen que se sintió él?

5. Si fueran un israelita, ¿cómo habrían reaccionado ante Acán y su pecado?

IDEAS FINALES

Esta es la idea que quieres que los niños recuerden.

Di lo siguiente: «¿Qué significa que Dios no puede ignorar el pecado? Dios es realmente puro amor. Sin embargo, él no ignora el pecado. Cuando el pueblo de Dios peca, traiciona y deshonra a Dios. En particular, esto es así si lo desobedecen deliberadamente. Eso es lo que hizo Acán.

PRÁCTICA DEL MEBI O ESGRIMA BÍBLICO

Josué Jueces Rut

LECCIÓN 7
¡ADIÓS, HAI!

Josué 8:1-35

Israel luchaba con una idea difícil: la victoria no ocurría automáticamente. Su éxito dependía de la guía del Señor y de la relación de Israel con él. El pecado de Adán violó el pacto. La infidelidad al pacto era un pecado que Dios no toleraría. La consecuencia del pecado fue la misma tanto para los israelitas como para los cananeos. Esta situación era muy grave. Israel dio a Dios una razón para que los destruyera, pero, en vez de eso, Dios les ofreció una vía para su restauración.

VERSO PARA MEMORIZAR

«Solo te pido que tengas mucho valor y firmeza para obedecer toda la ley que mi siervo Moisés te ordenó. No te apartes de ella para nada; solo así tendrás éxito dondequiera que vayas». Josué 1:7

Puesto que la naturaleza de Dios es amar, él está dispuesto a perdonar a un pecador sin albergar ningún rencor. Cuando Josué mostró fidelidad y obediencia, Dios respondió con palabras de consuelo y aliento. Si alguien quebrantaba el acuerdo del pacto, las normas y las consecuencias permanecían intactas. Sin embargo, esa persona podía arrepentirse y volver a una vida con Dios.

VERDADES SOBRE DIOS

Esta lección enseñará las siguientes verdades acerca de Dios. El asterisco (*) indica la verdad principal que debes enseñar a los niños.

- Dios restaura a su pueblo si este regresa a él.*
- Dios quiere que su pueblo regrese a él.
- Dios restaura con gusto a quienes regresan a él.

A través de las experiencias de Israel con el castigo de Acán, la batalla de Hai y la renovación del pacto, el pueblo de Israel aprendió que una relación con Dios no se trataba esencialmente de una bendición de riquezas que acumular. Cuando rescató a Israel e hizo un pacto con los israelitas, Dios tenía un propósito más importante para su pueblo: quería transformar sus vidas y hacerlos santos. Entonces, podría disfrutar de una relación más profunda con ellos y con toda la humanidad. Cuando la nación de Israel era infiel, Dios no les daba la victoria. Sin embargo, cuando Israel obedecía a Dios, se arrepentía y hacía restitución, Dios los perdonaba con gusto y los volvía a aceptar en la relación del pacto con él.

OBJETIVO Y RESUMEN DE LA LECCIÓN

En este estudio, los niños aprenderán que el propósito de Dios al castigar a Israel era transformarlo y hacerlo santo para poder disfrutar de una relación con su pueblo. Lo mismo se aplica a nosotros en la actualidad.

1. Después de que Israel castigó a Acán, Dios dio a los israelitas un nuevo plan para conquistar Hai.

2. Los israelitas obedecieron a Dios y conquistaron Hai por completo.

3. Tras la batalla, Josué construyó un altar, y los israelitas adoraron a Dios.

4. Los israelitas renovaron su pacto con Dios en el monte Ebal.

¿SABÍAS QUE...?

En esa época, la nación de Israel incluía a otras personas que se habían unido a los israelitas cuando salieron de Egipto y anduvieron por el desierto.

Josué Jueces Rut

Los israelitas los conocían como «inmigrantes» porque eran originalmente de otro país. Aunque no eran israelitas, Israel los aceptaba en la comunidad y los incluía en el pacto de Dios.

VOCABULARIO

Palabras de fe

- Un **pacto** es un acuerdo entre Dios y su pueblo. Tanto Dios como su pueblo se hacen promesas entre sí. Los pactos de Dios nos ofrecen una relación con él para que experimentemos su amor y su presencia. Aceptamos vivir con fidelidad, con reverencia y con obediencia a él.

Personas

- Un **fugitivo** es alguien que huye para escapar de un peligro o un castigo.
- Un **sobreviviente** es alguien que pasa por un horrible accidente o un acontecimiento peligroso. En Hai, no hubo ni fugitivos ni sobrevivientes. Los israelitas los mataron a todos.

Lugares

- El **Monte Ebal** era una montaña que estaba situada cerca de Hai. En esta montaña, Josué construyó un altar para el Señor y renovó el pacto.
- **Betel** era una ciudad situada al noroeste de Hai. Durante la batalla, algunos de los israelitas esperaron entre Betel y Hai para lanzar una emboscada contra Hai.
- El **Monte Guerizín** era una montaña que estaba situada cerca del monte Ebal. Cuando una persona hablaba desde esta montaña o desde el monte Ebal, las personas que estaban más abajo en el valle podían oírla.

Términos

- Una **jabalina** es un trozo de madera largo y fino terminado en punta. En los tiempos bíblicos, las personas la usaban como arma.

- El **libro de la ley** incluye los cinco libros escritos por Moisés. Los hebreos también lo llamaban el Pentateuco o la Torá.
- Una **bendición** es una afirmación que proclama el favor o la bondad de Dios para quienes lo obedecen.
- Una **maldición** es una afirmación u oración que describe cosas malas que les sucederán a quienes desobedecen a Dios.
- Una **emboscada** es un ataque sorpresa desde un lugar oculto.
- Un **holocausto** era una ofrenda que mostraba la rendición y la obediencia de los israelitas hacia Dios.
- Un **sacrificio de comunión** era una ofrenda para dar las gracias a Dios y celebrar su bondad.

HISTORIAS

Todas las semanas necesitarás los siguientes objetos.

1. Una mochila o una pequeña bolsa de viaje.
2. Un recipiente para guardar los objetos empleados en las historias semanales (puede ser una bolsa, un cesto o una caja).

Para la historia de hoy, también necesitarás los siguientes objetos.

1. Una lanza o un palo que represente una lanza.
2. Una o varias piedras.
3. Tablas que representen la copia de la ley de Moisés que Josué escribió para el pueblo.

Antes de la clase

1. Lee Josué 8:1-35.
2. Reúne los objetos para la historia de hoy. Si no tienes alguno de ellos, puedes sustituirlo por una imagen.

Josué Jueces Rut

3. Pasa todos los objetos de la lección anterior de la bolsa de viaje al recipiente de almacenamiento. Coloca este recipiente junto a la zona destinada a contar historias.

4. Mete los objetos para la historia de hoy en la bolsa de viaje y colócala en la zona destinada a contar historias.

Actividad opcional: *Sigue al líder*

Di a los niños que se pongan en fila recta, uno detrás del otro. Elige a uno de ellos para que sea el líder. Di a los demás que deben observar al líder e imitar todo lo que haga. Luego el líder deberá conducir al grupo a través del aula realizando diferentes gestos con las manos, sonidos o movimientos para que los niños los imiten. Por ejemplo, el líder puede dar pasitos como un bebé, dar pasos grandes o dar saltos. Termina el juego en la zona destinada a contar historias.

REPASO DE LA LECCIÓN

Pide a un voluntario que elija un objeto del recipiente de almacenamiento y explique lo que representaba en la lección anterior.

MOMENTO DE CONTAR LA HISTORIA

Lee estas instrucciones antes de empezar.

1. Cuenta la historia con tus palabras centrándote en los puntos más importantes. Saca un objeto de la bolsa para ilustrar cada punto. Si te sientes cómodo, incluye más detalles. Si lo necesitas, puedes usar el guion propuesto.

2. Muestra cada uno de los objetos en orden a medida que cuentas la historia. Coloca los objetos donde los niños puedan verlos.

3. Vuelve a meter los objetos en la bolsa cuando acabes de contar la historia.

4. Para repasar la historia, pide a un voluntario que saque un objeto de la bolsa y diga lo que representa. Repite este proceso con todos los objetos hasta que todos los niños puedan recontar la historia por completo.

5. Repasa el «Movimiento para memorizar» descrito a continuación. Realiza este movimiento cada vez que menciones lo que representa.

Puntos más importantes en orden

Di lo siguiente: «Hoy continuaremos explorando el libro de Josué. Todas las semanas, meto en la bolsa de viaje las herramientas necesarias para nuestro viaje. Hoy comenzaremos con…». Saca los objetos a medida que cuentes la historia.

1. Movimiento para memorizar: lanzar una emboscada. Muestra a los niños cómo agacharse y taparse los ojos. También puedes pedirles que piensen en otro movimiento. Di lo siguiente: «Mientras cuento la historia, hagan este movimiento cuando oigan lo que representa».
   Luego di: «Dios dio a Josué un plan para conquistar la ciudad de Hai. Algunos soldados se escondieron detrás de la ciudad para lanzarle una emboscada y esperaron a recibir la señal de Josué para atacar».

2. Una lanza o un palo que represente una lanza. Di lo siguiente: «Después de que los hombres de Hai huyeron de la ciudad para atacar a los israelitas, Josué apuntó su lanza hacia la ciudad. Esta era la señal de que había llegado la hora de atacar».

3. Una o varias piedras. Di lo siguiente: «Como los israelitas obedecieron incondicional-mente el plan de Dios, conquistaron la ciudad de Hai. Luego Josué construyó un altar para el Señor. En su construcción, siguió todas las instrucciones de Moisés. Después el pueblo adoró al Señor y llevaron ofrendas al altar».

4. Tablas que representen la ley de Moisés. Di lo siguiente: «El pueblo y los jefes se reunieron alrededor del arca del pacto mientras Josué escribía en tablas de piedra la ley de Moisés. Luego Josué leyó a todo el pueblo lo que había escrito».

Josué Jueces Rut

Di lo siguiente: «Ahora les toca a ustedes contar la historia». Vuelve a meter los objetos en la bolsa. Pide a los niños que se turnen. Elige a un voluntario para que, sin mirar, tome un objeto de la bolsa y explique lo que quiere decir o representa. Los niños también pueden elegir repasar uno de los movimientos para memorizar y explicar lo que representa. Una vez que los niños hayan sacado todos los objetos y los hayan explicado, pide a un voluntario que los vuelva a meter en el orden correcto según la historia.

LECCIÓN BÍBLICA

Consejos para el maestro

Prepárate para guiar a los niños en la oración de salvación si el Espíritu Santo así te lo indica. En caso necesario, utiliza el recurso «Cómo guiar a un niño hacia Cristo».

Haz hincapié en estas ideas al conducir el estudio bíblico.

• Explica por qué era importante renovar el pacto. El pacto de Dios no cambiaba ni expiraba. Los israelitas necesitaban renovar su compromiso para cumplir con su parte del pacto.

• Anima a los niños a obedecer a Dios en todas las cosas.

Lee las Escrituras

Antes de contar la historia, di lo siguiente: «Israel comenzó a entender que su victoria dependía de su fidelidad a Dios y de su relación con él. Dios restauró el pacto debido a su obediencia incondicional. Entonces el Señor dio a Josué un nuevo plan de batalla».

Lee en voz alta Josué 8:1-35. Puedes elegir usar los objetos y los movimientos para hacer hincapié en los puntos más importantes.

Discute la historia y haz a los niños las siguientes preguntas. Recuerda que puede no haber respuestas correctas o incorrectas.

1. Después de que Hai derrotó a Israel, ¿cómo creen que se sintió Josué al pensar en otra batalla contra Hai?
2. ¿Qué le dijo el Señor a Josué para consolarlo? ¿Los ayudarían esas palabras a ser más valientes? ¿Por qué?
3. ¿Por qué era importante para los israelitas seguir las instrucciones del Señor?
4. ¿Qué les dice sobre el Señor el éxito que los israelitas tuvieron en la batalla?
5. ¿Por qué creen que Josué y los israelitas eligieron renovar su pacto con el Señor?

IDEAS FINALES

Esta es la idea que quieres que los niños recuerden.

Pregunta: «¿Por qué era importante para Israel renovar el pacto? ¿Expiraba el pacto?». Deja tiempo para discutir, pero guía la conversación para que todos entiendan que la renovación del pacto ayudaría a Israel.

Cuando Dios reveló el pecado de los israelitas, ellos obedecieron sus órdenes incondicionalmente. Esto puso de manifiesto que deseaban regresar a Dios. Josué 8 narra lo que sucedió después. Primero, Dios dijo a Josué palabras de aliento. Luego, le dio un plan de batalla nuevo y, por último, dio a los israelitas la victoria sobre Hai.

¿Notaron lo que Dios hizo? Él dejó de estar enojado con los israelitas. No volvió a recordarles su pecado y desobediencia. Era como si nunca hubieran pecado. Si el Espíritu Santo así te lo indica, guía a los niños en una oración de salvación. En caso necesario, utiliza el recurso «Cómo guiar a un niño hacia Cristo».

PRÁCTICA DEL MEBI O ESGRIMA BÍBLICO

Josué Jueces Rut

LECCIÓN 8
UN ENGAÑO Y UN TRATADO

Josué 9:1—10:15

VERSO PARA MEMORIZAR

«Todas las sendas del Señor son amor y verdad para quienes cumplen los preceptos de su pacto». Salmos 25:10

VERDADES SOBRE DIOS

Esta lección enseñará las siguientes verdades acerca de Dios. El asterisco (*) indica la verdad principal que debes enseñar a los niños.

- Dios nos honra cuando cumplimos nuestras promesas. (*)
- Dios quiere que le pidamos que nos dé sabiduría y discernimiento antes de tomar grandes decisiones.
- Dios espera que su pueblo haga lo que promete.

OBJETIVO Y RESUMEN DE LA LECCIÓN

En este estudio los niños aprenderán que Dios cumple sus promesas y quiere que nosotros cumplamos las nuestras. Si se lo pedimos, Dios no da sabiduría y nos ayuda.

1. Los gabaonitas mintieron y coaccionaron a los israelitas para hacer un tratado de paz.
2. Los gabaonitas consiguieron engañar a los israelitas porque estos no consultaron a Dios.
3. Cuando los cinco reyes atacaron, los israelitas cumplieron su promesa de proteger a los gabaonitas.
4. Dios detuvo milagrosamente el sol hasta que los israelitas ganaron la batalla.

CONTEXTO BÍBLICO

Israel estaba entre la espada y la pared. Los gabaonitas, quienes vivían en Canaán, mintieron y convencieron a los israelitas de que venían de una tierra distante. Suplicaron a Israel que hiciera un tratado de paz con ellos. Los israelitas aceptaron el acuerdo porque se creyeron la mentira. Sin embargo, Israel desobedeció la orden de Dios al aceptar un pacto con un grupo de cananeos. Una vez que se hacía un pacto en el nombre del Señor, no podía romperse sin que eso acarreara las consecuencias de la ira divina. El hecho de que Israel aceptó el tratado fue malo, como también lo fue romper el pacto. Ambas opciones eran malas.

Pero Josué encontró una solución. Maldijo a los gabaonitas por su engaño. Les asignó una función como siervos de Israel y en el culto del Señor. El Señor honró esta decisión e intervino personalmente en la lucha para proteger a los gabaonitas de los reyes cananeos.

La solución de Josué refleja varios aspectos importantes. En primer lugar, Israel debía mantener la reputación de Dios y su nivel de fidelidad al juramento que había hecho. En segundo lugar, Dios dijo a los israelitas que destruyeran a los cananeos debido a su maldad. Quería proteger a Israel de esta influencia pecaminosa. La función de los gabaonitas como siervos eliminó esta amenaza y los incorporó dentro de Israel. En tercer lugar, Dios estableció un patrón para recibir a aquellos extranjeros que abandonaban sus viejas creencias con el deseo de unirse a la comunidad del pacto de Israel. En cuarto lugar, cuando los gabaonitas mintieron, pecaron. Sin embargo, el castigo que recibieron por su pecado resultó beneficioso para ellos.

Josué Jueces Rut

El hecho de que Dios detuvo el sol fue un milagro que permitió a Israel derrotar a sus enemigos. Esta historia está incluida en el libro de Jaser. Este libro, que ya no existe, era una recopilación de poemas y cánticos que conmemoraban los acontecimientos importantes de Israel. También incluía el cántico funerario de David en honor a Saúl y Jonatán (2 Samuel 1:17-27).

VOCABULARIO

Palabras de fe

- Una personal «**fiel**» es alguien fiable en quien se puede confiar. Dios siempre es fiel. Podemos confiar en que cumplirá sus promesas. Dios espera que su pueblo le sea fiel a él y a las personas en general.

Personas

- Los **gabaonitas** eran un pueblo que vivía cerca de Jerusalén y que temía al Dios de Israel.
- Los **heveos** eran un pueblo que vivía en Canaán.
- **Adonisédec** era el rey de Jerusalén. Su nombre significaba «señor de justicia».
- Los **amorreos** eran una tribu cananea muy famosa y pudiente.

Lugares

- **Gabaón** era una importante ciudad situada al norte de Jerusalén.
- El **valle de Ayalón** era un lugar situado en una ruta comercial donde ocurrieron muchas batallas.
- **Gosén** era una ciudad situada al sur de Hebrón.

Términos

- Los **mensajeros** eran personas enviadas para transmitir un mensaje específico.
- Un **tratado de paz** era un pacto que estipulaba que un grupo serviría a otro a cambio de perdonársele la vida.

- Los **leñadores** y **aguateros** eran siervos.
- El **granizo** son bolas de hielo que caen del cielo cuando el agua de lluvia se congela.

HISTORIAS

Todas las semanas necesitarás los siguientes objetos.

1. Una mochila o una pequeña bolsa de viaje.
2. Un recipiente para guardar los objetos empleados en las historias semanales (puede ser una bolsa, un cesto o una caja).

Para la historia de hoy, también necesitarás los siguientes objetos.

1. Unas sandalias viejas, rotas y sucias, o ropa vieja, sucia y rasgada además de un trozo de pan o fruta con moho.
2. Una corona.
3. Un trozo de hielo, una bandeja cubitera o canicas de cristal transparente que representen el granizo.
4. Una linterna o algo de color amarillo intenso que represente la luz del sol.

Antes de la clase

1. Lee Josué 9:1—10:15.
2. Reúne los objetos para la historia de hoy. Si no tienes alguno de ellos, puedes sustituirlo por una imagen.
3. Pasa todos los objetos de la lección anterior de la bolsa de viaje al recipiente de almacenamiento. Coloca este recipiente junto a la zona destinada a contar historias.
4. Mete los objetos para la historia de hoy en la bolsa de viaje y colócala en la zona destinada a contar historias.

Actividad opcional: Sigue al líder

Di a los niños que se pongan en fila recta, uno detrás del otro. Elige a uno de ellos para que sea el líder. Di a los demás que deben observar al líder e imitar todo lo que haga. Luego el líder deberá conducir al grupo a través del aula realizando diferentes gestos con las manos, sonidos o

Josué Jueces Rut

movimientos para que los niños los imiten. Por ejemplo, el líder puede dar pasitos como un bebé, dar pasos grandes o dar saltos. Termina el juego en la zona destinada a contar historias.

REPASO DE LA LECCIÓN

Pide a un voluntario que elija un objeto del recipiente de almacenamiento y explique lo que representaba en la lección anterior.

MOMENTO DE CONTAR LA HISTORIA

Lee estas instrucciones antes de empezar.

1. Cuenta la historia con tus palabras centrándote en los puntos más importantes. Saca un objeto de la bolsa para ilustrar cada punto. Si te sientes cómodo, incluye más detalles. Si lo necesitas, puedes usar el guion propuesto.
2. Muestra cada uno de los objetos en orden a medida que cuentas la historia. Coloca los objetos donde los niños puedan verlos.
3. Vuelve a meter los objetos en la bolsa cuando acabes de contar la historia.
4. Para repasar la historia, pide a un voluntario que saque un objeto de la bolsa y diga lo que representa. Repite este proceso con todos los objetos hasta que todos los niños puedan recontar la historia por completo.
5. Repasa el «Movimiento para memorizar» descrito a continuación. Realiza este movimiento cada vez que menciones lo que representa.

Puntos más importantes en orden

Di lo siguiente: «Hoy continuaremos explorando el libro de Josué. Todas las semanas, meto en la bolsa de viaje las herramientas necesarias para nuestro viaje. Hoy comenzaremos con…». Saca los objetos a medida que cuentes la historia.

1. Toma las sandalias rotas, la ropa rasgada y el alimento mohoso. Di lo siguiente: «Aunque Gabaón estaba situada muy cerca de los Israelitas, los gabaonitas fingieron que venían de una tierra distante en un viaje de muchos días. Temían a Dios y a los israelitas. No querían que los israelitas los conquistaran como habían conquistado Jericó y Hai. Por lo tanto, los gabaonitas engañaron a Israel. Obligaron a los israelitas a firmar un tratado de paz con ellos para evitar así la destrucción».

2. Movimiento para memorizar: apretón de manos o señal apropiada para hacer una promesa o un acuerdo con alguien. Muestra a los niños cómo volverse hacia la persona que tienen al lado y darse un apretón de manos. También puedes pedirles que piensen en otro movimiento apropiado. Di lo siguiente: «Realicen este movimiento cada vez que oigan lo que representa. Los israelitas estaban en una misión de Dios. Pero no lo consultaron antes de tomar una decisión tan importante, sino que se creyeron la mentira de los gabaonitas y aceptaron firmar un tratado de paz con ese grupo de cananeos».

3. Una corona. Di lo siguiente: «Como tenían miedo de los israelitas, los cinco reyes de la zona unieron sus ejércitos para luchar contra ellos. Cuando los cinco reyes atacaron Gabaón, las gabaonitas enviaron un mensaje desesperado a Josué. Necesitaban que los defendiera de esos reyes».

4. Los trozos de hielo. Di lo siguiente: «Israel derrotó a los ejércitos enemigos y, cuando estos estaban huyendo de los israelitas, el Señor hizo que cayera del cielo una tremenda granizada que mató a muchos enemigos».

5. Una linterna o algo de color amarillo intenso que represente la luz del sol. Di lo siguiente: «Cuando estaba en batalla, Josué le pidió a Dios que detuviera el sol. El sol se detuvo durante aproximadamente un día entero. Esto permitió que Israel derrotara a los reyes enemigos».

Josué Jueces Rut

Di lo siguiente: «Ahora les toca a ustedes contar la historia». Vuelve a meter los objetos en la bolsa. Pide a los niños que se turnen. Elige a un voluntario para que, sin mirar, tome un objeto de la bolsa y explique lo que quiere decir o representa. Los niños también pueden elegir repasar uno de los movimientos para memorizar y explicar lo que representa. Una vez que los niños hayan sacado todos los objetos y los hayan explicado, pide a un voluntario que los vuelva a meter en el orden correcto según la historia.

LECCIÓN BÍBLICA

Consejos para el maestro

Haz hincapié en estas ideas al conducir el estudio bíblico.

• Cumplir un acuerdo o una promesa es importante, incluso en circunstancias difíciles. Explica a los niños que cuando hagan una promesa, deben hacer una excepción si alguien corre peligro; por ejemplo, si alguien puede sufrir daños, maltratos o abusos. En la mayoría de las situaciones, debemos hacer lo que acordamos hacer.

• Para los israelitas cumplir su promesa era muy importante. Representaban a Dios frente a los cananeos y sus acciones reflejaban el carácter divino del Señor.

• Recuerda a los niños que Dios siempre cumple sus promesas, y que nosotros también debemos hacerlo.

Lee las Escrituras

Di lo siguiente: «Hoy estamos aprendiendo lo importante que es obedecer a Dios y cumplir nuestras promesas».

Lee en voz alta Josué 9:1—10:15. Puedes elegir usar los objetos y los movimientos para hacer hincapié en los puntos más importantes.

PREGUNTAS DE DISCUSIÓN

Discute la historia y haz a los niños las siguientes preguntas. Recuerda que puede no haber respuestas correctas o incorrectas.

1. Lee Josué 9:14. ¿Qué no hicieron los israelitas? ¿Por qué es importante hacerlo siempre?

2. Los israelitas no atacaron a los gabaonitas debido al tratado que tenían con ellos. ¿Cuán difícil creen que fue para ellos cumplir esa promesa?

3. Imagínense que son soldados israelitas. ¿Qué pensarían de la petición de Josué de ir a luchar para proteger a los gabaonitas? ¿Cómo se sentirían?

4. ¿Qué milagros obró el Señor en Josué 10?

5. Lee el «Verso para memorizar» de hoy, Salmos 25:10. ¿De qué formas les muestra el Señor amor y verdad?

IDEAS FINALES

Esta es la idea que quieres que los niños recuerden.

Pregunta: «¿Qué sucedió cuando los israelitas olvidaron consultar a Dios antes de firmar un tratado con los gabaonitas? (Fueron engañados). ¿Qué sucedió cuando los israelitas cumplieron su promesa de proteger a los gabaonitas? (El sol se detuvo para ayudarlos a ganar la batalla).

Los israelitas no consideraron en detalle los posibles resultados de su decisión. Primero, hicieron un tratado de paz antes de consultar al Señor. Luego prometieron ayudar a los gabaonitas que los habían engañado a luchar contra los cinco reyes cananeos. Aunque los israelitas cometieron un error, el Señor los ayudó».

PRÁCTICA DEL MEBI O ESGRIMA BÍBLICO

Josué Jueces Rut

LECCIÓN 9
TIERRA POR FIN

Josué 13:1-7; 14:1-15

VERSO PARA MEMORIZAR

«Y todo lo que hagan, de palabra o de obra, háganlo en el nombre del Señor Jesús, dando gracias a Dios el Padre por medio de él». Colosenses 3:17

VERDADES SOBRE DIOS

Esta lección enseñará las siguientes verdades acerca de Dios. El asterisco (*) indica la verdad principal que debes enseñar a los niños.

- Dios bendice a quienes lo sirven incondicionalmente. (*)
- Dios ofreció a su pueblo paz y descanso.
- Dios cumple sus promesas.

OBJETIVO Y RESUMEN DE LA LECCIÓN

En este estudio, los niños aprenderán que Dios cumple sus promesas y bendice a quienes lo sirven.

1. Tras muchos años de batallas y conquistas, Josué dividió la tierra de Canaán entre las doce tribus de Israel.
2. Las tribus recibieron territorios tanto al este como al oeste del río Jordán.
3. Caleb le recordó a Josué que ellos habían sido los espías fieles (Números 13:27-30). Siguiendo la promesa de Dios, Josué recompensó a Caleb por su fidelidad y le asignó una porción especial del territorio.
4. El territorio y el pueblo descansaron de la guerra.

CONTEXTO BÍBLICO

La tierra de Canaán estaba bajo el control firme, aunque no total, de los israelitas. Algunos cananeos permanecieron en las regiones remotas. La era de Josué como líder casi había llegado a su fin, pues ya era viejo y no tardaría en morir. Pero el Señor lo consoló con una promesa. Tras su muerte, el Señor seguiría expulsando a los cananeos, pero Josué debía cumplir una última tarea: debía repartir la tierra y dar su herencia al resto de las tribus de Israel.

Caleb le recordó a Josué que Moisés le había prometido una porción especial de la tierra. Cuando Dios lo envió para explorar la tierra, Caleb le fue fiel. Ahora, cuarenta y cinco años después, recibiría su recompensa, un área privilegiada de la tierra prometida. Caleb no dudó en reclamar su territorio, aunque el poderoso pueblo de los anaquitas seguía ocupándolo. Caleb creía que el Señor le daría la victoria sobre ellos. Resulta interesante que el texto omita la victoriosa batalla de Caleb contra los anaquitas y nos diga que la tierra descansó de la guerra. Esto refuerza de forma intencional el argumento de que el descanso fue el resultado directo de la confianza incondicional de Caleb en Dios y su lealtad a él.

La vida de Caleb fue un ejemplo para todo Israel de lo que podían esperar si confiaban en Dios y lo obedecían. Todo Israel podría experimentar la plenitud de la bendición de Dios si continuaban siéndole fieles.

¿SABÍAS QUE...?

Josué y Caleb compartían una relación especial. Fueron las únicas dos personas que eran adultas cuando Israel salió de Egipto y a las que Dios permitió establecerse en la tierra prometida (Números 32:11-12). Todos los que se asentaron en la tierra prometida tras la conquista habían nacido durante los cuarenta años que los israelitas pasaron en el desierto o después.

Josué Jueces Rut

VOCABULARIO

Palabras de fe

«Con toda franqueza» significa actuar con total sinceridad.

Personas

- **Caleb** fue uno de los doce espías enviados en la primera misión de expedición que los israelitas mandaron a Canaán. Caleb permaneció fiel al Señor.
- **Los anaquitas** eran un pueblo que había sobrevivido a una batalla anterior con los israelitas y se había asentado en Hebrón. Los doce espías israelitas los describieron como personas inusualmente grandes.

Lugares

- **Cades Barnea** era un área situada al suroeste del mar Muerto. Los israelitas acamparon allí de camino a Canaán cuando Moisés envió a los doce espías a Canaán para explorar la tierra.
- **Hebrón** era una ciudad que Caleb recibió como parte de su herencia. Estaba situada al oeste del mar Muerto.

Términos

- Una **herencia** es una propiedad o posesión que una persona recibe de un familiar o de un amigo. Los israelitas recibieron Canaán como su herencia de parte de Dios.
- **«Asignar»** significa distribuir deliberadamente entre personas. La tarea de Josué consistió en asignar la tierra a las tribus.

HISTORIAS

Todas las semanas necesitarás los siguientes objetos.

1. Una mochila o una pequeña bolsa de viaje.
2. Un recipiente para guardar los objetos empleados en las historias semanales (puede ser una bolsa, un cesto o una caja).

Para la historia de hoy, también necesitarás los siguientes objetos.

1. El mapa que se usó antes.
2. Unas tijeras.
3. Un pergamino, una Biblia o las tablas que se usaron antes.

Antes de la clase

1. Lee Josué 13:1-7 y 14:1-15.
2. Reúne los objetos para la historia de hoy. Si no tienes alguno de ellos, puedes sustituirlo por una imagen.
3. Pasa todos los objetos de la lección anterior de la bolsa de viaje al recipiente de almacenamiento. Coloca este recipiente junto a la zona destinada a contar historias.
4. Mete los objetos para la historia de hoy en la bolsa de viaje y colócala en la zona destinada a contar historias.

Actividad opcional: Sigue al líder

Di a los niños que se pongan en fila recta, uno detrás del otro. Elige a uno de ellos para que sea el líder. Di a los demás que deben observar al líder e imitar todo lo que haga. Luego el líder deberá conducir al grupo a través del aula realizando diferentes gestos con las manos, sonidos o movimientos para que los niños los imiten. Por ejemplo, el líder puede dar pasitos como un bebé, dar pasos grandes o dar saltos. Termina el juego en la zona destinada a contar historias.

REPASO DE LA LECCIÓN

Pide a un voluntario que elija un objeto del recipiente de almacenamiento y explique lo que representaba en la lección anterior.

MOMENTO DE CONTAR LA HISTORIA

Lee estas instrucciones antes de empezar.

1. Cuenta la historia con tus palabras centrándote en los puntos más importantes.

Josué Jueces Rut

Saca un objeto de la bolsa para ilustrar cada punto. Si te sientes cómodo, incluye más detalles. Si lo necesitas, puedes usar el guion propuesto.

2. Muestra cada uno de los objetos en orden a medida que cuentas la historia. Coloca los objetos donde los niños puedan verlos.

3. Vuelve a meter los objetos en la bolsa cuando acabes de contar la historia.

4. Para repasar la historia, pide a un voluntario que saque un objeto de la bolsa y diga lo que representa. Repite este proceso con todos los objetos hasta que todos los niños puedan recontar la historia por completo.

5. Repasa el «Movimiento para memorizar» descrito a continuación. Realiza este movimiento cada vez que menciones lo que representa.

Puntos más importantes en orden

Di lo siguiente: «Hoy continuaremos explorando el libro de Josué. Todas las semanas, meto en la bolsa de viaje las herramientas necesarias para nuestro viaje. Hoy comenzaremos con…». Saca los objetos a medida que cuentes la historia.

1. Toma el mapa y di lo siguiente: «Seguía habiendo territorios que los israelitas debían conquistar. El Señor le dijo a Josué que él expulsaría a los pueblos de esos territorios. Entonces Josué podría dividir la tierra entre las tribus de Israel».

2. Las tijeras. Di lo siguiente: «Josué, los sacerdotes y los jefes de las tribus dividieron la tierra juntos. Siguieron las instrucciones que Dios le había dado a Moisés. Todas las tribus restantes recibieron su herencia. Antes de que los israelitas cruzaran el río, Josué había dividido el territorio situado al este del Jordán».

3. El pergamino o las tablas. Di lo siguiente: «Muchos años antes, Moisés había enviado a Caleb para que explorara la tierra de Canaán con otros once espías. Como Caleb contó la verdad sobre la tierra, Moisés prometió darle la tierra que habían tocado sus pies. Ahora Caleb le recordó a Josué su fidelidad, y Josué le dio la tierra de Hebrón».

4. Movimiento para memorizar: descanso. Muestra a los niños cómo juntar las palmas de las manos y reposar la cabeza sobre ellas como si estuvieran durmiendo. También puedes pedirles que piensen en otro movimiento apropiado. Di lo siguiente: «Mientras cuento la historia, hagan este movimiento cuando oigan lo que representa. Después de que Josué dividió la tierra entre las tribus, la tierra descansó de la guerra».

Di lo siguiente: «Ahora les toca a ustedes contar la historia». Vuelve a meter los objetos en la bolsa. Pide a los niños que se turnen. Elige a un voluntario para que, sin mirar, tome un objeto de la bolsa y explique lo que quiere decir o representa. Los niños también pueden elegir repasar uno de los movimientos para memorizar y explicar lo que representa. Una vez que los niños hayan sacado todos los objetos y los hayan explicado, pide a un voluntario que los vuelva a meter en el orden correcto según la historia.

LECCIÓN BÍBLICA
Consejos para el maestro

Haz hincapié en estas ideas al conducir el estudio bíblico.

• Conecta la idea de la herencia con la vida moderna. Explica que las personas reciben una herencia de sus familiares. Los israelitas eran herederos de la tierra porque provenían de la familia de Abraham y la familia de Dios.

• La tierra era la herencia terrenal de Israel. Sin embargo, Israel también recibió una herencia espiritual de la que podemos participar si vivimos una vida de fidelidad a Dios.

Josué Jueces Rut

Lee las Escrituras

Di lo siguiente: «En el pasaje bíblico de hoy veremos cómo las tribus israelitas recibieron su herencia en la tierra prometida. También veremos quién recibió una herencia especial y por qué».

Lee en voz alta Josué 13:1-7 y 14:1-15. Puedes elegir usar los objetos y los movimientos para hacer hincapié en los puntos más importantes.

PREGUNTAS DE DISCUSIÓN

Discute la historia y haz a los niños las siguientes preguntas. Recuerda que puede no haber respuestas correctas o incorrectas.

1. ¿Cómo creen que se sintieron los israelitas cuando Josué y los otros líderes comenzaron a darles su tierra?

2. Caleb esperó 45 años para recibir la tierra de Hebrón como herencia. ¿Cómo creen que se sintió? ¿Piensan que alguna vez dudó de si la iba a recibir?

3. La tierra que Caleb recibió estaba habitada por hombres bravos, grandes y fuertes. ¿Por qué tenía Caleb confianza en que podía expulsarlos?

4. ¿De qué forma pueden seguir al Señor incondicionalmente como lo hizo Caleb?

5. ¿Qué piensan que hizo el pueblo cuando la tierra descansó de la guerra?

IDEAS FINALES

Esta es la idea que quieres que los niños recuerden.

Di lo siguiente: «Caleb seguía al Señor de todo corazón. Dio valientemente un buen informe sobre la tierra que había explorado, cosa que no hicieron los otros. Caleb dio un paso adelante y siguió a Dios sin miedo a las consecuencias. No le importó estar en desacuerdo con los otros hombres.

Dios quiere que lo sigamos incondicionalmente y que no tengamos miedo de lo que puedan pensar los demás. Quiere que recordemos todo lo que él ha hecho por nosotros y que luego confiemos en él ante nuevas experiencias o dificultades.

Como Caleb siguió al Señor, el Señor lo bendijo. Cuando servimos a Dios, él nos bendice. A veces, esa bendición es tan simple como una sensación de paz al saber que él está cerca. Otras veces, Dios nos bendice satisfaciendo nuestras necesidades. ¿De qué forma los bendice o los bendijo Dios en el pasado?».

PRÁCTICA DEL MEBI O ESGRIMA BÍBLICO

Josué Jueces Rut

LECCIÓN 10
TODAS LAS PROMESAS
SE CUMPLIERON

Josué 20:1-9; 21:1-8, 43-45

VERSO PARA MEMORIZAR

«Y ni una sola de las buenas promesas del Señor a favor de Israel dejó de cumplirse, sino que cada una se cumplió al pie de la letra». Josué 21:45

VERDADES SOBRE DIOS

Esta lección enseñará las siguientes verdades acerca de Dios. El asterisco (*) indica la verdad principal que debes enseñar a los niños.

- Dios cumple las promesas que hace a su pueblo fiel. (*)
- Dios siempre cumple sus promesas.
- A Dios le importan la justicia y la misericordia.

OBJETIVO Y RESUMEN DE LA LECCIÓN

En esta lección, los niños aprenderán que Dios es fiel y que nos ama. Cuando pecamos, él examina la intención de nuestros corazones y proporciona tanto justicia como misericordia.

1. Dios mandó designar seis ciudades de refugio para ofrecer protección a las personas que habían matado a otra accidentalmente o sin premeditación.
2. Tal como el Señor ordenó, los israelitas entregaron a los levitas poblaciones y campos de pastoreo de su propiedad.
3. Dios cumplió su promesa de entregar a los israelitas la tierra de Canaán.
4. Las tribus cuyas tierras estaban al este del Jordán regresaron a sus hogares.

CONTEXTO BÍBLICO

En esta lección, Josué finaliza su tarea de dividir la tierra entre las tribus de Israel. También aprenderemos sobre las ciudades de refugio, la herencia de los levitas y el punto más importante de todo este libro bíblico.

Las ciudades de refugio eran zonas seguras para las personas que habían matado a alguien por accidente. Su función enseñó a los israelitas que el pecado entrañaba dos elementos: el acto en sí y la intención. Matar a un inocente era un acto de pecado que requería ser castigado. Pero cuando esa muerte no estaba motivada por odio o por una intención malvada, ese acto era fruto de un accidente. Esto no era igual que el asesinato. La intención era muy importante y marcaba toda la diferencia entre la vida y la muerte. Israel necesitaba aprender a hacer justicia. Esto significaba que debían mirar más allá de la mera apariencia de los hechos y considerar el corazón y la motivación de quien cometía un acto así.

Por último, el propósito del libro de Josué está claro. La historia de la conquista de Canaán es una historia de aliento para que Israel creyera en Dios, confiara en él y lo obedeciera incondicionalmente. Si lo hacían y seguían el pacto, continuarían experimentando las bendiciones de descanso y de paz cuando tomaran posesión de toda su herencia.

¿SABÍAS QUE...?

Los levitas no recibieron grandes extensiones de tierra. Dios quería que se dispersaran por toda la tierra prometida para que se asentaran cerca de cada tribu con el fin de ayudarlas en los asuntos espirituales. Por eso recibieron ciudades y tierras de pastoreo entre las demás tribus. Los levitas servirían como líderes y maestros espirituales para todo Israel.

Josué Jueces Rut

VOCABULARIO

Palabras de fe

- «**Prometer**» significa honrar tu palabra cuando dices que harás o no harás algo. Significa que haces lo que dices que harás. Dios siempre hace lo que dice que hará.

Personas

- **Eleazar** era el sumo sacerdote al servicio de Aarón. También sirvió a Moisés y a Josué.
- Los descendientes de **Coat, Guersón y Merari** provenían de Leví, hijo de Jacob. Eleazar y Josué les entregaron a estas familias levitas ciudades y campos de pastoreo (21:3-7).

Lugares

- Las **ciudades de refugio** eran seis ciudades que Dios había asignado para proteger y dar seguridad a quienes habían matado a alguien por accidente. Había tres ciudades a cada lado del río Jordán para que cualquier persona de cualquier tribu pudiera llegar rápidamente a ellas.

Términos

- En una ciudad, la «**entrada**» era el lugar donde se celebraban los juicios. Los ancianos de la ciudad se reunían allí para decidir si un criminal o fugitivo era culpable o no.
- El «**vengador del delito de sangre**» era el familiar más íntimo de la persona que había sido asesinada. Esta persona era la que intentaba matar al asesino de su familiar en un acto de revancha.

HISTORIAS

Todas las semanas necesitarás los siguientes objetos.

1. Una mochila o una pequeña bolsa de viaje.
2. Un recipiente para guardar los objetos empleados en las historias semanales (puede ser una bolsa, un cesto o una caja).

Para la historia de hoy, también necesitarás los siguientes objetos.

1. El mapa que se usó antes.
2. La Biblia o las tablas que se usaron antes.
3. Una almohada o una manta.

Antes de la clase

Lee Josué 20:1-9; 21:1-8, 43-45.

1. Reúne los objetos para la historia de hoy. Si no tienes alguno de ellos, puedes sustituirlo por una imagen.
2. Pasa todos los objetos de la lección anterior de la bolsa de viaje al recipiente de almacenamiento. Coloca este recipiente junto a la zona destinada a contar historias.
3. Mete los objetos para la historia de hoy en la bolsa de viaje y colócala en la zona destinada a contar historias.

Actividad opcional: Sigue al líder

Di a los niños que se pongan en fila recta, uno detrás del otro. Elige a uno de ellos para que sea el líder. Di a los demás que deben observar al líder e imitar todo lo que haga. Luego el líder deberá conducir al grupo a través del aula realizando diferentes gestos con las manos, sonidos o movimientos para que los niños los imiten. Por ejemplo, el líder puede dar pasitos como un bebé, dar pasos grandes o dar saltos. Termina el juego en la zona destinada a contar historias.

REPASO DE LA LECCIÓN

Pide a un voluntario que elija un objeto del recipiente de almacenamiento y explique lo que representaba en la lección anterior.

MOMENTO DE CONTAR LA HISTORIA

Lee estas instrucciones antes de empezar.

1. Cuenta la historia con tus palabras centrándote en los puntos más importantes. Saca un objeto de la bolsa para ilustrar cada punto. Si te sientes cómodo, incluye más detalles. Si lo necesitas, puedes usar el guion propuesto.

Josué Jueces Rut

2. Muestra cada uno de los objetos en orden a medida que cuentas la historia. Coloca los objetos donde los niños puedan verlos.

3. Vuelve a meter los objetos en la bolsa cuando acabes de contar la historia.

4. Para repasar la historia, pide a un voluntario que saque un objeto de la bolsa y diga lo que representa. Repite este proceso con todos los objetos hasta que todos los niños puedan recontar la historia por completo.

5. Repasa el «Movimiento para memorizar» descrito a continuación. Realiza este movimiento cada vez que menciones lo que representa.

Puntos más importantes en orden

Di lo siguiente: «Hoy continuaremos explorando el libro de Josué. Todas las semanas, meto en la bolsa de viaje las herramientas necesarias para nuestro viaje. Hoy comenzaremos con…». Saca los objetos a medida que cuentes la historia.

1. Movimiento para memorizar: escudo. Muestra a los niños cómo cerrar los puños y cruzar los brazos por encima del pecho para formar un escucho en forma de «X» (no en forma de cruz «†»). También puedes pedir a los niños que piensen en otro movimiento. Di lo siguiente: «Mientras cuento la historia, hagan este movimiento cuando oigan lo que representa. Los israelitas establecieron seis ciudades de refugio como lugares seguros para aquellas personas que habían matado a otra por accidente. Allí el asesino estaba a salvo de los posibles vengadores del delito de sangre».

2. Un mapa. Di lo siguiente: «Los levitas les recordaron a Josué, a los sacerdotes y a los jefes de las tribus que el Señor había ordenado a través de Moisés que los israelitas debían cuidar de ellos. Los israelitas les dieron de su propiedad poblaciones y campos de pastoreo. Cada tribu les dio una parte de su herencia».

3. Una Biblia. Di lo siguiente: «Esto representa las palabras de Dios para nosotros. Son palabras verdaderas porque Dios es digno de confianza. Dios cumplió su promesa de entregar la tierra de Canaán a los israelitas. El Señor también protegió a los israelitas de sus enemigos. Dios no dejó sin cumplir ninguna de las promesas que le hizo a Israel. Las cumplió todas y cada una de ellas».

4. Almohada o manta. Di lo siguiente: «El pueblo de Israel se estableció en la tierra que el Señor le había dado. Experimentaron descanso de la guerra y disfrutaron de la paz en todo su alrededor».

Di lo siguiente: «Ahora les toca a ustedes contar la historia». Vuelve a meter los objetos en la bolsa. Pide a los niños que se turnen. Elige a un voluntario para que, sin mirar, tome un objeto de la bolsa y explique lo que quiere decir o representa. Los niños también pueden elegir repasar uno de los movimientos para memorizar y explicar lo que representa. Una vez que los niños hayan sacado todos los objetos y los hayan explicado, pide a un voluntario que los vuelva a meter en el orden correcto según la historia.

LECCIÓN BÍBLICA

Consejos para el maestro

Haz hincapié en estas ideas al conducir el estudio bíblico.

• Resume Josué 22:1-9 para dar a tus alumnos más contexto sobre esta historia. Explica que los israelitas cumplieron sus obligaciones y pudieron regresar para tomar posesión de sus tierras.

• Explica a tus alumnos lo que significa la palabra «refugio» para que puedan comprender totalmente lo que era una «ciudad de refugio». Cuando un israelita huía a una de estas ciudades en busca de protección, permanecía fuera de la entrada de la ciudad hasta defender su caso. Entonces los oficiales de la ciudad le daban un lugar donde vivir.

Josué Jueces Rut

• Los levitas ofrecían guía espiritual a la nación de Israel. Vivían por toda la tierra entre todas las tribus, de manera que nadie vivía a más de un día de camino de una ciudad levita.

Lee las Escrituras

Di lo siguiente: «Hoy aprenderemos que Dios ofrecía protección frente a las injusticias, especialmente en casos de venganza. Tal como Dios le ordenó a Moisés, Josué y los jefes designaron ciudades de refugio para garantizar el trato justo de quienes habían matado a alguien accidentalmente. Los levitas eran los jefes de esas ciudades. Dios proveyó para los levitas y les entregó poblaciones y campos de pastoreo. Él cumplió sus promesas y demostró que era digno de confianza y fiel a su pueblo. El pueblo podía observar en retrospectiva esta etapa de su historia y alentarse con el disfrute de la bendición del descanso tras la conquista de Canaán».

Lee en voz alta Josué 20:1-9; 21:1-8 y 43-45. Puedes elegir usar los objetos y los movimientos para hacer hincapié en los puntos más importantes.

PREGUNTAS DE DISCUSIÓN

Discute la historia y haz a los niños las siguientes preguntas. Recuerda que puede no haber respuestas correctas o incorrectas.

1. ¿Por qué creó Dios las ciudades de refugio para los israelitas? En esas ciudades, los vengadores del delito de sangre no podían vengar la muerte por accidente de un familiar. ¿Por qué? ¿Creen que eso era justo?

2. ¿Por qué los jefes israelitas designaron la ubicación de las ciudades de refugio en el lugar donde fueron establecidas?

3. Los levitas recibieron sus poblaciones y campos de pastoreo una vez que los otros israelitas habían recibido su herencia. ¿Creen que les resultó difícil esperar por sus tierras? ¿Por qué?

4. Lean Génesis 15:18-21 y Josué 21:43-45. ¿Qué les dicen estos versos sobre Dios?

5. El Señor no dejó sin cumplir ninguna de las promesas que hizo a Israel. ¿Qué promesas les ha hecho a ustedes el Señor? ¿Las ha cumplido ya?

IDEAS FINALES

Esta es la idea que quieres que los niños recuerden.

Di lo siguiente: «Hoy hemos aprendido que Dios cumplió las promesas que le había hecho a Israel. ¡El Señor había hecho algunas de esas promesas 500 años antes! Él proporcionó tierra para su pueblo. En los tiempos bíblicos, la tierra era uno de los mejores regalos que se podía recibir. Dios les dio un lugar donde podían vivir y descansar.

Podemos confiar en que Dios cumplirá las promesas que nos hace. La Biblia nos habla sobre las promesas que Dios le hace a su pueblo. Una de ellas es satisfacer nuestras necesidades (Filipenses 4:19). El Señor también prometió perdonar nuestros pecados si se los confesamos. Pueden confiar en que Dios cumplirá todas sus promesas. No les falló a los israelitas ni tampoco les fallará a ustedes».

PRÁCTICA DEL MEBI O ESGRIMA BÍBLICO

Josué Jueces Rut

LECCIÓN 11
JOSUÉ SE DESPIDE

Josué 23:1-16; 24:14-32

VERSO PARA MEMORIZAR

«Por lo tanto, ahora ustedes entréguense al Señor y sírvanle fielmente. ». Josué 24:14

VERDADES SOBRE DIOS

Esta lección enseñará las siguientes verdades acerca de Dios. El asterisco (*) indica la verdad principal que debes enseñar a los niños.

- Dios llama a su pueblo a que le sea siempre fiel. (*)
- Dios merece respeto, amor y adoración.
- Dios quiere que las personas lo elijan.

OBJETIVO Y RESUMEN DE LA LECCIÓN

En este estudio, los niños aprenderán que Dios es fiel y espera que su pueblo también lo sea.

1. Cuando Josué era anciano, convocó a todo el pueblo de Israel.
2. Josué le recordó al pueblo lo que Dios había hecho por ellos.
3. Josué advirtió al pueblo de lo que sucedería si ellos no obedecían a Dios.
4. Josué y el pueblo renovaron su compromiso de servir solo al Señor.

CONTEXTO BÍBLICO

En su discurso de despedida al pueblo de Israel, Josué les recordó que el Señor había sido fiel y los instó a permanecer fieles al Señor. Las bendiciones que disfrutaban eran el resultado de su relación del pacto con el Señor. Si Israel trataba a Dios con lo contrario a la fidelidad, solo podía esperar recibir lo contrario a la bendición.

Josué le recordó a Israel lo que Dios había hecho por ellos. Dios era digno de recibir su lealtad en todos los aspectos. Había luchado por ellos y los había ayudado a derrotar a sus enemigos. Los había llevado hasta Canaán y había dado a cada tribu una porción de tierra por herencia. Había demostrado ser digno de confianza. Siempre había querido lo mejor para ellos y los había guiado para su beneficio. Si permanecían siendo fieles al pacto, podían esperar recibir más de lo mismo.

La orden de Dios de que lo adoraran solo a él era inusual. En aquella época, era común adorar a muchos dioses. Muchas interacciones legales y culturales con otras naciones implicaban el reconocimiento y la adoración de sus dioses. Esto no era aceptable para Israel bajo ninguna circunstancia. El Señor es un Dios celoso y, aunque su amor era incondicional, el pacto no lo era. Era un pacto muy claro: Israel debía obedecerlo o experimentaría las consecuencias negativas. Dios nunca abandonaría a Israel. Sin importar si el Señor bendecía o castigaba a Israel, su propósito era siempre hacerlos volver a una relación más profunda con él. Dios sabía que debían vivir según el pacto para experimentar la plenitud que solo viene de una vida santa con el Señor.

¿SABÍAS QUE...?

Josué dio su discurso en Siquem, una ciudad que era muy importante en la historia de Israel. Tanto Abraham como Jacob construyeron allí altares al Señor. Siquem simbolizaba la fidelidad de Dios.

VOCABULARIO

Palabras de fe

- «Entregarse a Dios» significa tenerle un profundo respeto y una gran reverencia a Dios, así como el profundo deseo de no ofenderlo.

Lugares

- El **río Éufrates** era uno de los cuatro ríos que fluían desde el jardín del Edén. El río Éufrates formaba la frontera norte de la tierra que Dios había prometido a Israel.

Términos

- «**Los dioses que sirvieron sus antepasados**» puede referirse a la adoración de Apis, el toro sagrado de Egipto, y Nanna, el dios luna de Ur.

HISTORIAS

Todas las semanas necesitarás los siguientes objetos.

1. Una mochila o una pequeña bolsa de viaje.
2. Un recipiente para guardar los objetos empleados en las historias semanales (puede ser una bolsa, un cesto o una caja).

Para la historia de hoy, también necesitarás los siguientes objetos.

1. Un mapa.
2. Las tablas o el pergamino de las lecciones anteriores.
3. Una piedra.

Antes de la clase

1. Lee Josué 23:1-16; 24:14-32.
2. Reúne los objetos para la historia de hoy. Si no tienes alguno de ellos, puedes sustituirlo por una imagen.
3. Pasa todos los objetos de la lección anterior de la bolsa de viaje al recipiente de almacenamiento. Coloca este recipiente junto a la zona destinada a contar historias.
4. Mete los objetos para la historia de hoy en la bolsa de viaje y colócala en la zona destinada a contar historias.

Actividad opcional: Sigue al líder

Di a los niños que se pongan en fila recta, uno detrás del otro. Elige a uno de ellos para que sea el líder. Di a los demás que deben observar al líder e imitar todo lo que haga. Luego el líder deberá conducir al grupo a través del aula realizando diferentes gestos con las manos, sonidos o movimientos para que los niños los imiten. Por ejemplo, el líder puede dar pasitos como un bebé, dar pasos grandes o dar saltos. Termina el juego en la zona destinada a contar historias.

REPASO DE LA LECCIÓN

Pide a un voluntario que elija un objeto del recipiente de almacenamiento y explique lo que representaba en la lección anterior.

MOMENTO DE CONTAR LA HISTORIA

Lee estas instrucciones antes de empezar.

1. Cuenta la historia con tus palabras centrándote en los puntos más importantes. Saca un objeto de la bolsa para ilustrar cada punto. Si te sientes cómodo, incluye más detalles. Si lo necesitas, puedes usar el guion propuesto.
2. Muestra cada uno de los objetos en orden a medida que cuentas la historia. Coloca los objetos donde los niños puedan verlos.
3. Vuelve a meter los objetos en la bolsa cuando acabes de contar la historia.
4. Para repasar la historia, pide a un voluntario que saque un objeto de la bolsa y diga lo que representa. Repite este proceso con todos los objetos hasta que todos los niños puedan recontar la historia por completo.
5. Repasa el «Movimiento para memorizar» descrito a continuación. Realiza este movimiento cada vez que menciones lo que representa.

Puntos más importantes en orden

Di lo siguiente: «Hoy terminaremos el primer libro en nuestro estudio y concluiremos este tramo de nuestra expedición. Así que he metido en la bolsa de viaje las herramientas que necesitaremos para completar nuestro viaje con Josué.

Hoy comenzaremos con…». Saca los objetos a medida que cuentes la historia.

1. Toma el mapa y di lo siguiente: «Este es nuestro mapa. Israel descansó de todos sus enemigos y Josué se hizo viejo. Entonces convocó a los ancianos y a todo el pueblo por última vez para recordarles que Dios les había dado toda la tierra de Canaán. Dios siguió cumpliendo sus promesas. Él había luchado por ellos y los había protegido. Y seguiría haciéndolo. Dios prometió expulsar a las naciones que seguían viviendo en la tierra que había prometido a Israel como herencia».

2. Un pergamino o las tablas. Di lo siguiente: «Josué le recordó al pueblo que el Señor había hecho un pacto con ellos. Dios había prometido expulsar a las naciones y dar a los israelitas la tierra que les había prometido. Sin embargo, Israel había prometido obedecer todo lo que estaba escrito en el libro de la ley de Moisés. El Señor les dio éxito porque habían obedecido al Señor y lo habían adorado solo a él. Si Israel no seguía cumpliendo su promesa, no seguiría teniendo éxito».

3. Movimiento para memorizar: una casa y adoración a un solo Dios. Muestra a los niños cómo ponerse las manos sobre la cabeza para representar un tejado y luego apuntar hacia arriba con los dos dedos índice. Esto representa que el hogar de una persona adora al único Dios verdadero. También puedes pedirles que piensen en otro movimiento apropiado. «Mientras cuento la historia, hagan este movimiento cuando oigan las palabras de Josué». Luego di lo siguiente: «Josué siguió advirtiendo al pueblo de la tentación de adorar a otros dioses. Volvió a recordarles que el Señor había demostrado ser digno de confianza por todo lo que había hecho por ellos. Les dijo que se

deshicieran de los dioses que sus antepasados habían adorado y que sus padres habían adorado en Egipto. Sin embargo, Josué sabía que las personas debían decidir por sí mismas a quién querían servir. Él dijo: "Por mi parte, mi familia y yo serviremos al Señor"».

4. Una piedra. Di lo siguiente: «El pueblo renovó el pacto de servir siempre a Dios y adorarlo solo a él. Josué registró el pacto del pueblo en el libro de la ley. Luego tomó una enorme piedra para recordarles su promesa de amar, obedecer y adorar solo a Dios».

Di lo siguiente: «Ahora les toca a ustedes contar la historia». Vuelve a meter los objetos en la bolsa. Pide a los niños que se turnen. Elige a un voluntario para que, sin mirar, tome un objeto de la bolsa y explique lo que quiere decir o representa. Los niños también pueden elegir repasar uno de los movimientos para memorizar y explicar lo que representa. Una vez que los niños hayan sacado todos los objetos y los hayan explicado, pide a un voluntario que los vuelva a meter en el orden correcto según la historia.

LECCIÓN BÍBLICA

Consejos para el maestro

Haz hincapié en estas ideas al conducir el estudio bíblico.

• Si tienes tiempo, subraya la importancia de Siquem en la historia de Israel. Abraham llegó a Siquem cuando iba de camino a Canaán. Dios le prometió que daría esa tierra a sus descendientes. Abraham construyó un altar allí. Jacob, el nieto de Abraham, también construyó un altar allí. Los judíos creían que Jacob había construido allí un pozo llamado «el pozo de Jacob». Cuando los israelitas conquistaron Canaán, Josué construyó un altar y celebró una ceremonia para renovar el pacto en Siquem (Josué 8:30-35).

Josué Jueces Rut

Al final de su vida, Josué celebró otra ceremonia para renovar el pacto en Siquem. Además, los huesos de José fueron enterrados en Siquem. Jesús visitó el pozo de Jacob en Siquem y ministró allí a la mujer samaritana (Juan 4).

Lee las Escrituras

Di lo siguiente: «Como estamos despidiendo a Josué, queremos hacer hincapié en que él recordó al pueblo todas las cosas poderosas que el Señor había hecho por ellos. Les advirtió que obedecieran la ley de Moisés o experimentarían la ira la Dios. Josué dejó claro que no debían adorar a los otros dioses en la tierra de Canaán. Josué desafió al pueblo al decir: "Pero, si a ustedes les parece mal servir al SEÑOR, elijan ustedes mismos a quiénes van a servir [...]. Por mi parte, mi familia y yo serviremos al SEÑOR". Vamos a ver cómo respondió el pueblo».

Lee en voz alta Josué 23:1-16 y 24:14-32. Puedes elegir usar los objetos y los movimientos para hacer hincapié en los puntos más importantes.

PREGUNTAS DE DISCUSIÓN

Discute la historia y haz a los niños las siguientes preguntas. Recuerda que puede no haber respuestas correctas o incorrectas.

1. Josué les recordó a los israelitas la fidelidad que Dios les había mostrado. ¿Qué acontecimientos creen que recordó el pueblo?

2. ¿Por qué creen que Dios no quería que los israelitas se mezclaran con las otras naciones?

3. ¿A qué problemas podían enfrentarse los israelitas al no querer mezclarse con las demás naciones que habitaban en Canaán?

4. Josué colocó una enorme piedra como símbolo del pacto del pueblo. ¿Cómo creen que ayudó al pueblo este recordatorio?

5. ¿De qué forma pueden mostrar que aman a Dios?

IDEAS FINALES

Esta es la idea que quieres que los niños recuerden.

Di lo siguiente: «Dios mostró misericordia a su pueblo en los tiempos difíciles.

Dios no quería que los israelitas se mezclaran con las demás naciones. ¿Eran las acciones de Dios malas o injustas? Esas naciones malvadas adoraban a otros dioses. Si los israelitas se mezclaban con ellas, podían casarse entre sí y comenzar a seguir sus costumbres y sus prácticas malvadas. Podían empezar a adorar a los falsos dioses cananeos. El pacto de Dios ofrecía directrices para que el pueblo obedeciera y adorara solo al Señor. Solo así podrían convertirse en un pueblo santo que Dios usaría para influenciar al mundo. Dios sabía lo difícil que sería para los israelitas seguirlo estando rodeados de esas tentaciones. Él marcó esos límites para ayudarlos, para que pudieran serle siempre fiel. ¡Dios quiere que nosotros también sigamos siendo fieles!».

PRÁCTICA DEL MEBI O ESGRIMA BÍBLICO

Josué Jueces Rut

LECCIÓN 12
DESOBEDIENCIA Y DESASTRE

Jueces 2:1-23

VERSO PARA MEMORIZAR

«Señor y Dios nuestro, tú les respondiste; fuiste para ellos un Dios perdonador, aun cuando castigaste sus rebeliones». Salmos 99:8

VERDADES SOBRE DIOS

Esta lección enseñará las siguientes verdades acerca de Dios. El asterisco (*) indica la verdad principal que debes enseñar a los niños.

- Dios es justo y misericordioso con quienes lo obedecen. (*)
- Dios no obliga a obedecer, pero permite las consecuencias del pecado.
- Dios es fiel, misericordioso y ayuda a quienes se lo piden.

OBJETIVO Y RESUMEN DE LA LECCIÓN

En este estudio, los niños aprenderán que Dios no nos obliga a obedecerlo. Sin embargo, el pecado tiene consecuencias. Dios es misericordioso y siempre proporciona ayuda cuando nos volvemos a él y lo obedecemos.

1. Los israelitas desobedecieron a Dios cuando no expulsaron a todos los pueblos de Canaán.
2. Tras la muerte de Josué y su generación, el pueblo comenzó a adorar a ídolos.
3. Cuando el pueblo desobedecía a Dios, él permitía que los enemigos de Israel lo derrotaran y lo oprimieran.
4. Cuando los israelitas clamaban a Dios para pedir ayuda, él les daba un juez o caudillo que los ayudaba a derrotar a sus enemigos y a volver al camino de la obediencia. Tras la muerte del caudillo, Israel volvía a desobedecer y experimentaba otra vez las consecuencias. Este ciclo se repite en el libro de Jueces.

CONTEXTO BÍBLICO

Tras la muerte de Josué, el pueblo de Dios comenzó el proceso de convertir la tierra prometida (Canaán) en su hogar permanente. Lucharon durante aproximadamente 200 años para establecerse. Los residentes que habitaban en ella, los cananeos, dominaban la tierra con sus creencias y prácticas religiosas. Durante este período, no existía ningún líder nacional para unificar las tribus de Israel o recordarles su promesa de seguir a Dios. Sin un líder como Josué que los mantuviera centrados en Dios, los israelitas tuvieron muchas dificultades para cumplir sus promesas del pacto. El libro de Jueces nos cuenta lo difícil que fue.

En el capítulo 2, surgió una nueva generación de israelitas que no conocían al Señor ni lo que él había hecho por Israel. Adoraban a otros dioses. Servían a los ídolos de Baal y de Astarté, el dios y la diosa de los cananeos. Quebrantaron el pacto que habían hecho con el Señor. Resulta difícil entender por qué abandonaron al Señor después de todo lo que él había hecho por ellos.

Debemos ser cautelosos antes de juzgar a los israelitas con demasiada dureza. Hay más de una forma de abandonar a Dios. Valorar algo o a alguien por encima de Dios es idolatría. Podemos abandonar a Dios por causa de nuestro trabajo si estamos tan atareados que no podemos orar, leer la Palabra de Dios o adorarlo. Puede que no notemos que otras personas están pasando necesidades porque estamos demasiado distraídos por las cosas que queremos. Una de las razones por las que estudiamos la Biblia es porque nos recuerda que debemos cumplir las promesas que hicimos a Dios.

¿SABÍAS QUE...?

«Boquín» es una ciudad que la Biblia solo menciona una vez. Estaba situada cerca de Betel. «Boquín» significa «los que lloran». Aunque el pueblo de Israel había «llorado a gritos», no tardó en olvidar la advertencia del ángel del Señor. Según algunas personas, «Boquín» no aparece en ningún otro lugar porque el pueblo olvidó la advertencia y las lágrimas que habían derramado.

Los israelitas construían casas con una habitación reservada para sus animales.

VOCABULARIO

Palabras de fe

- «Mostrar misericordia» significa anular, reducir o perdonar un castigo justo. Cuando Dios nos muestra misericordia, no nos trata de la forma que merecemos.

Personas

- El «caudillo» era una persona elegida por Dios para guiar a los israelitas por el camino de la obediencia y rescatarlos de sus enemigos.
- El «ángel del Señor» era un mensajero enviado por Dios.

Términos

- Los «antepasados» de una persona eran sus abuelos, bisabuelos y demás familiares pasados.
- Los «ídolos de Baal» eran dioses cananeos que, según se creía, controlaban el clima y aumentaban la abundancia de los cultivos y la fertilidad del ganado.
- El «botín» era dinero o posesiones que los soldados vencedores quitaban a los enemigos que derrotaban en batalla.
- «Hacerle la vida imposible a alguien» es una expresión que describe una fuente de sufrimiento constante. Se refiere a las

naciones que Dios permitió que derrotaran a los israelitas una y otra vez debido al ciclo de desobediencia en el que habían entrado.

HISTORIAS

Todas las semanas necesitarás los siguientes objetos.

1. Una mochila o una pequeña bolsa de viaje.
2. Un recipiente para guardar los objetos empleados en las historias semanales (puede ser una bolsa, un cesto o una caja).

Para la historia de hoy, también necesitarás los siguientes objetos.

1. Las tablas de los diez mandamientos o un pergamino.
2. Un pañuelo de papel.
3. Un espada.

Antes de la clase

1. Lee Jueces 2:1-23.
2. Reúne los objetos para la historia de hoy. Si no tienes alguno de ellos, puedes sustituirlo por una imagen.
3. Pasa todos los objetos de la lección anterior de la bolsa de viaje al recipiente de almacenamiento. Coloca este recipiente junto a la zona destinada a contar historias.
4. Mete los objetos para la historia de hoy en la bolsa de viaje y colócala en la zona destinada a contar historias.

Actividad opcional: Sigue al líder

Di a los niños que se pongan en fila recta, uno detrás del otro. Elige a uno de ellos para que sea el líder. Di a los demás que deben observar al líder e imitar todo lo que haga. Luego el líder deberá conducir al grupo a través del aula realizando diferentes gestos con las manos, sonidos o movimientos para que los niños los imiten. Por ejemplo, el líder puede dar pasitos como un bebé, dar pasos grandes o dar saltos. Termina el juego en la zona destinada a contar historias.

Josué Jueces Rut

REPASO DE LA LECCIÓN

Pide a un voluntario que elija un objeto del recipiente de almacenamiento y explique lo que representaba en la lección anterior.

MOMENTO DE CONTAR LA HISTORIA

Lee estas instrucciones antes de empezar.

1. Cuenta la historia con tus palabras centrándote en los puntos más importantes. Saca un objeto de la bolsa para ilustrar cada punto. Si te sientes cómodo, incluye más detalles. Si lo necesitas, puedes usar el guion propuesto.

2. Muestra cada uno de los objetos en orden a medida que cuentas la historia. Coloca los objetos donde los niños puedan verlos.

3. Vuelve a meter los objetos en la bolsa cuando acabes de contar la historia.

4. Para repasar la historia, pide a un voluntario que saque un objeto de la bolsa y diga lo que representa. Repite este proceso con todos los objetos hasta que todos los niños puedan recontar la historia por completo.

5. Repasa el «Movimiento para memorizar» descrito a continuación. Realiza este movimiento cada vez que menciones lo que representa.

Puntos más importantes en orden

Di lo siguiente: «Hoy comenzaremos a explorar el libro de Jueces. Todas las semanas, meto en la bolsa de viaje las herramientas necesarias para nuestro viaje. Hoy comenzaremos con...». Saca los objetos a medida que cuentes la historia.

1. Toma las tablas y di lo siguiente: «Los israelitas no obedecieron a Dios y no expulsaron a los pueblos de Canaán ni destruyeron sus altares. En cambio, comenzaron a adorar a los ídolos de los cananeos. No cumplieron su promesa del pacto. El Señor dijo: "Me han desobedecido.

¿Por qué lo han hecho?". El Señor les dijo que, debido a su desobediencia, su pacto dejaría de tener efecto. Dejaría de protegerlos frente a los pueblos que habitaban la tierra. Los pueblos de Canaán y sus ídolos se convertirían en una trampa para los israelitas».

2. Un pañuelo de papel. Di lo siguiente: «Cuando el ángel del Señor entregó este mensaje, el pueblo de Israel lloró a gritos e hizo ofrendas a Dios. El pueblo obedeció a Dios mientras vivió Josué. Cuando murieron él y esa generación, la siguiente generación de israelitas adoró a los falsos dioses cananeos, Baal y Astarté».

3. Una espada. Di lo siguiente: «Como los israelitas fueron desobedientes, Dios permitió que sus enemigos los derrotaran en batalla».

4. Un pañuelo de papel. Di lo siguiente: «Cuando los israelitas eran derrotados, los gobernantes cananeos los oprimían. Entonces el pueblo de Israel clamaba al Señor».

5. Tablas y espada. Di lo siguiente: «El Señor oía los lamentos del pueblo y se compadecía de los israelitas. Enviaba a líderes, llamados caudillos, para que guiaran al pueblo. Estos caudillos ayudaban a los israelitas a obedecer al Señor y a cumplir el pacto que habían hecho con Dios. Los caudillos también ayudaban a los israelitas a derrotar a sus enemigos». Sostén la tabla y la espada. «Pero, cuando el caudillo moría, el pueblo volvía a sus malos caminos». Suelta la tabla y la espada.

6. Una espada. Di lo siguiente: «Cuando el pueblo se rebelaba, el Señor retiraba su protección y permitía que los enemigos de los israelitas los derrotaran».

Josué Jueces Rut

7. Un pañuelo de papel. Di lo siguiente: «Cuando los enemigos de los israelitas los oprimían, el pueblo de Israel volvía a clamar al Señor hasta que Dios levantaba a un nuevo caudillo».

8. Movimiento para memorizar: desobediencia obstinada. Muestra a los niños cómo extender la palma de la mano (u otro gesto apropiado) como diciendo «¡PARE!». Luego diles que se cubran los oídos y que se den la vuelta. También puedes pedirles que piensen en otro movimiento apropiado. Di lo siguiente: «Mientras cuento la historia, hagan este movimiento cuando oigan lo que representa». Di lo siguiente: «Esta acción representa que los israelitas no escuchaban a Dios y que, en cambio, hacían lo que querían y se alejaban de él».

Di lo siguiente: «Ahora les toca a ustedes contar la historia». Vuelve a meter los objetos en la bolsa. Pide a los niños que se turnen. Elige a un voluntario para que, sin mirar, tome un objeto de la bolsa y explique lo que quiere decir o representa. Los niños también pueden elegir repasar uno de los movimientos para memorizar y explicar lo que representa. Una vez que los niños hayan sacado todos los objetos y los hayan explicado, pide a un voluntario que los vuelva a meter en el orden correcto según la historia.

LECCIÓN BÍBLICA

Consejos para el maestro

Haz hincapié en estas ideas al conducir el estudio bíblico.
• Explica en qué se diferenciaban los jueces israelitas de los jueces actuales.
• Explica que Dios envió jueces o caudillos para el pueblo de Israel como un regalo de misericordia y gracia, no como un castigo.

Lee las Escrituras

Di lo siguiente: «Tras la muerte de Josué, los israelitas ignoraron el pacto y Dios retiró su promesa de ayudarlos en batalla. Sin embargo, Dios no abandonó a su pueblo, sino que le envió jueces para que les recordara su pacto y los guiara en batalla. El pueblo obedecía hasta que el juez moría».

Lee en voz alta Jueces 2:1-23. Puedes elegir usar los objetos y los movimientos para hacer hincapié en los puntos más importantes.

PREGUNTAS DE DISCUSIÓN

Discute la historia y haz a los niños las siguientes preguntas. Recuerda que puede no haber respuestas correctas o incorrectas.

1. ¿Quién quebrantó su pacto con Dios? ¿Cuáles fueron las consecuencias?
2. ¿Creen que los israelitas estaban verdaderamente apenados y arrepentidos o que solo estaban tristes porque eran castigados?
3. ¿Qué sucedía cuando los israelitas olvidaban quién era Dios y lo que él había hecho?
4. ¿Cómo mostraba Dios misericordia a los israelitas?
5. Los israelitas adoraban a falsos dioses en vez de al único Dios verdadero. ¿Qué «falsos dioses» se adoran en la actualidad?

IDEAS FINALES

Esta es la idea que quieres que los niños recuerden.

Di lo siguiente: «En el libro de Jueces podemos ver un patrón que se repite: los israelitas desobedecían a Dios y experimentaban graves consecuencias. Luego clamaban al Señor y Dios los rescataba y les enviaba a un juez o caudillo. Los israelitas se arrepentían y obedecían hasta que el juez moría. Y luego el ciclo se repetía.

PRÁCTICA DEL MEBI O ESGRIMA BÍBLICO

Josué Jueces Rut

LECCIÓN 13
LA ABEJA Y EL RAYO

Jueces 4:1-24

Jueces 4 continúa la trágica temática que ya conocemos: Israel se olvida de Dios, Israel peca contra Dios y Dios permite que un enemigo malvado conquiste y oprima a Israel. Cuando los israelitas claman a él para pedirle ayuda, Dios ordena al juez de Israel que los rescate.

Los jueces solían ser personas ordinarias empoderadas por Dios para que hicieran cosas extraordinarias. El libro de Jueces revela que Dios a menudo demuestra su fuerza a través de personas débiles e incapaces.

En la lección de hoy, Israel volvió a desobedecer, y Dios permitió que Jabín, un rey cananeo, derrotara a los israelitas, a quienes oprimió cruelmente durante veinte años. El pueblo buscó la ayuda de Dios, y Dios llamó a Débora, una profetisa y la única mujer jueza de Israel. El pueblo confiaba en ella para solucionar sus disputas y necesitaban a un líder fuerte para buscar la ayuda de Dios.

Débora mandó llamar a Barac y le dijo que el Señor le entregaría en sus manos a Sísara, jefe del ejército de Jabín, junto con todo su ejército. Sin embargo, Barac se negó a luchar si Débora no aceptaba ir con él a la batalla. Débora accedió, pero le dijo que, debido a su falta de fe, el Señor entregaría a Sísara en las manos de una mujer, no en las de él. Barac salió victorioso y Sísara huyó. Una mujer llamada Jael mató a Sísara mientras dormía y recibió el honor de la victoria.

Una vez más, Dios usó a una persona incapaz para convertir una situación imposible en una manifestación gloriosa de su poder divino.

VERSO PARA MEMORIZAR

«Yo sé bien que tú lo puedes todo, que no es posible frustrar ninguno de tus planes». Job 42:2

VERDADES SOBRE DIOS

Esta lección enseñará las siguientes verdades acerca de Dios. El asterisco (*) indica la verdad principal que debes enseñar a los niños.

- Dios hace que las cosas sean posibles cuando parecen imposibles. (*)
- Dios es más grande de lo imaginable.
- A veces, Dios usa a personas insólitas para cumplir su voluntad.

OBJETIVO Y RESUMEN DE LA LECCIÓN

En este estudio, los niños aprenderán que algunas veces Dios demuestra su poder y su fuerza a través de personas fieles que parecen débiles e incapaces.

1. Los israelitas clamaron al Señor para pedirle ayuda tras sufrir veinte años de cruel opresión por parte de Jabín, el rey cananeo.
2. Débora era profetisa y jueza de Israel.
3. A través de Débora, el Señor ordenó a Barac que luchara contra el ejército de Sísara, formado por 900 carros de hierro.
4. Barac insistió en que Débora fuera con él a la batalla.
5. Los israelitas derrotaron a un enemigo mucho más fuerte que ellos gracias al poder de Dios.

¿SABÍAS QUE...?

Varios nombres de esta lección tienen un significado especial.

Josué Jueces Rut

El nombre de «Débora» significa «abeja». Las abejas son insectos pequeños, pero Débora, la «abeja», tenía una fe más fuerte que Barac.

El nombre de «Barac» significa «rayo». Un rayo es un fenómeno poderoso, pero lamentablemente la confianza de Barac en Dios era débil.

El nombre de «Jael» significa «cabra montés o salvaje». La leche que Jael le dio a Sísara era probablemente leche de cabra.

VOCABULARIO

Palabras de fe

- «**El poder de Dios**» es una expresión que significa que el poder de Dios es más grande y más fuerte que cualquier persona o cosa. Dios lo puede todo.

Personas

- **Jabín** era un rey cananeo.
- **Sísara** era el jefe del ejército de Jabín.
- **Débora** era profetisa y la única mujer jueza de Israel. Llamó a Israel a luchar contra los cananeos. Su nombre significa «abeja».
- **Barac** era el comandante del ejército israelita. Su nombre significa «rayo».
- **Jael** era la esposa de Héber el quenita. Los quenitas eran aliados del rey Jabín. Jael instó a Sísara a que descansara en la carpa de su familia y luego lo mató mientras dormía. La muerte de Sísara garantizó la caída del rey Jabín.

Lugares

- La **Palmera de Débora** era el lugar donde Débora tenía su tribunal. Estaba situado en la región montañosa de Efraín.
- **Neftalí** era un área perteneciente a la tribu de Neftalí. Estaba situada en el noroeste del mar de Galilea. Los cananeos eran fuertes en esta área.
- **Zabulón** era el área perteneciente a la tribu de Zabulón. Estaba situada cerca de Neftalí.

- El **monte Tabor** era una montaña de aproximadamente 400 metros de altura. Estaba situada en el suroeste del mar de Galilea.

Términos

- Un «**profeta**» es quien recibe los mensajes de Dios y los transmite a los demás.
- «**Tener un tribunal**» significa estar a cargo de un tribunal en el desempeño de sus funciones. Cuando Débora celebraba un tribunal, las personas llevaban ante ella sus disputas para que las resolviera.
- «**Honrar a alguien**» significa mostrarle respeto y reconocer su grandeza. En las culturas antiguas, ser honrado y respetado era muy importante.

HISTORIAS

Todas las semanas necesitarás los siguientes objetos.

1. Una mochila o una pequeña bolsa de viaje.
2. Un recipiente para guardar los objetos empleados en las historias semanales (puede ser una bolsa, un cesto o una caja).

Para la historia de hoy, también necesitarás los siguientes objetos.

1. Un pañuelo de papel.
2. Una rama de palmera u otro árbol.
3. Una espada.

Antes de la clase

1. Lee Jueces 4:1-24.
2. Reúne los objetos para la historia de hoy. Si no tienes alguno de ellos, puedes sustituirlo por una imagen.
3. Pasa todos los objetos de la lección anterior de la bolsa de viaje al recipiente de almacenamiento. Coloca este recipiente junto a la zona destinada a contar historias.

Josué Jueces Rut

4. Mete los objetos para la historia de hoy en la bolsa de viaje y colócala en la zona destinada a contar historias.

Actividad opcional: Sigue al líder

Di a los niños que se pongan en fila recta, uno detrás del otro. Elige a uno de ellos para que sea el líder. Di a los demás que deben observar al líder e imitar todo lo que haga. Luego el líder deberá conducir al grupo a través del aula realizando diferentes gestos con las manos, sonidos o movimientos para que los niños los imiten. Por ejemplo, el líder puede dar pasitos como un bebé, dar pasos grandes o dar saltos. Termina el juego en la zona destinada a contar historias.

REPASO DE LA LECCIÓN

Pide a un voluntario que elija un objeto del recipiente de almacenamiento y explique lo que representaba en la lección anterior.

MOMENTO DE CONTAR LA HISTORIA

Lee estas instrucciones antes de empezar.

1. Cuenta la historia con tus palabras centrándote en los puntos más importantes. Saca un objeto de la bolsa para ilustrar cada punto. Si te sientes cómodo, incluye más detalles. Si lo necesitas, puedes usar el guion propuesto.
2. Muestra cada uno de los objetos en orden a medida que cuentas la historia. Coloca los objetos donde los niños puedan verlos.
3. Vuelve a meter los objetos en la bolsa cuando acabes de contar la historia.
4. Para repasar la historia, pide a un voluntario que saque un objeto de la bolsa y diga lo que representa. Repite este proceso con todos los objetos hasta que todos los niños puedan recontar la historia por completo.
5. Repasa el «Movimiento para memorizar» descrito a continuación. Realiza este movimiento cada vez que menciones lo que representa.

Puntos más importantes en orden

Di lo siguiente: «Hoy continuaremos explorando el libro de Jueces. Todas las semanas, meto en la bolsa de viaje las herramientas necesarias para nuestro viaje. Hoy comenzaremos con…». Saca los objetos a medida que cuentes la historia.

1. Toma el pañuelo de papel y di lo siguiente: «El rey cananeo, Jabín, maltrató a los israelitas durante veinte años. Así que los israelitas clamaron al Señor para que los ayudara».
2. Una rama de palmera u otro árbol. Di lo siguiente: «Dios llamó a una mujer llamada Débora para que fuera la jueza y líder de los israelitas. Débora se sentaba debajo de una palmera y daba sabios consejos, y el pueblo la escuchaba. Ella oyó que el pueblo clamaba a Dios para que los ayudara».
3. Una espada. Di lo siguiente: «Débora mandó llamar a un fuerte soldado llamado Barac, a quien dio un mensaje del Señor. Barac lideraría un ejército para derrotar al comandante del ejército de Jabín, Sísara, quien dirigía 900 carros de hierro».
4. Movimiento para memorizar: flexión del bíceps. Según sea apropiado, muestra a los niños cómo flexionar el brazo y levantarlo como si estuvieran «sacando músculo». Pide a las niñas que sean las primeras en hacerlo. Luego pide a los niños que hagan lo mismo. También puedes pedirles que piensen en otro movimiento apropiado. Di lo siguiente: «Mientras cuento la historia, hagan este movimiento cuando oigan lo que representa».

Di lo siguiente: «Barac le dijo a Débora que iría a la batalla si ella iba con él. Débora accedió, pero le dijo a Barac que una mujer recibiría la gloria por la victoria. Una mujer llamada Jael mató a Sísara, el comandante del rey Jabín. El Señor ayudó al débil ejército de Israel a derrotar al fuerte ejército de Jabín».

Josué Jueces Rut

Di lo siguiente: «Ahora les toca a ustedes contar la historia». Vuelve a meter los objetos en la bolsa. Pide a los niños que se turnen. Elige a un voluntario para que, sin mirar, tome un objeto de la bolsa y explique lo que quiere decir o representa. Los niños también pueden elegir repasar uno de los movimientos para memorizar y explicar lo que representa. Una vez que los niños hayan sacado todos los objetos y los hayan explicado, pide a un voluntario que los vuelva a meter en el orden correcto según la historia.

LECCIÓN BÍBLICA

Consejos para el maestro

Haz hincapié en estas ideas al conducir el estudio bíblico.

• Contrasta el poder del ejército de Jabín con el poder del ejército de Israel. Haz hincapié en que el poder de Dios marcó la diferencia.

• Piensa en cuántas veces puedes observar que sucede algo inesperado en nuestra historia. Anima a los alumnos a reparar en todas las veces que esto suceda. Ayúdalos a ver que Dios hace lo inesperado para hacer realidad lo imposible.

• Barac se negó a ir a la batalla a menos que Débora fuera con él. Tal vez Barac presintió que el ejército solo lo seguiría si veían que los lideraba Débora. Esto muestra lo mucho que el pueblo confiaba en Débora y la respetaba.

Lee las Escrituras

Di lo siguiente: «La historia bíblica de hoy incluye algunas cosas inusuales. Dios no siempre hace que las cosas sucedan como esperamos. Él es más grande que cualquier cosa que podamos imaginar. ¡Él hace posible lo imposible!».

Lee en voz alta Jueces 4:1-24. Puedes elegir usar los objetos y los movimientos para hacer hincapié en los puntos más importantes.

PREGUNTAS DE DISCUSIÓN

Discute la historia y haz a los niños las siguientes preguntas. Recuerda que puede no haber respuestas correctas o incorrectas.

1. ¿Por qué los israelitas clamaron a Dios para pedirle ayuda? ¿Merecían que Dios los ayudara?

2. El honor era algo muy importante para un soldado. ¿Qué es el honor? ¿Cómo se puede ganar o perder?

3. Barac tenía miedo de luchar contra el ejército de Sísara porque era mucho más poderoso que el ejército de Israel. ¿Qué tenía que haber recordado Barac que lo ayudara a ser valiente?

4. ¿Creen que lo que Jael le hizo a Sísara estuvo mal? ¿Por qué?

5. ¿Cómo creen que habría terminado la historia si Barac hubiera confiado en Dios desde el principio?

IDEAS FINALES

Esta es la idea que quieres que los niños recuerden.

Di lo siguiente: «Varios nombres de esta lección tienen un significado especial. El nombre de "Débora" significa "abeja". Las abejas son insectos pequeños, pero Débora, la "abeja", tenía una fe más fuerte que Barac. El nombre de "Barac" significa "rayo". Un rayo es un fenómeno poderoso, pero lamentablemente la confianza de Barac en Dios no era muy fuerte. La abeja fue más fuerte que el rayo.

Si Dios destruyó a un ejército poderoso, imaginen lo que es capaz de hacer cuando ustedes se enfrenten a un imposible. ¡Confíen en que él los guiará porque nuestro Dios hace posible lo imposible!».

PRÁCTICA DEL MEBI O ESGRIMA BÍBLICO

Josué Jueces Rut

LECCIÓN 14
¡QUÉDATE TRANQUILO, GEDEÓN!

Jueces 6:1-40

VERSO PARA MEMORIZAR

«Porque el Señor tu Dios está en medio de ti como guerrero victorioso. Se deleitará en ti con gozo, te renovará con su amor, se alegrará por ti con cantos». Sofonías 3:17

VERDADES SOBRE DIOS

Esta lección enseñará las siguientes verdades acerca de Dios. El asterisco (*) indica la verdad principal que debes enseñar a los niños.

- Dios suele obrar a través de nuestra debilidad. (*)
- El poder de Dios es más grande que la debilidad humana.
- Dios es paciente con las personas.

OBJETIVO Y RESUMEN DE LA LECCIÓN

En este estudio, los niños aprenderán que Dios nos ayuda a hacer todo lo que él nos pide que hagamos, incluso si nos parece imposible.

1. Dios permitió que los madianitas hostigaran a Israel durante siete años porque los israelitas lo habían desobedecido.
2. Dios envió un ángel a Gedeón. El ángel le dijo que salvara a Israel, pero Gedeón pensó que no sería capaz.
3. Gedeón hizo tal como le ordenó el Señor y destruyó el altar dedicado a Baal y el poste de Aserá.
4. Gedeón puso a prueba a Dios con el vellón de lana.

CONTEXTO BÍBLICO

El ciclo continuó. La desobediencia de Israel lo condujo a la derrota. Los madianitas oprimieron cruelmente a Israel durante siete años. Se burlaron de los israelitas, quemaron sus cultivos y robaron su ganado. Los israelitas volvieron a clamar a Dios para que los ayudara, así que Dios levantó a un juez llamado Gedeón para que rescatara a su pueblo. La historia de Gedeón es otro ejemplo del amor y la paciencia que Dios tuvo hacia su pueblo, a pesar de su desobediencia constante.

Al igual que muchas personas a las que Dios llama, Gedeón sintió que no era apto. Puso excusas y dio muchas razones acerca de por qué no podía hacer lo que Dios le había pedido. Gedeón creía que no era lo suficientemente importante como para guiar a Israel. Pero Dios le dijo: «Puedes hacerlo porque yo estaré contigo» (6:16). Este episodio de la historia de Israel repite un patrón y una promesa conocidos en la Biblia. Dios nos ayuda a hacer todo lo que él nos pide que hagamos.

Al igual que Gedeón, son muchas las personas de Dios que quieren marcar una diferencia, pero sienten que no pueden hacerlo. Dios dice: «¡Puedes hacerlo porque yo te ayudaré!». Esta es una verdad importante sobre a quiénes llama Dios y cómo obra él. Si confiamos en él y lo obedecemos, ¡Dios hace posible lo imposible!

¿SABÍAS QUE...?

Esta es la primera historia bíblica que habla de los camellos como animales de guerra (Jueces 6:5).

VOCABULARIO

Palabras de fe

- «**Confiar en Dios**» significa creer que Dios es siempre bueno, que se puede confiar en él y que siempre cumple sus promesas.

Josué Jueces Rut

Personas

- Los **madianitas** vivían en Madián, situado al este del río Jordán. Aunque también eran descendientes de Abraham, los madianitas eran enemigos de Israel.

- **Gedeón** fue el juez al que Dios llamó para salvar a Israel de los madianitas. «Gedeón» significa «aquel que destruye al enemigo».

- **Joás** era el padre de Gedeón. Tenía un altar dedicado a Baal y un poste dedicado a Aserá. Estos símbolos indican que adoraba a otros dioses.

Lugares

- **Manasés** era el nombre de la tierra situada a ambos lados del río Jordán, dada a la tribu de Manasés.

- **Ofra** era una ciudad situada al suroeste del mar de Galilea. Un ángel del Señor visitó a Gedeón bajo una encina en Ofra.

Términos

- Los **«escondites en las montañas»** son pequeñas hendiduras o grietas formadas en una montaña. Los israelitas construían refugios en estas fisuras en la roca para esconderse de los madianitas.

- Un **«lagar»** era un gran recinto de piedra donde se pisaba uva para hacer jugo y vino.

- Un **«poste de Aserá»** era un gran poste erigido en honor a la diosa cananea Aserá.

- Un **«vellón»** era un abrigo hecho de piel de oveja con lana en uno de sus lados.

HISTORIAS

Todas las semanas necesitarás los siguientes objetos.

1. Una mochila o una pequeña bolsa de viaje.
2. Un recipiente para guardar los objetos empleados en las historias semanales (puede ser una bolsa, un cesto o una caja).

Para la historia de hoy, también necesitarás los siguientes objetos.

1. Restos de alimentos: un trozo de pan, de verdura o de fruta.
2. Un pañuelo de papel.
3. Una piedra.
4. Una alfombra, un trozo de tela o una toalla de tamaño pequeño.

Antes de la clase

1. Lee Josué 6:1-40.
2. Reúne los objetos para la historia de hoy. Si no tienes alguno de ellos, puedes sustituirlo por una imagen.
3. Pasa todos los objetos de la lección anterior de la bolsa de viaje al recipiente de almacenamiento. Coloca este recipiente junto a la zona destinada a contar historias.
4. Mete los objetos para la historia de hoy en la bolsa de viaje y colócala en la zona destinada a contar historias.

Actividad opcional: Sigue al líder

Di a los niños que se pongan en fila recta, uno detrás del otro. Elige a uno de ellos para que sea el líder. Di a los demás que deben observar al líder e imitar todo lo que haga. Luego el líder deberá conducir al grupo a través del aula realizando diferentes gestos con las manos, sonidos o movimientos para que los niños los imiten. Por ejemplo, el líder puede dar pasitos como un bebé, dar pasos grandes o dar saltos. Termina el juego en la zona destinada a contar historias.

REPASO DE LA LECCIÓN

Pide a un voluntario que elija un objeto del recipiente de almacenamiento y explique lo que representaba en la lección anterior.

Josué Jueces Rut

MOMENTO DE CONTAR LA HISTORIA

Lee estas instrucciones antes de empezar.

1. Cuenta la historia con tus palabras centrándote en los puntos más importantes. Saca un objeto de la bolsa para ilustrar cada punto. Si te sientes cómodo, incluye más detalles. Si lo necesitas, puedes usar el guion propuesto.

2. Muestra cada uno de los objetos en orden a medida que cuentas la historia. Coloca los objetos donde los niños puedan verlos.

3. Vuelve a meter los objetos en la bolsa cuando acabes de contar la historia.

4. Para repasar la historia, pide a un voluntario que saque un objeto de la bolsa y diga lo que representa. Repite este proceso con todos los objetos hasta que todos los niños puedan recontar la historia por completo.

5. Repasa el «Movimiento para memorizar» descrito a continuación. Realiza este movimiento cada vez que menciones lo que representa.

Puntos más importantes en orden

Di lo siguiente: «Hoy continuaremos explorando el libro de Jueces. Todas las semanas, meto en la bolsa de viaje las herramientas necesarias para nuestro viaje. Hoy comenzaremos con…». Saca los objetos a medida que cuentes la historia.

1. Toma los restos de alimento: el pan, la verdura o la fruta. Di lo siguiente: «Cuando los israelitas plantaban cultivos, los madianitas los robaban o los destruían. Dios permitió que los madianitas acosaran a Israel debido a su desobediencia».

2. Un pañuelo de papel. Di lo siguiente: «Como los madianitas atacaban sus cultivos, los israelitas se empobrecieron y comenzaron a pasar hambre, así que clamaron al Señor para que los ayudara».

3. Movimiento para memorizar: agáchate y escóndete. Muestra a los niños cómo fingir que se esconden detrás de algo. Muestra a los niños cómo pueden agacharse y colocar las manos en la cara para ocultarse. También puedes pedirles que piensen en otro movimiento apropiado. Di lo siguiente: «Mientras cuento la historia, hagan este movimiento cuando oigan lo que representa. Un ángel del Señor vino a ver a Gedeón cuando él se escondió en el lagar para trillar su trigo. No quería que los madianitas lo encontraran a él ni su grano».

4. Una piedra. Di lo siguiente: «El ángel del Señor le dijo a Gedeón que salvara a Israel, pero Gedeón no creyó poder hacerlo. El Señor ordenó a Gedeón que destruyera los altares de su padre dedicados a Baal. Gedeón obedeció y luego construyó un nuevo altar al Señor».

5. Una alfombra, un trozo de tela o una toalla de tamaño pequeño. Di lo siguiente: «Gedeón no estaba seguro de si el Señor lo ayudaría, así que lo puso a prueba dos veces. La primera vez, tendió un vellón de lana en el suelo y le pidió al Señor que lo cubriera de rocío, pero que mantuviera el suelo seco. La segunda vez, Gedeón le pidió a Dios que cubriera la tierra de rocío, pero que mantuviera el vellón seco. En los dos casos, Dios hizo lo que le había pedido Gedeón».

Di lo siguiente: «Ahora les toca a ustedes contar la historia». Vuelve a meter los objetos en la bolsa. Pide a los niños que se turnen. Elige a un voluntario para que, sin mirar, tome un objeto de la bolsa y explique lo que quiere decir o representa. Los niños también pueden elegir repasar uno de los movimientos para memorizar y explicar lo que representa. Una vez que los niños hayan sacado todos los objetos y los hayan explicado, pide a un voluntario que los vuelva a meter en el orden correcto según la historia.

Josué Jueces Rut

LECCIÓN BÍBLICA

Consejos para el maestro

Haz hincapié en estas ideas al conducir el estudio bíblico.

• Ayuda a los alumnos a entender que a veces Dios llama a personas débiles a hacer cosas poderosas. Eso deja claro para todos que Dios es la fuente de sus capacidades.

• ¿Por qué tenía miedo Gedeón? Los israelitas creían que nadie podía ver a Dios y seguir vivo. (Véase Éxodo 33:20). Probablemente Gedeón creía que eso también se aplicaba a los ángeles de Dios.

• Después de ver el primer milagro del vellón mojado, Gedeón pidió a Dios que realizara otro milagro. Quizás pensó que el primer milagro había sucedido de forma natural. Un vellón de lana grueso podía retener la humedad mucho después de que el sol hubiera secado la tierra a su alrededor. Esta no es una buena forma de tomar decisiones. Actualmente tenemos la Biblia como guía cuando oímos el llamado de Dios.

Lee las Escrituras

Di lo siguiente: «Cuando Moisés y los israelitas anduvieron por el desierto, lucharon contra los madianitas y estuvieron a punto de destruirlos. Pero, muchos años después, los madianitas recobraron sus fuerzas y empezaron a oprimir a Israel».

Lee en voz alta Jueces 6:1-40. Puedes elegir usar los objetos y los movimientos para hacer hincapié en los puntos más importantes.

PREGUNTAS DE DISCUSIÓN

Discute la historia y haz a los niños las siguientes preguntas. Recuerda que puede no haber respuetas correctas o incorrectas.

1. ¿Por qué siguieron los israelitas desobedeciendo a Dios y adorando a falsos dioses?

2. ¿Qué harían si se les apareciera un ángel y les dijera que Dios quiere salvar a todo su país a través de ustedes?

3. ¿Quién fue con Gedeón para derrotar a los madianitas? (Lee Jueces 6:16).

4. ¿Fue Gedeón un cobarde al destruir el altar y el poste de Aserá por la noche?

5. ¿Han oído alguna vez la expresión «poner un vellón a Dios»? ¿Qué creen que significa?

IDEAS FINALES

Esta es la idea que quieres que los niños recuerden.

Di lo siguiente: «Pueden esperar que un Dios poderoso solo elija a personas poderosas para hacer cumplir su voluntad. Pero Dios hace lo contrario. Gedeón dijo que su tribu era débil y que él era el más pequeño e insignificante de su familia. Sin embargo, Dios eligió a este hombre tímido e inseguro para cumplir sus propósitos. ¿Por qué? Pues porque si Dios usa a los más fuertes, ¿quién se llevaría el mérito?

En 2 Corintios 12:10, Pablo dijo: "Por eso me regocijo en debilidades, insultos, privaciones, persecuciones y dificultades que sufro por Cristo; porque, cuando soy débil, entonces soy fuerte". No tienen que ser supercristianos para que Dios los use. Dios no se fija en nuestras capacidades, sino en nuestra disposición».

PRÁCTICA DEL MEBI O ESGRIMA BÍBLICO

Josué Jueces Rut

LECCIÓN 15

¡AUCH MADIANITAS!

Jueces 7:1-25; 8:28

VERSO PARA MEMORIZAR

«Pon tu esperanza en el Señor; ten valor, cobra ánimo; ¡pon tu esperanza en el Señor!». Salmos 27:14

VERDADES SOBRE DIOS

Esta lección enseñará las siguientes verdades acerca de Dios. El asterisco (*) indica la verdad principal que debes enseñar a los niños.

- Algunas veces Dios hace una obra poderosa de una manera inusual que nos sorprende. (*)
- Dios le pide a su pueblo que confíe en él.
- Dios obra de formas poderosas e inesperadas.

OBJETIVO Y RESUMEN DE LA LECCIÓN

En este estudio, los niños aprenderán que algunas veces Dios obra a través de las personas de formas inusuales. Aun cuando no parece probable, Dios es fiel y digno de confianza.

1. Dios ordenó a Gedeón que redujera su ejército de 32 000 a 300 hombres.
2. Dios envió a Gedeón en una misión de espionaje para que viera lo temerosos que estaban los madianitas del ejército israelita.
3. Con la ayuda de Dios, el pequeño ejército de Gedeón derrotó a los madianitas con trompetas, cántaros vacíos y antorchas.
4. Tras la batalla, los israelitas disfrutaron de cuarenta años de paz.

CONTEXTO BÍBLICO

Dios tenía un extraño plan para lograr la victoria sobre los madianitas. Gedeón había reunido a un ejército de 32 000 soldados, pero Dios le dijo que lo redujera. Gedeón permitió que todo aquel que tuviera miedo regresara a casa. Entonces el Señor le dio una prueba especial para seleccionar a los mejores hombres de entre los que quedaban. Al final, el ejército de Gedeón solo incluía a 300 soldados. Sin embargo, Dios prometió que rescataría a su pueblo con este pequeño grupo de hombres.

Esa noche, Gedeón y su siervo, Furá, espiaron el campamento de los madianitas y oyeron el sueño que había tenido uno de ellos. En el sueño, un pan de cebada llegó rodando hasta al campamento madianita y golpeó una carpa con tal fuerza que esta se vino abajo. Como la cebada era un grano de menor calidad, el amigo del madianita creía que Dios ya había entregado a los madianitas en las manos de Gedeón (7:14). Gedeón se postró en adoración por esta información y les dijo a sus hombres que se prepararan para la batalla.

La estrategia de Gedeón era simple: sorprender al enemigo. Gedeón dividió a sus hombres en tres grupos. Dio a cada hombre una trompeta y un cántaro que contenía una antorcha. Cuando Gedeón dio la señal, tocaron las trompetas y rompieron los cántaros para revelar las antorchas de su interior. Los madianitas pensaron que se trataba de un gran ejército porque, normalmente, solo algunos soldados tenían trompetas mientras que el resto portaban las armas. En medio de su miedo y confusión, los madianitas se atacaron entre sí o huyeron. Gedeón y sus hombres persiguieron a los madianitas y capturaron a sus jefes.

Josué Jueces Rut

El éxito de Gedeón sorprendió a los israelitas, quienes le pidieron que fuera su rey, pero Gedeón se negó (8:23). Como los madianitas habían sido derrotados, Israel disfrutó de cuarenta años de paz mientras vivió Gedeón (8:28).

¿SABÍAS QUE...?

El nombre de «Jarod» significa «estremecimiento» o «terror». El manantial de Jarod fue el lugar donde Gedeón eligió a los 300 soldados. Este pequeño ejército hizo que el ejército madianita, mucho mayor, se estremeciera de miedo.

VOCABULARIO

Palabras de fe

- La **fe** es una confianza en Dios que lleva a las personas a creer lo que él dice, a confiar en él y a obedecerlo.

Personas

- «**Yerubaal**» es el nombre que se le dio a Gedeón y significa «que Baal defienda». Era un desafío para que Baal se defendiera de Gedeón.
- **Furá** es el siervo de Gedeón que fue con él a espiar el campamento madianita.
- «**Oreb**» y «**Zeb**» significan «cuervo» y «lobo». Fueron dos jefes madianitas asesinados por los israelitas.
- Los **amalecitas** eran un grupo de nómadas enemigos de los israelitas. Gedeón y los israelitas derrotaron a los amalecitas.

Lugares

- El **manantial de Jarod** fue el lugar donde los israelitas acamparon antes de librar la batalla contra los madianitas.
- El **monte de Moré** era un monte situado al norte del manantial de Jarod. Los madianitas acamparon en el valle del monte de Moré. La batalla entre los israelitas y los madianitas tuvo lugar cerca de allí.

Términos

- El «**cambio de guardia**» es una expresión que describe el momento en el que los guardias se turnaban para dormir y vigilar el campamento.
- El «**relevo de medianoche**» es una expresión que se refiere a la forma en la que los israelitas dividían la noche en tres partes. El relevo de medianoche comenzaba a las 10 de la noche y terminaba a las 2 de la madrugada. Los israelitas atacaron a los madianitas cuando estos se fueron a dormir.

HISTORIAS

Todas las semanas necesitarás los siguientes objetos.

1. Una mochila o una pequeña bolsa de viaje.
2. Un recipiente para guardar los objetos empleados en las historias semanales (puede ser una bolsa, un cesto o una caja).

Para la historia de hoy, también necesitarás los siguientes objetos.

1. Un vaso o una copa de agua que puedas beber.
2. Una galleta redonda, un pan redondo, cualquier cosa con forma redonda o un trozo de pan.
3. Un cántaro, una figura de barro, una botella o una linterna.

Antes de la clase

1. Lee Jueces 7:1-25; 8:28.
2. Reúne los objetos para la historia de hoy. Si no tienes alguno de ellos, puedes sustituirlo por una imagen.
3. Pasa todos los objetos de la lección anterior de la bolsa de viaje al recipiente de almacenamiento. Coloca este recipiente junto a la zona destinada a contar historias.
4. Mete los objetos para la historia de hoy en la bolsa de viaje y colócala en la zona destinada a contar historias.

Josué Jueces Rut

Actividad opcional: Sigue al líder

Di a los niños que se pongan en fila recta, uno detrás del otro. Elige a uno de ellos para que sea el líder. Di a los demás que deben observar al líder e imitar todo lo que haga. Luego el líder deberá conducir al grupo a través del aula realizando diferentes gestos con las manos, sonidos o movimientos para que los niños los imiten. Por ejemplo, el líder puede dar pasitos como un bebé, dar pasos grandes o dar saltos. Termina el juego en la zona destinada a contar historias.

REPASO DE LA LECCIÓN

Pide a un voluntario que elija un objeto del recipiente de almacenamiento y explique lo que representaba en la lección anterior.

MOMENTO DE CONTAR LA HISTORIA

Lee estas instrucciones antes de empezar.

1. Cuenta la historia con tus palabras centrándote en los puntos más importantes. Saca un objeto de la bolsa para ilustrar cada punto. Si te sientes cómodo, incluye más detalles. Si lo necesitas, puedes usar el guion propuesto.
2. Muestra cada uno de los objetos en orden a medida que cuentas la historia. Coloca los objetos donde los niños puedan verlos.
3. Vuelve a meter los objetos en la bolsa cuando acabes de contar la historia.
4. Para repasar la historia, pide a un voluntario que saque un objeto de la bolsa y diga lo que representa. Repite este proceso con todos los objetos hasta que todos los niños puedan recontar la historia por completo.
5. Repasa el «Movimiento para memorizar» descrito a continuación. Realiza este movimiento cada vez que menciones lo que representa.

Puntos más importantes en orden

Di lo siguiente: «Hoy continuaremos explorando el libro de Jueces. Todas las semanas, meto en la bolsa de viaje las herramientas necesarias para nuestro viaje. Hoy comenzaremos con…». Saca los objetos a medida que cuentes la historia.

1. Toma el vaso o la copa de agua y di lo siguiente: «Gedeón comenzó con un ejército de 32 000 hombres. Dios le dijo que redujera su ejército para que Israel supiera que la victoria era del Señor. Veintidós mil hombres abandonaron porque tenían miedo. Dios quería que Gedeón redujera su ejército todavía más. Gedeón siguió el plan de Dios para decidir quién iría a la batalla. Observó a los hombres beber agua de un arroyo y luego eligió a los trescientos hombres que bebieron llevándose el agua de la mano a la boca».
2. Una galleta redonda, un pan redondo, cualquier cosa con forma redonda o un trozo de pan. Di lo siguiente: «Dios le dijo a Gedeón que espiara a los madianitas. Gedeón y su siervo oyeron a un hombre contar a otro el sueño que había tenido, en el cual un pan de cebada llegó rodando al campamento y golpeó su carpa con tal fuerza que esta se vino abajo. Su compañero pensó que este sueño significaba que Israel los derrotaría. Cuando Gedeón oyó esto, adoró a Dios».
3. Movimiento para memorizar: toca la trompeta. Muestra a los niños cómo cerrar los puños y colocar uno encima del otro. Luego enséñales cómo mantener los puños juntos mientras se los llevan a la boca como si estuvieran tocando una trompeta. También puedes pedirles que piensen en otro movimiento apropiado. Di lo siguiente: «Mientras cuento la historia, hagan este movimiento cuando oigan lo que representa. Dios derrotó a los madianitas de una forma inesperada. Él usó trompetas, antorchas y cántaros».

Josué Jueces Rut

4. Un cántaro, un recipiente, una botella o una linterna. Di lo siguiente: «Dios le dijo a Gedeón que diera a cada soldado un cántaro vacío con una antorcha en su interior y una trompeta. Los israelitas tocaron las trompetas y luego rompieron los cántaros para revelar la luz de su interior mientras gritaban. El Señor usó esto para confundir a los madianitas, quienes empezaron a atacarse entre sí en medio de la confusión».

Di lo siguiente: «Ahora les toca a ustedes contar la historia». Vuelve a meter los objetos en la bolsa. Pide a los niños que se turnen. Elige a un voluntario para que, sin mirar, tome un objeto de la bolsa y explique lo que quiere decir o representa. Los niños también pueden elegir repasar uno de los movimientos para memorizar y explicar lo que representa. Una vez que los niños hayan sacado todos los objetos y los hayan explicado, pide a un voluntario que los vuelva a meter en el orden correcto según la historia.

LECCIÓN BÍBLICA

Consejos para el maestro

Haz hincapié en estas ideas al conducir el estudio bíblico.

• Recuerda que los niños pequeños no comprenden muy bien las ideas abstractas. Haz hincapié en cómo un ejército normal usaría las armas como espadas. Sin embargo, el ejército de Gedeón usó un arma diferente.

• No te apresures en los acontecimientos de la historia. Cuando hagas una pregunta, deja tiempo para que los niños descubran la respuesta. Anima a los niños a investigar sobre sus opiniones e ideas. Para los niños de más edad, hazles preguntas que comiencen usando el pronombre interrogativo «por qué». Por ejemplo: «¿Por qué creen que Dios quería que el ejército de Israel fuera tan pequeño?».

• Los madianitas eran saqueadores que viajaban en camello a través de la región desértica entre el mar Muerto y el mar Rojo. Eran parientes de Abraham a través de Madián, el hijo que tuvo con su esposa Cetura.

Lee las Escrituras

Di lo siguiente: «Dios quería evitar que los soldados pensaran que podían ganar la batalla por sus propias fuerzas, así que redujo el ejército israelita a solo 300 hombres. Ahora eran minoría. No había ninguna duda de que, si ganaban, el mérito de la victoria sería de Dios».

Lee en voz alta Jueces 7:1-25 y 8:28. Puedes elegir usar los objetos y los movimientos para hacer hincapié en los puntos más importantes.

PREGUNTAS DE DISCUSIÓN

Discute la historia y haz a los niños las siguientes preguntas. Recuerda que puede no haber respuestas correctas o incorrectas.

1. ¿Por qué redujo Dios el número de soldados del ejército de Gedeón?

2. ¿Qué estimuló a Gedeón y lo ayudó a creer que Israel podía ganar la batalla? (Jueces 7:13-15).

3. ¿Qué tipo de armas usó el ejército israelita para derrotar a los madianitas? ¿Por qué usaron esas armas en concreto? (Jueces 7:16).

4. Imaginen que son soldados del ejército de Gedeón. ¿Cómo se sentirían al prepararse para luchar con solo 300 hombres? ¿Qué pensarían sobre sus armas?

5. ¿Quién fue el responsable de la victoria sobre los madianitas?

IDEAS FINALES

Esta es la idea que quieres que los niños recuerden.

Dios es mucho más maravilloso y creativo de lo que podemos imaginar.

PRÁCTICA DEL MEBI O ESGRIMA BÍBLICO

Josué Jueces Rut

LECCIÓN 16
UN MENSAJE DE ESPERANZA

Jueces 13:1-35

VERSO PARA MEMORIZAR

«Sino que se complace en los que le temen, en los que confían en su gran amor». Salmos 147:11

VERDADES SOBRE DIOS

Esta lección enseñará las siguientes verdades acerca de Dios. El asterisco (*) indica la verdad principal que debes enseñar a los niños.

- Dios trae esperanza en tiempos de grandes problemas. (*)
- Dios es nuestra esperanza cuando todo parece imposible.
- Dios nos revela su voluntad.

OBJETIVO Y RESUMEN DE LA LECCIÓN

En este estudio, los niños aprenderán que Dios cumple sus promesas, aunque se demore mucho tiempo. Dios nunca nos abandona.

1. El pueblo de Dios volvió a pecar, así que Dios permitió que los filisteos oprimieran a Israel durante cuarenta años.

2. Un ángel del Señor le prometió a la madre de Sansón que daría a luz un hijo que sería nazareo y que libraría a Israel del poder de los filisteos.

3. Manoa y su esposa creyeron en Dios y lo obedecieron, y tuvieron a Sansón.

4. Cuando Sansón creció, el Espíritu de Dios comenzó a obrar en él.

CONTEXTO BÍBLICO

El primer verso de Jueces 13 comienza diciendo: «Una vez más los israelitas hicieron lo que ofende al Señor» (13:1). Una vez más, la desobediencia de los israelitas los condujo a su derrota. Como no cumplieron las promesas que le habían hecho a Dios, sufrieron bajo la opresión de los filisteos, quienes ejercieron su poder sobre Israel durante cuarenta años. Pero Dios no abandonó a Israel.

Algunas veces, Dios planea librar a su pueblo con mucha antelación. Esto fue lo que sucedió con Sansón. Durante esta época de grandes problemas para los israelitas, un ángel del Señor se le apareció a la esposa de un hombre llamado Manoa. En la Biblia, cuando un ángel se le aparecía a alguien, eso significaba que iba a suceder algo importante. El ángel le prometió que concebiría y daría a luz un hijo. Como ella era estéril, aquella noticia le pareció sorprendente. Sin embargo, el bebé que concebiría sería muy especial. El ángel se les volvió a aparecer a ambos y les dijo que debían criarlo como un nazareo. Un nazareo era una persona consagrada a Dios.

Al principio, Manoa no reconoció que aquel mensajero especial había sido un ángel del Señor y, cuando se dio cuenta, tuvo miedo. Manoa creía que iban a morir porque habían visto a Dios. Juntos, Manoa y su esposa se postraron en tierra y adoraron a Dios. Finalmente, la promesa que el ángel del Señor les había hecho se cumplió, y Manoa y su esposa tuvieron a Sansón. Cuando creció, el Señor lo bendijo y comenzó a fortalecerlo para la misión de librar a su pueblo del poder opresor de los filisteos.

Josué Jueces Rut

¿SABÍAS QUE...?

Tanto Samuel como Juan el Bautista eran nazareos de nacimiento, al igual que Sansón. Un nazareo era una persona que había hecho un voto de por vida. Un nazareo prometía no beber alcohol, no cortarse el cabello y no tocar ningún cuerpo que estuviese muerto. No hay que confundir la palabra «nazareo» con la palabra «nazareno», la cual se refiere a alguien de la ciudad de Nazaret o a un seguidor de Jesús, quien era de Nazaret.

VOCABULARIO

Palabras de fe

- «**Esperanza**» significa tener la seguridad de que Dios cumplirá sus promesas. La esperanza existe porque creemos en Dios y tenemos fe en él.

Personas

- Los **filisteos** eran un pueblo que vivía en la costa del mar Mediterráneo y en cinco ciudades importantes. Lucharon con los israelitas en muchas ocasiones.
- **Manoa y su esposa** eran israelitas que vivían en la tierra de Dan en la época de los jueces. La esposa de Manoa era estéril y no podía concebir.
- La **tribu de Dan** era una de las tribus de Israel. Los miembros de esta tribu vivían en un territorio situado al este de los filisteos. Los filisteos luchaban contra ellos por la tierra.
- **Sansón** era el hijo de Manoa y de su esposa, el hijo que el ángel del Señor les había prometido. Sansón era nazareo.

Lugares

- **Majané Dan** era una ciudad situada al oeste del mar Muerto, cerca de Filistea.

Términos

- Un «**holocausto**» era una ofrenda de un animal que una persona quemaba en adoración al Señor.

- Un «**nazareo**» era una persona que hacía la promesa de no cortarse el cabello, no beber alcohol y no tocar ningún cuerpo que estuviese muerto. Esta promesa era una promesa de por vida. Un nazareo estaba consagrado a Dios debido a esta promesa que hacía.

HISTORIAS

Todas las semanas necesitarás los siguientes objetos.

1. Una mochila o una pequeña bolsa de viaje.
2. Un recipiente para guardar los objetos empleados en las historias semanales (puede ser una bolsa, un cesto o una caja).

Para la historia de hoy, también necesitarás los siguientes objetos.

1. Un muñeco bebé.
2. Unas tijeras.
3. Una roca.

Antes de la clase

1. Lee Josué 13:1-35.
2. Reúne los objetos para la historia de hoy. Si no tienes alguno de ellos, puedes sustituirlo por una imagen.
3. Pasa todos los objetos de la lección anterior de la bolsa de viaje al recipiente de almacenamiento. Coloca este recipiente junto a la zona destinada a contar historias.
4. Mete los objetos para la historia de hoy en la bolsa de viaje y colócala en la zona destinada a contar historias.

Josué Jueces Rut

75

Actividad opcional: Sigue al líder

Di a los niños que se pongan en fila recta, uno detrás del otro. Elige a uno de ellos para que sea el líder. Di a los demás que deben observar al líder e imitar todo lo que haga. Luego el líder deberá conducir al grupo a través del aula realizando diferentes gestos con las manos, sonidos o movimientos para que los niños los imiten. Por ejemplo, el líder puede dar pasitos como un bebé, dar pasos grandes o dar saltos. Termina el juego en la zona destinada a contar historias.

REPASO DE LA LECCIÓN

Pide a un voluntario que elija un objeto del recipiente de almacenamiento y explique lo que representaba en la lección anterior.

MOMENTO DE CONTAR LA HISTORIA

Lee estas instrucciones antes de empezar.

1. Cuenta la historia con tus palabras centrándote en los puntos más importantes. Saca un objeto de la bolsa para ilustrar cada punto. Si te sientes cómodo, incluye más detalles. Si lo necesitas, puedes usar el guion propuesto.
2. Muestra cada uno de los objetos en orden a medida que cuentas la historia. Coloca los objetos donde los niños puedan verlos.
3. Vuelve a meter los objetos en la bolsa cuando acabes de contar la historia.
4. Para repasar la historia, pide a un voluntario que saque un objeto de la bolsa y diga lo que representa. Repite este proceso con todos los objetos hasta que todos los niños puedan recontar la historia por completo.
5. Repasa el «Movimiento para memorizar» descrito a continuación. Realiza este movimiento cada vez que menciones lo que representa.

Puntos más importantes en orden

Di lo siguiente: «Hoy continuaremos explorando el libro de Jueces. Todas las semanas, meto en la bolsa de viaje las herramientas necesarias para nuestro viaje. Hoy comenzaremos con…». Saca los objetos a medida que cuentes la historia.

1. Toma el muñeco bebé y di lo siguiente: «Como los israelitas volvieron a apartarse de Dios, él permitió que los filisteos los oprimieran durante cuarenta años. Un ángel del Señor se le apareció a la esposa de Manoa, la cual no podía tener hijos, y le dijo que concebiría y daría a luz un hijo que libraría a los israelitas del poder opresor de los filisteos».
2. Unas tijeras. Di lo siguiente: «El ángel del Señor dijo que el niño sería consagrado al Señor de una forma especial. La madre no debía cortarle nunca el cabello porque sería nazareo. Él debía seguir esta norma durante toda su vida».
3. Una roca. Di lo siguiente: «Manoa sacrificó un cabrito y cereales sobre una roca como ofrenda al Señor. Mientras veían las llamas sobre el altar, vieron que el ángel del Señor ascendía en la llama. Al ver eso, supieron que aquel mensajero era un ángel del Señor».
4. Movimiento para memorizar: el Espíritu del Señor sobre Sansón. Muestra a los niños cómo fingir que mecen a un bebé en sus brazos mientras soplan como el viento para representar el Espíritu del Señor que se manifestaba en Sansón mientras crecía. También puedes pedirles que piensen en otro movimiento apropiado. Di lo siguiente: «Mientras cuento la historia, hagan este movimiento cuando oigan lo que representa. La mujer dio a luz un hijo al que llamó Sansón. Sansón creció y el Señor lo bendijo. El Espíritu del Señor se manifestaba en él».

Josué Jueces Rut

Di lo siguiente: «Ahora les toca a ustedes contar la historia». Vuelve a meter los objetos en la bolsa. Pide a los niños que se turnen. Elije a un voluntario para que, sin mirar, tome un objeto de la bolsa y explique lo que quiere decir o representa. Los niños también pueden elegir repasar uno de los movimientos para memorizar y explicar lo que representa. Una vez que los niños hayan sacado todos los objetos y los hayan explicado, pide a un voluntario que los vuelva a meter en el orden correcto según la historia.

LECCIÓN BÍBLICA

Consejos para el maestro

Haz hincapié en estas ideas al conducir el estudio bíblico.

• Explica lo cerca que vivían de los filisteos los miembros de la tribu de Dan y por qué eso era importante para la historia. Los filisteos eran más poderosos y tenían prejuicios contra los israelitas. Los dos grupos se mezclaban mucho entre sí en su vida diaria.

• Esta es la primera vez que los israelitas no clamaron al Señor para que los liberara. Se sentían cómodos con el estilo de vida corrupto que tenían. Los israelitas necesitaban un líder que evitara la corrupción de los filisteos y fuera un ejemplo de obediencia fiel.

• Explica a los alumnos lo que era un nazareo y por qué era importante que los padres de Sansón entendieran las normas que los nazareos prometían acatar en sus vidas.

Lee las Escrituras

Di lo siguiente: «Los israelitas seguían sin cumplir las promesas que le habían hecho a Dios, pero él nunca abandonó a su pueblo. Esta vez Dios trajo esperanza a través de un bebé llamado Sansón».

Lee en voz alta Jueces 13:1-35. Puedes elegir usar los objetos y los movimientos para hacer hincapié en los puntos más importantes.

PREGUNTAS DE DISCUSIÓN

Discute la historia y haz a los niños las siguientes preguntas. Recuerda que puede no haber respuestas correctas o incorrectas.

1. ¿En qué se parece el comienzo de esta historia al comienzo de las otras historias que leemos en el libro de Jueces?
2. ¿Qué cosas no le permitían hacer a su hijo los padres de Sansón porque él era un nazareo? ¿Creen que Dios se pasó al pedirles esto?
3. ¿Les ponen normas sus padres? ¿Qué cosas no pueden hacer que otros niños sí pueden hacer?
4. ¿Por qué pensó Manoa que él y su esposa morirían? (13:19-23).
5. ¿Qué convierte esta historia sobre Sansón y sus padres en una historia de esperanza? (13:24).

IDEAS FINALES

Esta es la idea que quieres que los niños recuerden.

Di lo siguiente: «Dios oye el clamor de su pueblo cuando le pide ayuda y responde para proveer para él. Él se preocupa por las personas y quiere darles esperanza y alegría. Por ejemplo, Manoa y su esposa no podían tener hijos. Vivían en una tierra en la que muchos israelitas tenían el mismo estilo de vida que las personas que servían a otros dioses. Los filisteos oprimían terriblemente a Israel. Las cosas parecían no tener solución, pero Dios ofreció ayuda. El nacimiento de Sansón dio esperanza y alegría a sus padres. Más tarde, Sansón se convirtió en un juez para Israel y salvó a los israelitas de los filisteos. ¿De qué forma les da Dios esperanza cuando se sienten desesperados o experimentan situaciones desesperadas?».

PRÁCTICA DEL MEBI O ESGRIMA BÍBLICO

Josué Jueces Rut

LECCIÓN 17
LA ÚLTIMA BATALLA
DE SANSÓN

Jueces 16:1-31

VERSO PARA MEMORIZAR

«Oye, Señor, mi voz cuando a ti clamo; compadécete de mí y respóndeme». Salmos 27:7

VERDADES SOBRE DIOS

Esta lección enseñará las siguientes verdades acerca de Dios. El asterisco (*) indica la verdad principal que debes enseñar a los niños.

- El pecado tiene consecuencias, pero Dios sigue extendiéndonos su gracia. (*)
- Dios no siempre nos protege de las consecuencias de nuestros pecados.
- La gracia de Dios es más grande que nuestros pecados.

OBJETIVO Y RESUMEN DE LA LECCIÓN

En este estudio, los niños aprenderán que Dios sigue siendo fiel para ayudarnos cuando nos volvemos a él, incluso si le fuimos infieles en el pasado.

1. Sansón luchó contra los filisteos durante veinte años, pero desobedecía a Dios a menudo.
2. Sansón se enamoró de una mujer filistea llamada Dalila, quien descubrió la fuente secreta de su fuerza.
3. Cuando el Espíritu de Dios abandonó a Sansón, los filisteos lo capturaron.
4. Dios dio fuerza a Sansón una última vez y lo dejó morir junto con los filisteos. Ese día,

Sansón mató a más filisteos de los que había matado a lo largo de su vida.

CONTEXTO BÍBLICO

Los padres de Sansón lo criaron como un nazareo, consagrado al servicio de Dios. Los nazareos hacían el voto de no cortarse nunca el cabello, no beber nunca alcohol y no tocar nunca un cuerpo que estuviera muerto. Por desgracia, Sansón no valoraba mucho su voto de serle fiel a Dios. Sin embargo, a pesar de las decisiones infieles de Sansón, Dios siguió siendo fiel. Él le dio a Sansón un poder enorme para ayudar a los israelitas cuando más lo necesitaban. Los filisteos siguieron dominando la tierra, pero, durante veinte años, Sansón fue el líder de Israel. Durante esta época, a diferencia de todas las demás en el libro de Jueces, el pueblo de Israel no clamó pidiendo libertad.

La historia de Sansón es trágica. A pesar de los dones de su fuerza física y su liderazgo, los graves errores de Sansón lo condujeron a su perdición. Su mayor error fue cuando Sansón le contó el secreto de su fuerza a Dalila, quien le cortó el cabello haciendo que él quebrantara su voto nazareo. Podemos leer estas terribles palabras: «Pero [Sansón] no sabía que el Señor lo había abandonado» (16:20). Sansón había sido fuerte y había controlado todas las situaciones. Pero ahora su imprudencia lo había destruido.

Cuando Sansón lo perdió todo, se volvió a Dios por última vez. Los filisteos lo capturaron, le arrancaron los ojos y lo humillaron. Se convirtió en un mero entretenimiento para ellos. En la fiesta, Sansón se colocó entre las columnas que sostenían el templo. Mientras estaba allí rodeado por sus enemigos, Sansón oró al Señor: «Oh Soberano Señor, acuérdate de mí. Oh Dios, te ruego que me fortalezcas solo una vez más» (16:28). Dios respondió a su oración, y Sansón destruyó a los filisteos al derrumbar el templo sobre ellos y sobre sí mismo en un último acto de autosacrificio.

Josué Jueces Rut

¿SABÍAS QUE...?

Aunque los filisteos dominaban la tierra, los israelitas reconocían a Sansón como su líder. Sansón era sorprendentemente grande, y su ira era la fuente de muchas historias. En una ocasión en la que quiso vengarse de los filisteos, Sansón cazó trescientas zorras, las ató cola con cola y a cada pareja le amarró una antorcha. Luego les prendió fuego a las antorchas y soltó a las zorras por los sembrados de los filisteos para que incendiaran todos sus cultivos (Jueces 15:3-5).

VOCABULARIO

Palabras de fe

- La **gracia** describe el amor, la misericordia, el perdón y el poder de Dios que se manifiestan en nuestras vidas. Dios nos da libremente su gracia porque nos ama, no porque nos la merezcamos.

Personas

- **Dalila** era una mujer filistea del valle de Sorec de quien Sansón se enamoró. Ella lo convenció para que le revelara el secreto de su tremenda fuerza.

Lugares

- **Gaza** era una ciudad importante situada cerca de la costa del mar Mediterráneo, a unos sesenta y cinco kilómetros de Zora.
- El **valle de Sorec** era un área situada entre Zora y Timnat en la frontera de Judá y Filistea.

Términos

- **Mil cien monedas de plata** era una gran suma de dinero. ¡Equivalía al salario de un año multiplicado por ciento diez años!
- **Dagón** era el dios filisteo de las plantas y los cereales.
- Un **telar** era una gran máquina de madera usada para tejer.
- **Arrancarle los ojos a alguien** era una práctica dura pero típica con los prisioneros.

Los filisteos le sacaron a Sansón los ojos de esta manera para dañarlo y humillarlo.

- **«Poner a alguien a moler»** es una expresión que describe el trabajo que los animales y las mujeres solían hacer cuando molían trigo para obtener harina. Los filisteos obligaron a Sansón a hacer este trabajo para que se sintiera avergonzado y humillado.

HISTORIAS

Todas las semanas necesitarás los siguientes objetos.

1. Una mochila o una pequeña bolsa de viaje.
2. Un recipiente para guardar los objetos empleados en las historias semanales (puede ser una bolsa, un cesto o una caja).

Para la historia de hoy, también necesitarás los siguientes objetos.

1. Un corazón de San Valentín o algún objeto con forma de corazón que represente el amor romántico.
2. Un trozo de hilo o cuerda.
3. Unas tijeras.

Antes de la clase

1. Lee Jueces 16:1-31.
2. Reúne los objetos para la historia de hoy. Si no tienes alguno de ellos, puedes sustituirlo por una imagen.
3. Pasa todos los objetos de la lección anterior de la bolsa de viaje al recipiente de almacenamiento. Coloca este recipiente junto a la zona destinada a contar historias.
4. Mete los objetos para la historia de hoy en la bolsa de viaje y colócala en la zona destinada a contar historias.

Actividad opcional: Sigue al líder

Di a los niños que se pongan en fila recta, uno detrás del otro. Elige a uno de ellos para que sea el líder. Di a los demás que deben observar al líder e imitar todo lo que haga. Luego el líder

Josué Jueces Rut

deberá conducir al grupo a través del aula realizando diferentes gestos con las manos, sonidos o movimientos para que los niños los imiten. Por ejemplo, el líder puede dar pasitos como un bebé, dar pasos grandes o dar saltos. Termina el juego en la zona destinada a contar historias.

REPASO DE LA LECCIÓN

Pide a un voluntario que elija un objeto del recipiente de almacenamiento y explique lo que representaba en la lección anterior.

MOMENTO DE CONTAR LA HISTORIA

Lee estas instrucciones antes de empezar.

1. Cuenta la historia con tus palabras centrándote en los puntos más importantes. Saca un objeto de la bolsa para ilustrar cada punto. Si te sientes cómodo, incluye más detalles. Si lo necesitas, puedes usar el guion propuesto.
2. Muestra cada uno de los objetos en orden a medida que cuentas la historia. Coloca los objetos donde los niños puedan verlos.
3. Vuelve a meter los objetos en la bolsa cuando acabes de contar la historia.
4. Para repasar la historia, pide a un voluntario que saque un objeto de la bolsa y diga lo que representa. Repite este proceso con todos los objetos hasta que todos los niños puedan recontar la historia por completo.
5. Repasa el «Movimiento para memorizar» descrito a continuación. Realiza este movimiento cada vez que menciones lo que representa.

Puntos más importantes en orden

Di lo siguiente: «Hoy terminaremos esta parte de nuestra expedición con la conclusión del segundo de los tres libros de nuestro estudio. He metido en la bolsa de viaje las herramientas que necesitaremos para completar nuestro viaje con el libro de Jueces. Hoy comenzaremos con...».

Saca los objetos a medida que cuentes la historia.

1. Movimiento para memorizar: músculos fuertes. Muestra a los niños cómo cerrar el puño y flexionar los músculos del brazo. Esto representa la sorprendente fuerza de Sansón dada por Dios. Repite este movimiento varias veces. También puedes pedirles que piensen en otro movimiento apropiado. Di lo siguiente: «Mientras cuento la historia, hagan este movimiento cuando oigan lo que representa. Sansón fue el líder de Israel y luchó contra los filisteos durante veinte años. Dios le dio los maravillosos dones de una fuerza tremenda y unas grandes capacidades como líder. Tristemente, Sansón desobedecía a Dios a menudo y, al final, incumplió su voto nazareo».
2. Toma el corazón de San Valentín o el objeto con forma de corazón que represente el amor. Di lo siguiente: «Sansón se enamoró de una mujer filistea llamada Dalila. Los jefes de los filisteos ofrecieron darle dinero si ella descubría cuál era el secreto de la fuerza de Sansón».
3. Un trozo de hilo o cuerda. Di lo siguiente: «Sansón le mintió a Dalila tres veces cuando ella le preguntaba cuál era el secreto de su fuerza. Cada vez que los filisteos venían para capturarlo, Sansón rompía fácilmente las cuerdas u otros materiales que Dalila había usado para atarlo».
4. Unas tijeras. Di lo siguiente: «Al final, Sansón le reveló a Dalila el verdadero secreto de su fuerza. Como nazareo, Sansón había hecho el voto de no cortarse nunca el cabello. Si Dalila le afeitaba la cabeza, él perdería su fuerza. Mientras Sansón dormía, Dalila llamó a un hombre para que le cortara las trenzas de su cabello. Tras esto, el Espíritu de Dios abandonó a Sansón, quien se volvió débil.

Josué Jueces Rut

Los filisteos lo capturaron, le arrancaron los ojos y lo pusieron a moler grano en la prisión. Sin embargo, cuando pasó el tiempo y comenzó a crecerle el cabello, Sansón recuperó su fuerza».

Di lo siguiente: «Ahora les toca a ustedes contar la historia». Vuelve a meter los objetos en la bolsa. Pide a los niños que se turnen. Elige a un voluntario para que, sin mirar, tome un objeto de la bolsa y explique lo que quiere decir o representa. Los niños también pueden elegir repasar uno de los movimientos para memorizar y explicar lo que representa. Una vez que los niños hayan sacado todos los objetos y los hayan explicado, pide a un voluntario que los vuelva a meter en el orden correcto según la historia.

LECCIÓN BÍBLICA

Consejos para el maestro

Haz hincapié en estas ideas al conducir el estudio bíblico.

• Céntrate en el hecho de que Dios extiende su gracia a quienes no la merecen. La gracia de Dios no es solo para las personas buenas.

• Señala que, aunque Dios ofreció su gracia a Sansón, el pecado de Sansón tuvo consecuencias inevitables.

Lee las Escrituras

Di lo siguiente: «Aunque Dios bendijo a Sansón con una fuerza extraordinaria y un puesto como líder, Sansón solía olvidar cuál era la fuente de su fuerza y cuál era su importante tarea. Sansón le había hecho una promesa a Dios, pero olvidó lo importante que era ser fiel y cumplir su promesa. A menudo, no se resistía a la tentación y, como resultado, experimentaba terribles consecuencias. Sin embargo, Dios amaba a Sansón y no lo abandonaba. Cuando Sansón le pedía ayuda, Dios se la ofrecía».

Lee en voz alta Jueces 16:1-31. Puedes elegir usar los objetos y los movimientos para hacer hincapié en los puntos más importantes.

PREGUNTAS DE DISCUSIÓN

Discute la historia y haz a los niños las siguientes preguntas. Recuerda que puede no haber respuestas correctas o incorrectas.

1. ¿Por qué pidieron los jefes filisteos a Dalila que averiguara cuál era el secreto de la fuerza de Sansón? ¿Traicionarían a la persona que aman por una gran suma de dinero? (16:5)

2. ¿Cómo consiguió Dalila que Sansón le revelara la respuesta verdadera? ¿Alguna vez hacen lo que ella hizo para conseguir lo que quieren? (16:15-17)

3. ¿Por qué creen que Sansón no sabía que el Señor lo había abandonado?

4. ¿Por qué los filisteos dejaron sin vista a Sansón?

5. ¿De qué forma es la escena de la muerte de Sansón un ejemplo de la gracia de Dios?

IDEAS FINALES

Esta es la idea que quieres que los niños recuerden.

Di lo siguiente: «Las decisiones de Sansón tenían consecuencias tanto físicas como espirituales. Cuando Dalila le cortó el cabello y el Espíritu de Dios abandonó a Sansón, él ni siquiera lo notó. Esto se debía a que él ya había tomado decisiones que lo habían separado de Dios. Al final del pasaje, Sansón estaba prisionero y había perdido la vista. Sin embargo, Dios le dio una última oportunidad para que participara en la misión a la que Dios lo había llamado. Este es un ejemplo de la gracia que Dios nos da a todos y a cada uno de nosotros. Nadie actúa o piensa siempre de una forma perfecta.

PRÁCTICA DEL MEBI O ESGRIMA BÍBLICO

Josué Jueces Rut

LECCIÓN 18
UNA GRAN DECISIÓN

Rut 1:1-22

VERSO PARA MEMORIZAR

«Pero Rut respondió: —¡No insistas en que te abandone o en que me separe de ti! Porque iré adonde tú vayas, y viviré donde tú vivas. Tu pueblo será mi pueblo, y tu Dios será mi Dios». Rut 1:16

VERDADES SOBRE DIOS

Esta lección enseñará las siguientes verdades acerca de Dios. El asterisco (*) indica la verdad principal que debes enseñar a los niños.

- Nuestra elección de seguir a Dios cambia el rumbo de nuestra vida. (*)
- Dios obra incluso cuando no podemos verlo.
- Dios viene en ayuda de su pueblo.

OBJETIVO Y RESUMEN DE LA LECCIÓN

En este estudio, los niños aprenderán que Dios protege a quienes eligen seguirlo y confiar en él.

1. Elimélec, Noemí y sus hijos se mudaron a Moab. Más tarde, el esposo y los hijos de Noemí murieron.
2. Cuando Noemí decidió regresar a Judá, instó a sus dos nueras a que volvieran a casarse.
3. Orfa volvió a casa, pero Rut decidió acompañar a Noemí y servir a su Dios.
4. Noemí y Rut regresaron a Belén cuando comenzaba la cosecha de cebada.

CONTEXTO BÍBLICO

El libro de Rut es una historia de amor, aunque no es lo que podríamos esperar. Se trata de una historia de amor y devoción de una nuera hacia su suegra. Los acontecimientos ocurrieron hace mucho tiempo, pero las lecciones que aprendemos nos pueden ayudar en la actualidad. No sabemos cuándo sucedieron estos acontecimientos, pero probablemente ocurrieron durante el período de los jueces.

El relato comienza con una hambruna en Belén que obligó a Noemí y a su familia a mudarse a la tierra de Moab. Tras varios años, sus dos hijos se casaron con dos mujeres moabitas. Sin embargo, la tragedia golpeó a Noemí cuando su esposo y sus dos hijos murieron dejando atrás a tres viudas: Noemí y sus dos nueras, Rut y Orfa. En los tiempos bíblicos, una mujer no tenía muchas oportunidades de trabajar por su sustento. Por lo tanto, a menos que se volviera a casar, una viuda sin hijos estaba abocada a la pobreza e incluso a la hambruna.

En ese momento, la situación en Belén era mejor, así que Noemí decidió regresar. Quería que Rut y Orfa volvieran con sus familias en la tierra de Moab. Orfa se mostró de acuerdo, pero Rut se mantuvo al lado de Noemí. Probablemente Noemí fue quien enseñó a Rut la fe en el único Dios verdadero. Rut sabía que era mejor acompañar a Noemí y contar con la ayuda de Dios que enfrentar las dificultades estando solas. Rut no tenía nada, solo su fe en Dios y su amor por Noemí, su suegra que había quedado viuda.

«Iré adonde tú vayas», dijo Rut (1:16). Así que Rut y Noemí regresaron juntas a Belén, adonde llegaron cuando comenzaba la cosecha de cebada. Una de las lecciones que aprendemos de nuestra historia de hoy es que podemos confiar en Dios. Él nos cuida en nuestro viaje de fe.

¿SABÍAS QUE...?

La palabra «Belén» significa «casa del pan», un nombre irónico porque nuestra historia comienza en una época en la que la ciudad experimentaba una gran hambruna. La ciudad de Belén es conocida sobre todo por tres nacimientos:

Josué Jueces Rut

Allí fue donde Raquel murió tras dar a luz a Benjamín, el último de los doce hijos de Jacob.

Obed, el hijo de Rut y Booz, nació en Belén (Rut 4:13). Obed fue el abuelo de David. En Belén fue también donde Samuel ungió a David como futuro rey (1 Samuel 16:1).

Jesús nació en Belén, y es conocido como «el pan de vida» (Juan 6:35).

VOCABULARIO

Palabras de fe

- Un **compromiso** es una promesa o un acuerdo que una persona hace con el fin de realizar algo o de darse por completo a una persona o a una causa.

Personas

- **Elimélec** era un hombre adinerado de la tribu de Judá. Era de Belén y estaba casado con Noemí.
- **Noemí** era la esposa de Elimélec. Su nombre significa «mi gozo». Noemí confiaba en Dios incluso cuando su vida era difícil.
- **Majlón y Quilión** eran los hijos de Noemí. Los dos murieron en la tierra de Moab.
- **Orfa** era la nuera de Noemí, la esposa de Quilión.
- **Rut** era la nuera de Noemí, la esposa de Majlón. Rut fue con Noemí a Belén.

Lugares

- **Judá** es la tierra que la tribu de Judá recibió por herencia. Estaba situada en el sur de Israel, al oeste del mar Muerto.
- La **tierra de Moab** estaba situada al sur de Judá, al este del mar Muerto.
- **Belén** es una ciudad situada en el norte de Judá, a unos ocho kilómetros al sur de Jerusalén.

Términos

- «**Mara**» es una palabra hebrea que significa «amarga».

HISTORIAS

Todas las semanas necesitarás los siguientes objetos.

1. Una mochila o una pequeña bolsa de viaje.
2. Un recipiente para guardar los objetos empleados en las historias semanales (puede ser una bolsa, un cesto o una caja).

Para la historia de hoy, también necesitarás los siguientes objetos.

1. Un cuenco o plato vacío.
2. Un corazón rojo, una tarjeta de San Valentín o algún objeto de color rojo.
3. Un trozo de tela negra o blanca.
4. Un plato con un trozo de comida.

Antes de la clase

1. Lee Rut 1:1-22.
2. Reúne los objetos para la historia de hoy. Si no tienes alguno de ellos, puedes sustituirlo por una imagen.
3. Pasa todos los objetos de la lección anterior de la bolsa de viaje al recipiente de almacenamiento. Coloca este recipiente junto a la zona destinada a contar historias.
4. Mete los objetos para la historia de hoy en la bolsa de viaje y colócala en la zona destinada a contar historias.

Actividad opcional: Sigue al líder

Di a los niños que se pongan en fila recta, uno detrás del otro. Elige a uno de ellos para que sea el líder. Di a los demás que deben observar al líder e imitar todo lo que haga. Luego el líder deberá conducir al grupo a través del aula realizando diferentes gestos con las manos, sonidos o movimientos para que los niños los imiten. Por ejemplo, el líder puede dar pasitos como un bebé, dar pasos grandes o dar saltos. Termina el juego en la zona destinada a contar historias.

Josué Jueces Rut

REPASO DE LA LECCIÓN

Pide a un voluntario que elija un objeto del recipiente de almacenamiento y explique lo que representaba en la lección anterior.

MOMENTO DE CONTAR LA HISTORIA

Lee estas instrucciones antes de empezar.

1. Cuenta la historia con tus palabras centrándote en los puntos más importantes. Saca un objeto de la bolsa para ilustrar cada punto. Si te sientes cómodo, incluye más detalles. Si lo necesitas, puedes usar el guion propuesto.

2. Muestra cada uno de los objetos en orden a medida que cuentas la historia. Coloca los objetos donde los niños puedan verlos.

3. Vuelve a meter los objetos en la bolsa cuando acabes de contar la historia.

4. Para repasar la historia, pide a un voluntario que saque un objeto de la bolsa y diga lo que representa. Repite este proceso con todos los objetos hasta que todos los niños puedan recontar la historia por completo.

5. Repasa el «Movimiento para memorizar» descrito a continuación. Realiza este movimiento cada vez que menciones lo que representa.

Puntos más importantes en orden

Di lo siguiente: «Hoy comenzaremos a explorar el libro de Rut. He metido en la bolsa de viaje las herramientas necesarias para nuestro viaje. Hoy comenzaremos con...». Saca los objetos a medida que cuentes la historia.

1. Toma el cuenco o plato vacío y di lo siguiente: «Noemí estaba casada con Elimélec, con quien tuvo dos hijos. Su familia se mudó de Belén a la tierra de Moab debido a una hambruna. Elimélec murió mientras estaban en Moab».

2. Un corazón rojo. Di lo siguiente: «Tras la muerte de su padre, los hijos de Noemí se casaron con dos mujeres llamadas Rut y Orfa».

3. Un trozo de tela negra o blanca. Di lo siguiente: «Pasados unos diez años, los hijos de Noemí también murieron. Ahora, Noemí, Orfa y Rut eran tres viudas sin hijos. En esa cultura, sin un esposo que les diera sustento, las viudas dependían de que la gente las ayudara a sobrevivir. Las tres viudas de nuestra historia se encontraban en una situación muy difícil porque podían morir de hambre».

4. Un cuenco o plato con comida. «Noemí oyó que Dios estaba proveyendo comida para su pueblo en Belén, así que decidió regresar».

5. Movimiento para memorizar: hora de viajar. Muestra a los niños cómo decir adiós con la mano y fingir que se camina para representar el viaje de Belén a la tierra de Moab. También puedes pedirles que piensen en otro movimiento apropiado. Di lo siguiente: «Mientras cuento la historia, hagan este movimiento cuando oigan lo que representa. Las nueras de Noemí iniciaron el viaje con ella. Aunque querían permanecer a su lado, Noemí les pidió a Rut y a Orfa que regresaran a sus hogares y volvieran a casarse. Orfa se fue, pero Rut decidió acompañar a Noemí».

Di lo siguiente: «Ahora les toca a ustedes contar la historia». Vuelve a meter los objetos en la bolsa. Pide a los niños que se turnen. Elige a un voluntario para que, sin mirar, tome un objeto de la bolsa y explique lo que quiere decir o representa. Los niños también pueden elegir repasar uno de los movimientos para memorizar y explicar lo que representa. Una vez que los niños hayan sacado todos los objetos y los hayan explicado, pide a un voluntario que los vuelva a meter en el orden correcto según la historia.

Josué Jueces Rut

LECCIÓN BÍBLICA

Consejos para el maestro

Haz hincapié en estas ideas al conducir el estudio bíblico.

• Enseña a los niños la difícil situación en la que se encontraban las mujeres en la antigüedad. Tener un esposo era casi la única forma como una mujer adulta podía sobrevivir. Eran muy pocas las mujeres que trabajaban por un salario.

• Explica las diferencias entre la tierra de Moab y Judá (culturas y dioses diferentes, rivalidad entre ambos pueblos). Los moabitas habían oprimido a los israelitas durante la época de los jueces. Para que Elimélec decidiera mudarse con su familia a la tierra de Moab, la hambruna debió haber sido extremadamente dura.

• Explica la situación sumamente desesperada en la que se encontraba Noemí. (Estaba en un país extranjero sin esposo ni hijos que cuidaran de ella).

Lee las Escrituras

Di lo siguiente: «Esta historia sucedió en la época de los jueces cuando "cada uno hacía lo que le parecía mejor" (Jueces 21:25). Sin embargo, en este período rebelde, había personas como Noemí y su familia que seguían a Dios».

Lee en voz alta Rut 1:1-22. Puedes elegir usar los objetos y los movimientos para hacer hincapié en los puntos más importantes.

PREGUNTAS DE DISCUSIÓN

Discute la historia y haz a los niños las siguientes preguntas. Recuerda que puede no haber respuestas correctas o incorrectas.

1. ¿Qué dificultades experimentó Noemí? ¿Cómo lidiarían con esas dificultades?

2. ¿Por qué instó Noemí a Rut y a Orfa a que permanecieran en la tierra de Moab? ¿De qué forma habría sido más fácil para Rut dejar que Noemí regresara sola a Judá?

3. ¿Por qué creen que Rut sintió con tanta fuerza que debía permanecer con Noemí? ¿Cómo describirían a Rut?

4. Rut eligió ir a una tierra donde era extranjera. ¿Alguna vez se han sentido como extranjeros? ¿Qué sucedió?

5. ¿Qué época estaba comenzando en Belén cuando llegaron Noemí y Rut? ¿Cómo afectó esto a las dos mujeres?

IDEAS FINALES

Esta es la idea que quieres que los niños recuerden.

Di lo siguiente: «La elección que tomó Rut de acompañar a Noemí no fue fácil, pero fue una elección que honraba a Dios. Cuando decidió ir con Noemí, Rut abandonó su hogar, a su familia, a sus amigos, su cultura y su religión. Cabía la posibilidad de que las personas de Belén no la respetaran y la trataran mal porque era moabita. Pero, aun así, Rut dijo a Noemí: "Tu pueblo será mi pueblo, y tu Dios será mi Dios" (Rut 1:16b).

Rut tomó la elección intencional de seguir a Dios y permanecer fiel a Noemí. El resultado fue que pudo encontrar una vida totalmente nueva. Dios ofrece a todo el mundo la posibilidad de tomar la misma elección de seguirlo o rechazarlo. Dios quiere que elijamos confiar en él y seguirlo. Él envió a Jesús para que fuera nuestro Salvador, y él nos permite tomar esta elección si de verdad queremos hacerlo. ¿Aceptarán a Jesús como su Salvador? En caso afirmativo, sus vidas cambiarán para siempre».

PRÁCTICA DEL MEBI O ESGRIMA BÍBLICO

Josué Jueces Rut

LECCIÓN 19
¡BOOZ AL RESCATE!

Rut 2:1-23

VERSO PARA MEMORIZAR

«Ayuden a los hermanos necesitados. Practiquen la hospitalidad». Romanos 12:13

VERDADES SOBRE DIOS

Esta lección enseñará las siguientes verdades acerca de Dios. El asterisco (*) indica la verdad principal que debes enseñar a los niños.

- Dios cuida a los necesitados a través de la obediencia de su pueblo. (*)
- Dios conoce nuestras necesidades.
- Dios suele obrar a través de las personas para satisfacer nuestras necesidades.

OBJETIVO Y RESUMEN DE LA LECCIÓN

En este estudio, los niños aprenderán que Dios satisface nuestras necesidades. Algunas veces, él satisface nuestras necesidades a través de personas fieles.

1. Rut fue al campo a recoger espigas para ella y para Noemí.
2. Booz, un pariente del esposo de Noemí, se fijó en Rut y habló con ella.
3. Booz trató a Rut con un cuidado especial, le dio comida y se aseguró de que ella recogiera muchas espigas.
4. Noemí animó a Rut a regresar al campo de Booz porque allí estaría segura.

CONTEXTO BÍBLICO

La ley de Moisés incluía leyes estrictas sobre el trato que se daba a los pobres. Esas leyes reconocían que las viudas y los huérfanos dependían de la bondad de los demás. Cuando Rut y Noemí llegaron a Belén, por ejemplo, Rut fue a recoger espigas al campo de Booz. Esto significa que Rut recogía las espigas que los segadores iban dejando atrás. La ley exigía que los amos de los campos permitieran esta práctica para dejar alimento a los pobres (véase Levítico 19:9-10).

Dios recompensó a Rut por su fidelidad a Noemí. Los habitantes de Belén se percataron de Noemí y de Rut, la moabita, cuando ellas llegaron a la ciudad. Así que Booz, pariente del esposo de Noemí, ya conocía a Rut cuando la vio en el campo. A menudo, los rumores y chismes son desagradables y negativos. Sin embargo, en este caso, todo el mundo hablaba de lo buena que era Rut. Por lo general, alguien como Booz se mostraría especialmente desconfiado de Rut porque era extranjera y moabita. Pero lo que se contaba de Rut era diferente. Tenía una buena reputación debido a lo bien que cuidaba de Noemí, una israelita. Debido a la fidelidad de Rut, Booz se mostró amable con ella.

La gente nota cuando alguien es generoso y fiel durante un largo período de tiempo. Una buena reputación no garantiza el éxito, pero suele abrir la puerta a oportunidades para que sucedan más cosas buenas. Rut obtuvo el permiso de Booz para recoger espigas en su campo. Debido a su buena reputación, Booz también dejó que recogiera espigas junto a sus trabajadores habituales. Cuando llegó a casa con la noticia, Noemí exclamó: «¡Que el SEÑOR lo bendiga!» (2:20). El Señor cuidó a Rut y a Noemí a través de personas obedientes como Booz.

¿SABÍAS QUE...?

El proceso de cosechar un campo duraba mucho tiempo. Primero, los trabajadores debían cortar las espigas. Luego ataban las espigas en gavillas para llevarlas a la era, donde se separaba el grano de la cáscara. Y finalmente separaban el grano de todas las impurezas.

Josué Jueces Rut

El proceso de cosecha requería siete pasos que iban desde la siembra de la espiga hasta la recogida en un saco de grano.

VOCABULARIO

Palabras de fe

- **Compasión** significa sentir una preocupación por los demás que nos motiva a ayudarlos.

Personas

- Probablemente **Booz** era un hombre mayor perteneciente al mismo clan que Elimélec. Tenía dinero suficiente como para tener campos y trabajadores.
- Una persona **extranjera** es alguien de un país diferente. En el Antiguo Testamento, los extranjeros eran quienes no formaban parte del pueblo de Israel.
- El **capataz** era la persona a cargo de un grupo de trabajadores.
- Un **familiar que podía redimir** era una persona adinerada con capacidad para redimir o comprar la libertad de algún pariente que la había perdido. Booz era el familiar que podía redimir a Noemí.

Términos

- Las **gavillas** eran grandes haces de espigas aún sin trillar.
- «**Recoger espigas**» significa recoger los granos u otros cultivos que iban quedando atrás. La ley de Moisés requería que los amos de los campos dejaran atrás una parte del grano para los pobres.
- Un **refugio** era un lugar de amparo o protección ante un peligro.

HISTORIAS

Todas las semanas necesitarás los siguientes objetos.

1. Una mochila o una pequeña bolsa de viaje.
2. Un recipiente para guardar los objetos empleados en las historias semanales (puede ser una bolsa, un cesto o una caja).

Para la historia de hoy, también necesitarás los siguientes objetos.

1. Una bolsa o un paquete pequeño de grano.
2. Algunas monedas.
3. Un trozo de pan o alimento.
4. Una bolsa o un paquete de grano más grande.

Antes de la clase

1. Lee Rut 2:1–23.
2. Reúne los objetos para la historia de hoy. Si no tienes alguno de ellos, puedes sustituirlo por una imagen.
3. Pasa todos los objetos de la lección anterior de la bolsa de viaje al recipiente de almacenamiento. Coloca este recipiente junto a la zona destinada a contar historias.
4. Mete los objetos para la historia de hoy en la bolsa de viaje y colócala en la zona destinada a contar historias.

Actividad opcional: Sigue al líder

Di a los niños que se pongan en fila recta, uno detrás del otro. Elige a uno de ellos para que sea el líder. Di a los demás que deben observar al líder e imitar todo lo que haga. Luego el líder deberá conducir al grupo a través del aula realizando diferentes gestos con las manos, sonidos o movimientos para que los niños los imiten. Por ejemplo, el líder puede dar pasitos como un bebé, dar pasos grandes o dar saltos. Termina el juego en la zona destinada a contar historias.

REPASO DE LA LECCIÓN

Pide a un voluntario que elija un objeto del recipiente de almacenamiento y explique lo que representaba en la lección anterior.

Josué Jueces Rut

MOMENTO DE CONTAR LA HISTORIA

Lee estas instrucciones antes de empezar.

1. Cuenta la historia con tus palabras centrándote en los puntos más importantes. Saca un objeto de la bolsa para ilustrar cada punto. Si te sientes cómodo, incluye más detalles. Si lo necesitas, puedes usar el guion propuesto.

2. Muestra cada uno de los objetos en orden a medida que cuentas la historia. Coloca los objetos donde los niños puedan verlos.

3. Vuelve a meter los objetos en la bolsa cuando acabes de contar la historia.

4. Para repasar la historia, pide a un voluntario que saque un objeto de la bolsa y diga lo que representa. Repite este proceso con todos los objetos hasta que todos los niños puedan recontar la historia por completo.

5. Repasa el «Movimiento para memorizar» descrito a continuación. Realiza este movimiento cada vez que menciones lo que representa.

Puntos más importantes en orden

Di lo siguiente: «Hoy continuaremos explorando el libro de Rut. Todas las semanas, meto en la bolsa de viaje las herramientas necesarias para nuestro viaje. Hoy comenzaremos con…». Saca los objetos a medida que cuentes la historia.

1. Toma la bolsa o el paquete pequeño de grano. Di lo siguiente: «Una viuda no tenía muchas opciones para ganar dinero o conseguir alimento para comer. Por lo tanto, Rut fue al campo a recoger espigas para ella y para Noemí. Rut se puso detrás de los segadores e iba recogiendo las espigas. La ley de Israel exigía que los labradores dejaran caer algunos granos para los más necesitados. Esta era la forma en la que Dios proveía para sus necesidades».

2. Toma las monedas y di lo siguiente: «Booz era un hombre adinerado y pariente de Noemí por parte de su esposo, Elimélec. Booz salió al campo donde Rut estaba recogiendo espigas y saludó a sus trabajadores con una bendición. Esto mostraba que era un hombre amable y piadoso. Booz preguntó a sus trabajadores acerca de Rut y habló con ella».

3. Un trozo de pan o alimento. Di lo siguiente: «Booz descubrió que Rut era amable con Noemí y que había dejado su hogar en la tierra de Moab para ayudar a Noemí. Él trató a Rut con un cuidado especial y la dejó comer junto a sus trabajadores. Rut comió todo lo que quiso y aún sobró comida para llevársela a Noemí. Booz dejó que Rut recogiera tantas espigas como quisiera».

4. Una bola o paquete de grano más grande. Di lo siguiente: «Esa noche, Rut regresó a la casa donde la esperaba Noemí con las espigas que había recogido. Rut también dio a Noemí el alimento que no se había comido. El acto de bondad que Booz tuvo con Rut era más de lo que la ley exigía».

5. Movimiento para memorizar: escudo y protección. Muestra a los niños cómo cerrar los puños y cruzar los brazos por encima del pecho para formar un escucho en forma de «X» (no en forma de cruz «†»). También puedes pedir a los niños que piensen en otro movimiento apropiado. Di lo siguiente: «Cuando Noemí se enteró de que Rut había estado trabajando en el campo de Booz, se sintió muy emocionada porque él era uno de sus parientes que la podían redimir. Noemí le dijo a Rut que siguiera trabajando allí porque Booz cuidaría de ella y la mantendría a salvo».

Di lo siguiente: «Ahora les toca a ustedes contar la historia». Vuelve a meter los objetos en la bolsa. Pide a los niños que se turnen. Elige a un voluntario para que, sin mirar, tome un objeto de la bolsa y explique lo que quiere decir o representa.

Josué Jueces Rut

Los niños también pueden elegir repasar uno de los movimientos para memorizar y explicar lo que representa. Una vez que los niños hayan sacado todos los objetos y los hayan explicado, pide a un voluntario que los vuelva a meter en el orden correcto según la historia.

LECCIÓN BÍBLICA

Consejos para el maestro

Haz hincapié en estas ideas al conducir el estudio bíblico.

• Discutan sobre la función del familiar que podía redimir (o cualquier otro nombre usado en la versión bíblica que utilicen). La ley de Moisés permitía que el pariente con capacidad para redimir cuidara a sus familiares que eran pobres, que habían perdido sus propiedades, sus ingresos o su libertad cuando una mujer se quedaba viuda. Dios ofrecía esta forma para que las familias permanecieran unidas. El pariente con capacidad para redimir era el pariente varón más cercano al hombre fallecido y podía casarse voluntariamente con la viuda. La ley permitía esto porque, en la cultura israelita, las viudas no recibían nada de lo que tenía su difunto esposo. En cambio, el hijo del pariente varón más cercano recibía la herencia, salvo si el pariente con capacidad para redimir aceptaba casarse voluntariamente con la viuda. Entonces la herencia seguía siendo de la viuda, de su familia y de su nuevo esposo. De esta forma, las familias mantenían sus propiedades y ayudaban a los necesitados. Un pariente con capacidad para redimir compartía por abundancia y por compasión.

Lee las Escrituras

Di lo siguiente: «Rut era una viuda que vivía con otra viuda, Noemí. Ninguna de ellas podía cuidar de sí misma. Además de esto, Rut era extranjera. Sin embargo, Rut no sintió pena por sí misma ni esperó que simplemente le sucediera algo bueno. Rut decidió hacer lo que podía. No tuvo miedo de hacer algo que nunca había hecho o de trabajar duro. Se fue a trabajar al campo y Dios la ayudó de una forma que nunca había imaginado».

Lee en voz alta Rut 2:1-23. Puedes elegir usar los objetos y los movimientos para hacer hincapié en los puntos más importantes.

PREGUNTAS DE DISCUSIÓN

Discute la historia y haz a los niños las siguientes preguntas. Recuerda que puede no haber respuestas correctas o incorrectas.

1. Lee Deuteronomio 24:19. ¿Por qué hizo Dios esta ley? ¿A quién ayudaba esta ley?
2. ¿Por qué se quedó Booz impresionado con Rut? ¿Cómo mostró Booz bondad a Rut?
3. Busca todas las ocasiones en el capítulo 2 en las que se hace referencia a Rut como extranjera. ¿Cómo creen que se sentía ella por ser extranjera?
4. ¿Por qué animó Noemí a Rut a que regresara al campo de Booz?
5. Rut 2:1 dice que Booz era «un hombre rico e influyente». Después de leer el capítulo 2, ¿qué creen que significan estas palabras?

IDEAS FINALES

Esta es la idea que quieres que los niños recuerden.

Di lo siguiente: «La primera vez que leímos sobre Rut, ella era una viuda sin dinero. Su futuro no parecía muy bueno. ¿Qué fue lo que cambió? Sí, Rut cuidaba de Noemí y quería ayudarla. Pero también tomó la elección de seguir al Señor, el único Dios verdadero, el Dios de los israelitas. Esa decisión cambió su vida. Rut se convirtió en amiga de Dios. Cuando se rodeó del pueblo de Dios, sus necesidades fueron cubiertas.

Dios suele obrar de esta misma forma en la actualidad.

PRÁCTICA DEL MEBI O ESGRIMA BÍBLICO

Josué Jueces Rut

LECCIÓN 20
¡FELICES PARA SIEMPRE!

Rut 3:1-12; 4:1-17

VERSO PARA MEMORIZAR

«Porque el Señor es bueno y su gran amor es eterno; su fidelidad permanece para siempre». Salmos 100:5

VERDADES SOBRE DIOS

Esta lección enseñará las siguientes verdades acerca de Dios. El asterisco (*) indica la verdad principal que debes enseñar a los niños.

- Lo que Dios hace en un momento determinado es más grande de lo que nosotros podemos ver en ese momento. (*)

- Dios es soberano y logra sus propósitos.

- Dios nos bendice de una forma más especial de lo que podemos imaginar.

OBJETIVO Y RESUMEN DE LA LECCIÓN

En este estudio, los niños aprenderán que Dios obra fielmente en nuestras vidas para lograr su plan de una manera que nosotros no podemos ver ni imaginar.

1. Noemí decidió asegurar el futuro de Rut y le dijo que le pidiera a Booz que la protegiera.

2. Booz redimió el terreno de Noemí y se casó con Rut.

3. Noemí volvió a tener una familia.

4. El Señor bendijo a Rut y Booz con un hijo cuyo descendiente, David, fue un antepasado de Jesús.

CONTEXTO BÍBLICO

Noemí sintió que tenía la responsabilidad de buscar un esposo para Rut. Quería encontrar a un hombre de entre los parientes de su esposo fallecido, Elimélec. Booz era el hombre más probable porque Rut ya había estado recogiendo espigas en su campo. Noemí planeó una ocasión para que Booz se fijara en Rut. En esta ocasión, Rut también pudo pedir a Booz que la protegiera.

Booz sentía un gran afecto hacia Rut y aceptó la responsabilidad de casarse con ella. Sin embargo, conocía a otro pariente de Noemí con el que debía hablar primero porque era un pariente más cercano que él. Por lo tanto, él era el «pariente redentor» que debía tener la primera oportunidad de casarse con Rut y redimir el terreno de Noemí. Cuando este pariente se negó a hacerlo, Booz hizo los arreglos para casarse con Rut en presencia de los ancianos de la ciudad. Booz era sabio y siguió la ley israelita para garantizar que su matrimonio con Rut fuera legal. Esto protegió el terreno de Noemí y Elimélec, que siguió siendo de la familia.

Probablemente nos parezca extraño que Booz creyera que debía preguntar primero al otro pariente antes de casarse con Rut. Sin embargo, en los tiempos de Rut el matrimonio rara vez estaba relacionado con el amor. Era más bien como un arreglo comercial entre familiares que debía realizarse conforme a los requerimientos de la ley.

Rut, una moabita, no una israelita, se convirtió en la bisabuela del rey David, lo que significa que ella también era antepasada de Jesús. Esta dramática historia de tragedia, de esperanza para el futuro y de fe en Dios es una fantástica fuente de enriquecimiento espiritual.

Josué Jueces Rut

¿SABÍAS QUE...?

La ley levítica (Deuteronomio 25:5-6) dice que, si un hombre moría antes de que su esposa concibiera hijos, el mayor de sus hermanos debía casarse con la viuda. El primer hijo que ella tuviera se convertía legalmente en el «heredero» del hombre fallecido. Si su hermano mayor quería evitar esta obligación, podía dejar que la viuda le quitara uno de sus zapatos. Así quedaba libre para casarse con otro hombre.

VOCABULARIO

Palabras de fe

- «Redimir» significa rescatar a alguien de una situación difícil o de la esclavitud y liberar a esa persona.

Personas

- **Obed** era el hijo de Rut que más tarde fue el padre de Isaí.
- **Isaí** era el hijo de Obed, quien se convirtió en el padre del rey David.
- **David** fue uno de los reyes más famosos de Israel. Las personas lo reconocían por su talento musical, su amor a Dios y porque fue un antepasado de Jesús.

Lugares

- La **puerta de una ciudad** se parecía a un tribunal moderno. Era el lugar donde se realizaban las transacciones legales en presencia de los ancianos de la ciudad, que actuaban como testigos.

Términos

- La **era** es el lugar donde los segadores separaban el grano de las espigas. Algunas veces, la era consistía en una roca o en una gran superficie plana.
- «**Extienda sobre mí el borde de su manto**» es una expresión utilizada como petición de matrimonio. El borde del manto simboliza la protección de Booz sobre Rut.

- El hecho de «**quitarse la sandalia**» simbolizaba la finalización de una transacción legal. En la actualidad, firmamos un contrato.

HISTORIAS

Todas las semanas necesitarás los siguientes objetos.

1. Una mochila o una pequeña bolsa de viaje.
2. Un recipiente para guardar los objetos empleados en las historias semanales (puede ser una bolsa, un cesto o una caja).

Para la historia de hoy, también necesitarás los siguientes objetos.

1. Una manta.
2. Un mapa.
3. Una sandalia.
4. Un muñeco bebé.

Antes de la clase

1. Lee Rut 3:1-12 y 4:1-17.
2. Reúne los objetos para la historia de hoy. Si no tienes alguno de ellos, puedes sustituirlo por una imagen.
3. Pasa todos los objetos de la lección anterior de la bolsa de viaje al recipiente de almacenamiento. Coloca este recipiente junto a la zona destinada a contar historias.
4. Mete los objetos para la historia de hoy en la bolsa de viaje y colócala en la zona destinada a contar historias.

Actividad opcional: Sigue al líder

Di a los niños que se pongan en fila recta, uno detrás del otro. Elige a uno de ellos para que sea el líder. Di a los demás que deben observar al líder e imitar todo lo que haga. Luego el líder deberá conducir al grupo a través del aula realizando diferentes gestos con las manos, sonidos o movimientos para que los niños los imiten. Por ejemplo, el líder puede dar pasitos como un bebé, dar pasos grandes o dar saltos. Termina el juego en la zona destinada a contar historias.

Josué Jueces Rut

REPASO DE LA LECCIÓN

Pide a un voluntario que elija un objeto del recipiente de almacenamiento y explique lo que representaba en la lección anterior.

MOMENTO DE CONTAR LA HISTORIA

Lee estas instrucciones antes de empezar.

1. Cuenta la historia con tus palabras centrándote en los puntos más importantes. Saca un objeto de la bolsa para ilustrar cada punto. Si te sientes cómodo, incluye más detalles. Si lo necesitas, puedes usar el guion propuesto.

2. Muestra cada uno de los objetos en orden a medida que cuentas la historia. Coloca los objetos donde los niños puedan verlos.

3. Vuelve a meter los objetos en la bolsa cuando acabes de contar la historia.

4. Para repasar la historia, pide a un voluntario que saque un objeto de la bolsa y diga lo que representa. Repite este proceso con todos los objetos hasta que todos los niños puedan recontar la historia por completo.

5. Repasa el «Movimiento para memorizar» descrito a continuación. Realiza este movimiento cada vez que menciones lo que representa.

Puntos más importantes en orden

Di lo siguiente: «Hoy terminaremos nuestra expedición con la conclusión del libro de Rut, el último de los tres libros de nuestro estudio. He metido en la bolsa de viaje las herramientas que necesitaremos para completar nuestro viaje. Hoy comenzaremos con…». Saca los objetos a medida que cuentes la historia.

1. Toma la manta y di lo siguiente: «Noemí quería que Rut se casara con Booz. Si esto sucedía, Rut no tendría que preocuparse por su futuro porque Booz cuidaría de ella. Noemí le dijo a Rut que se encontrara con Booz en la era por la noche. Noemí sabía que Booz dormiría allí para proteger sus cultivos de los ladrones. Rut fue a encontrarse con Booz tal como Noemí le había indicado. Cuando Booz estaba dormido, Rut le destapó los pies, se acostó allí y esperó a que Booz le dijera lo que tenía que hacer. Booz le prometió que la ayudaría».

2. Un mapa. Di lo siguiente: «Booz sabía que había un pariente más cercano de Elimélec que también era un pariente redentor. Booz fue a verlo y le ofreció la oportunidad de comprar el terreno de Noemí. Si ese pariente aceptaba redimir la tierra de Noemí, entonces también debía casarse con Rut».

3. La sandalia. Di lo siguiente: «El hombre eligió no comprar el terreno de Noemí porque no quería casarse con Rut. En cambio, le dijo a Booz que lo comprara. Para demostrar que lo que decía era en serio, se quitó la sandalia y se la entregó a Booz. Entonces Booz compró el terreno y se casó con Rut. Esto fue una demostración de su bondad y su compasión».

4. Movimiento para memorizar: abrazo de bondad. Muestra cómo abrazarte a ti mismo entrelazando los brazos por encima del pecho. También puedes pedirles que piensen en otro movimiento apropiado. Di lo siguiente: «Mientras cuento la historia, hagan este movimiento cuando oigan lo que representa. Cuando Booz se casó con Rut, Noemí consiguió tener finalmente una familia que la cuidara otra vez».

5. El muñeco bebé. Di lo siguiente: «Dios bendijo a Rut y a Booz dándoles un hijo llamado Obed. El nieto de Obed, David, se convirtió en el rey David, el antepasado de Jesús. Debido a la bondad que Booz mostró a Rut y a Noemí, él y su familia formaron parte del plan mayor de Dios de traer al mundo a nuestro Salvador Jesús».

Josué Jueces Rut

Di lo siguiente: «Ahora les toca a ustedes contar la historia». Vuelve a meter los objetos en la bolsa. Pide a los niños que se turnen. Elije a un voluntario para que, sin mirar, tome un objeto de la bolsa y explique lo que quiere decir o representa. Los niños también pueden elegir repasar uno de los movimientos para memorizar y explicar lo que representa. Una vez que los niños hayan sacado todos los objetos y los hayan explicado, pide a un voluntario que los vuelva a meter en el orden correcto según la historia.

LECCIÓN BÍBLICA
Consejos para el maestro

Haz hincapié en estas ideas al conducir el estudio bíblico.

• El consejo de Noemí parece extraño, pero le dijo a Rut que siguiera las costumbres y las leyes de Israel. Los siervos solían dormir a los pies de sus amos y compartir un trozo de su manta. Esto mostró que Rut quería que Booz fuera su pariente redentor. Booz podía o bien buscar a alguien que se casara con Rut, o bien casarse con ella él mismo. Era como un arreglo comercial entre familiares y no algo necesariamente romántico.

• Lee Mateo 1:1-6 y explica a los niños qué conexión hay entre la historia de Rut y el nacimiento de Jesús.

Lee las Escrituras

Di lo siguiente: «Como Rut y Noemí eran viudas, el futuro les depararía una vida difícil. Pero, cuando Noemí supo que el amable Booz era el amo del campo donde Rut recogía espigas, sus esperanzas se renovaron».

Lee en voz alta Rut 3:1-12; 4:1-17. Puedes elegir usar los objetos y los movimientos para hacer hincapié en los puntos más importantes.

PREGUNTAS DE DISCUSIÓN

Discute la historia y haz a los niños las siguientes preguntas. Recuerda que puede no haber respuestas correctas o incorrectas.

1. Rut le dijo a Noemí: «Haré todo lo que me has dicho» (3:5). ¿Qué dice la respuesta de Rut acerca de su relación con Noemí?

2. ¿Por qué decidió el pariente redentor más cercano de Noemí no comprar su terreno ni casarse con Rut? ¿Por qué compró Booz el terreno y se casó con Rut?

3. Cuando nació el hijo de Rut y Booz, ¿por qué creen que las vecinas dijeron «Noemí ha tenido un hijo» (4:17)?

4. ¿De qué manera fue importante para el futuro de Israel el nacimiento de Obed?

5. ¿En qué sentido tiene esta historia un final feliz?

IDEAS FINALES

Esta es la idea que quieres que los niños recuerden.

Di lo siguiente: «La perspectiva de Dios es mucho más grande que la nuestra.

¿Cuál es la razón de todo lo que sucede? Solo Dios lo sabe. Rut no sabía cuál era todo el plan que Dios tenía para su vida. Sin embargo, ella eligió seguirlo. Rut no podía imaginar que, debido a sus elecciones desinteresadas, Dios la usaría de una forma extraordinaria. Rut formó parte del linaje familiar del rey David y, más adelante, de Jesús, nuestro Salvador. ¡Su elección contribuyó a la mayor bendición de Dios para todo el mundo! Nosotros debemos seguir el ejemplo de Rut. Vivir para Dios bendice nuestra vida, ¡pero también nos permite participar en su plan divino de una forma inimaginable!».

PRÁCTICA DEL MEBI O ESGRIMA BÍBLICO

Josué Jueces Rut

MINISTERIO DE ESGRIMA
BÍBLICO INFANTIL

Josué Jueces Rut

¿Qué es MEBI?

La Iglesia del Nazareno siempre ha cedido un espacio especial a la infancia, Jesucristo mismo lo hizo cuando dijo enérgicamente a sus discípulos que no apartaran a los niños porque de ellos es el reino de los cielos; creyendo firmemente que "Instruir al niño en su camino"-Proverbios 22:6, es un mandato apremiante que el Señor nos da, especialmente en nuestras sociedades tan convulsionadas, en las que fácilmente nuestros niños/as están muriendo física y espiritualmente, surge el Ministerio de Esgrima Bíblico Infantil, conocido por sus siglas como MEBI, derivado de la necesidad de profundizar y dinamizar el estudio bíblico para niños/as, por lo que se considera como una herramienta poderosa y efectiva para el evangelismo y discipulado infantil en las iglesias locales.

Partiendo del principio lúdico (aprender jugando) el MEBI consiste en una serie de juegos divididos en las categorías de memorización, reflexión, arte manual, actuación y música; cada uno de los juegos está relacionado o ha sido adaptado al tema de estudio, las iglesias locales forman un equipo con 10 integrantes de entre 7 y 11 años (pueden ser menores de 7 años, pero se recomienda que sean niños/as que ya sepan leer y escribir) este equipo será preparado por un coach a lo largo del año; el encargado del Ministerio entre Niños de un distrito planifica un encuentro en el que cada equipo demuestre lo que ha aprendido de la Biblia a través de los juegos que se plantean, el equipo que demuestre mayor preparación acumulando puntos, representará a su distrito en un encuentro nacional, sin embargo, debe tenerse en claro que el objetivo es aprender la Palabra de Dios, no competir.

Confiamos que esta enseñanza atractiva y vivencial permitirá a los niños/as atesorar la Palabra de Dios en sus corazones y que "no se apartarán del camino correcto" aun cuando dejen la infancia atrás.

Misión:

Preparar a los niños/as como discípulos de Jesús estudiando y atesorando la Palabra en sus corazones y brindar un ministerio que cree las condiciones necesarias para el desarrollo espiritual de cada participante.

Visión:

Ser un medio eficaz de evangelismo y una herramienta dinámica de discipulado que forme y transforme niños/as integrales que amen a Jesús.

Valores:

Nos mueven los valores cristianos como el amor, la comunión, el compromiso y la inclusión, este ministerio además promueve entre los niños/as el trabajo en equipo, colaboración, respeto, entre muchos otros.

Josué Jueces Rut

¿Qué recursos necesito?

- ✓ Biblia Nueva Versión Internacional
- ✓ Manual de MEBI
- ✓ Puede visitar la página www.regionmesoamerica.org para este y otros recursos.
- ✓ Material didáctico (hojas, pegamento, tijeras, lápices, crayones, papel de colores, etc.)

¿Cómo formo un equipo en mi iglesia local?

Presidente local de MIEDD, debe adquirir el material que está disponible para MEBI, seleccionar a un hermano/a que sea servicial, dinámico y que ame la labor con niños para que trabaje como coach del equipo.

Coach, su función es preparar al equipo, motivándoles a estudiar la Palabra, dando o coordinando las lecciones bíblicas, actividades de aprendizaje de los juegos, debe acompañar al equipo a todas las demostraciones que organice el distrito, etc.

Equipo, estará formado por un mínimo de 6 niños/as y un máximo de 10 niños/as en edades de 7 a 11 años (pueden ser menores, aunque lo conveniente es que ya puedan leer y escribir). Si un niño/a cumple 12 años entre los meses de julio-diciembre, aun puede participar.

¿Cómo preparo a los niños?

Debe establecerse un tiempo de ensayo y estudio con el equipo. El estudio debe considerar el tema asignado para el esgrima bíblico.

Para estudiar mejor el tema puede dividirse en capítulos o en eventos específicos, para ello utilice la guía de lecciones que se incluye en este folleto. Inicie con la lectura de eventos, discútalos haciendo preguntas de memoria sobre situaciones, personajes, lugares y nombres. Explique datos que motiven la curiosidad del equipo en cuanto a costumbres, significado de objetos o ritos y otras características interesantes que complementen y aclaren el texto y contexto leído. Elabore listados de palabras, nombres, lugares, objetos, animales. Averigüe en cuáles otros libros de la Biblia se mencionan los personajes principales. Haga que los niños memoricen exactamente los textos principales. Ayude a los niños a memorizar eventos y secuencias de las historias, en forma no textual, así lo podrán relatar lo más completo posible. Es necesario ayudarles a recordar datos importantes. Guiarlos para que descubran individualmente y en equipo la enseñanza de Dios para su vida y realice los juegos que tengan relación con la lección estudiada.

Josué Jueces Rut

¿Cómo surge este(os) personaje(s)?

¿Con quiénes se relaciona?

¿Dónde se desarrolla la historia?

¿Cómo obra Dios en sus vidas?

¿Cuál es el motivo por el cual se encuentra esta historia en la Biblia?

¿Cómo se relaciona este pasaje a Cristo y por ende a la salvación?

¿Qué valores se encuentran en la historia?

¿Qué lugares se mencionan? Ubícalos en un mapa.

¿Cómo son los personajes?

¿Qué características tienen?

¿Qué cosas se destacaban en la cultura y se necesitan investigar (animales, artesanías, ritos o costumbres)?

Además:

- Invite a maestros de Escuela Dominical y/o personas que tengan estudios teológicos para que impartan lecciones respecto al tema y aclaren dudas.
- Motive a los hermanos de la iglesia para que apoyen al equipo, en la composición de la letra y música del canto, porra, poema, distintivo y en los ensayos.
- Practique cada juego únicamente después de haber estudiado y aclarado el tema considerablemente.
- Recuerde que es importante establecer las habilidades en las que mejor se desenvuelve el niño/a.

¿Quiénes participan en una demostración?

Moderador, preferiblemente debe ser una persona imparcial, puede ser un invitado de otro distrito o que su iglesia local no esté participando.

- Es quien elige los juegos que se harán en una demostración y prepara el material para los mismos.
- Dirige la demostración
- Lee las instrucciones de cada categoría o juego.
- Arma el equipo de jueces

Jueces, deben ser imparciales, pueden ser invitados de otro distrito o que su iglesia local no esté participando. Se asignará un juez a cada equipo participante, es decir, si hay 5 equipos participando, debe haber 5 jueces.

- Velar porque se cumplan las reglas de cada juego.
- Llevan el punteo del equipo que le correspondió.
- Hacen saber al moderador cuando se infringen las reglas.

Juez de tiempo, deberá llevar el tiempo para cada demostración, dando la señal de inicio y de finalización.

Josué Jueces Rut

LISTA DE TEXTOS A MEMORIZAR

Nunca se apartará de tu boca este libro de la ley, sino que de día y de noche meditarás en él, para que guardes y hagas conforme a todo lo que en él está escrito; porque entonces harás prosperar tu camino, y todo te saldrá bien
Josué 1:8

Mira que te mando que te esfuerces y seas valiente; no temas ni desmayes, porque Jehová tu Dios estará contigo en dondequiera que vayas.
Josué 1:9

Oyendo esto, ha desmayado nuestro corazón; ni ha quedado más aliento en hombre alguno por causa de vosotros, porque Jehová vuestro Dios es Dios arriba en los cielos y abajo en la tierra.
Josué 2:11

Y Josué dijo al pueblo: Santificaos, porque Jehová hará mañana maravillas entre vosotros
Josué 3:5

Entonces Jehová dijo a Josué: Desde este día comenzaré a engrandecerte delante de los ojos de todo Israel, para que entiendan que como estuve con Moisés, así estaré contigo
Josué 3:7

Mas los sacerdotes que llevaban el arca del pacto de Jehová, estuvieron en seco, firmes en medio del Jordán, hasta que todo el pueblo hubo acabado de pasar el Jordán; y todo Israel pasó en seco.
Josué 3:17

Y habló a los hijos de Israel, diciendo: Cuando mañana preguntaren vuestros hijos a sus padres, y dijeren: ¿Qué significan estas piedras? declararéis a vuestros hijos, diciendo: Israel pasó en seco por este Jordán.
Josué 4:21-22

Entonces el pueblo gritó, y los sacerdotes tocaron las bocinas; y aconteció que cuando el pueblo hubo oído el sonido de la bocina, gritó con gran vocerío, y el muro se derrumbó.
Josué 6:20a

Estaba, pues, Jehová con Josué, y su nombre se divulgó por toda la tierra.
Josué 6:27

Y Acán respondió a Josué diciendo: Verdaderamente yo he pecado contra Jehová el Dios de Israel, y así y así he hecho.
Josué 7:20

Sol, detente en Gabaón; Y tú, luna, en el valle de Ajalón. 13 Y el sol se detuvo y la luna se paró, Hasta que la gente se hubo vengado de sus enemigos.
Josué 10:13

No faltó palabra de todas las buenas promesas que Jehová había hecho a la casa de Israel; todo se cumplió.
Josué 21:45

Josué Jueces Rut

Guardad, pues, con diligencia vuestras almas, para que améis a Jehová vuestro Dios. Josué 23:11	Ahora, pues, temed a Jehová, y servidle con integridad y en verdad; y quitad de entre vosotros los dioses a los cuales sirvieron vuestros padres al otro lado del río, y en Egipto; y servid a Jehová. Josué 24:14	Y si mal os parece servir a Jehová, escogeos hoy a quién sirváis; si a los dioses a quienes sirvieron vuestros padres, cuando estuvieron al otro lado del río, o a los dioses de los amorreos en cuya tierra habitáis; pero yo y mi casa serviremos a Jehová Josué 24:15
Y el pueblo respondió a Josué: A Jehová nuestro Dios serviremos, y a su voz obedeceremos Josué 24:24	Y el ángel de Jehová se le apareció, y le dijo: Jehová está contigo, varón esforzado y valiente Jueces 6:12	Yo tocaré la trompeta, y todos los que estarán conmigo; y vosotros tocaréis entonces las trompetas alrededor de todo el campamento, y diréis: ¡Por Jehová y por Gedeón! Jueces 7:18
Y la mujer dio a luz un hijo, y le puso por nombre Sansón. Y el niño creció, y Jehová lo bendijo Jueces 13:24	Entonces clamó Sansón a Jehová, y dijo: Señor Jehová, acuérdate ahora de mí, y fortaléceme, te ruego Jueces 16:28a	Asió luego Sansón las dos columnas de en medio, sobre las que descansaba la casa, y echó todo su peso sobre ellas, su mano derecha sobre una y su mano izquierda sobre la otra. 30 Y dijo Sansón: Muera yo con los filisteos Jueces 16:29-30a
Respondió Rut: No me ruegues que te deje, y me aparte de ti; porque a dondequiera que tú fueres, iré yo, y dondequiera que vivieres, viviré. Tu pueblo será mi pueblo, y tu Dios mi Dios. Rut 1:16	Booz, pues, tomó a Rut, y ella fue su mujer; y se llegó a ella, y Jehová le dio que concibiese y diese a luz un hijo. Rut 4:13	Y le dieron nombre las vecinas, diciendo: Le ha nacido un hijo a Noemí; y lo llamaron Obed. Este es padre de Isaí, padre de David Rut 4:17

Josué Jueces Rut

ACTIVIDADES PARA MEMORIZAR EL VERSO

PALABRAS AUSENTES

Para esta actividad necesitarás una pizarra, cartón o papel de color blanco. También necesitarás tizas, marcadores y un borrador.

Escribe el «Verso para memorizar» en una pizarra de tizas o de marcadores. Pide a los niños que reciten el verso. Elige a un voluntario para que elimine una palabra. Luego pide a los niños que vuelvan a recitar el verso (incluyendo la palabra que falta). Continúa la actividad hasta que todas las palabras hayan desaparecido. Si no tienes pizarras de tizas ni de marcadores, escribe cada palabra del verso en un trozo de papel individual y pide a los niños que eliminen una palabra tras otra.

LA OLA BÍBLICA

Pide a los niños que se sienten en línea recta. Di al primer niño que se levante, diga la primera palabra del verso, mueva las manos de arriba abajo simulando una ola y vuelva a sentarse. Pide al segundo niño que se levante, diga la segunda palabra del verso, mueva las manos de arriba abajo simulando una ola y vuelva a sentarse. Continúa el juego hasta completar el verso. Si un niño olvida una palabra o dice una palabra incorrecta, deja que los demás niños digan la palabra correcta. Anima a los niños a que digan el verso rápidamente para que el movimiento de sus manos parezca el movimiento de las olas del mar.

PASA LA BIBLIA

Para esta actividad necesitarás una Biblia y una fuente de música.

Pide a los niños que se sienten en círculo. Entrégale la Biblia a uno de ellos. Cuando la música comience, dile al niño que pase la Biblia a otro compañero. Cuando la música se detenga, el niño que tenga la Biblia en sus manos deberá decir el verso bíblico. Detén la música estratégicamente para que todos los niños tengan la oportunidad de decir el verso.

CARRERA DE VERSOS BÍBLICOS

Antes de la lección, escribe cada palabra o frase del verso bíblico y la referencia en un trozo de papel. Debes hacer dos juegos.

Divide la clase en dos equipos. Desordena las tarjetas para que las palabras estén en el orden incorrecto. Coloca un montón de tarjetas con palabras en el suelo enfrente de cada equipo. A tu señal, el primer niño de cada equipo buscará la primera palabra del verso bíblico y correrá hasta una línea de meta. El niño o la niña deberá colocar la tarjeta en el suelo y volver corriendo hasta el segundo jugador. El segundo jugador buscará la segunda palabra del verso bíblico y correrá con ella hasta la línea de meta para ponerla en orden junto a la primera palabra. Continúa el juego hasta que un equipo complete el verso en el orden correcto. Deja tiempo al segundo equipo para que complete su verso. Luego pídeles a ambos equipos que reciten el verso juntos.

FILA DE VERSOS BÍBLICOS

Antes de la lección, escribe cada palabra o frase de un verso bíblico en un trozo de papel individual.

Entrega las palabras a diferentes niños y dispérsalos por el aula. Elige a un niño para que ordene las palabras tocando a cada uno de los niños que tienen las palabras. Luego pídele a la clase que lea el verso todos juntos.

EL ESCONDITE

Antes de la lección, escribe cada palabra o frase de un verso bíblico en un trozo de papel individual. Luego esconde los trozos de papel por el aula antes de que los niños lleguen.

Josué Jueces Rut

Pídeles a los niños que busquen por el aula los trozos de papel y que los presenten ante toda la clase. Pídeles a los niños que ordenen las palabras y luego pídele a la clase que recite el verso todos juntos.

LEVÁNTATE

Coloca a los niños en círculo y pídeles a todos que se sienten. Pídele a uno de ellos que se levante, diga la primera palabra del verso y que vuelva a sentarse. El siguiente niño se levantará, dirá la segunda palabra y se sentará. Continúa el juego hasta que los niños hayan completado el verso. Repite el juego varias veces animando a los niños a que terminen más rápido que la ronda anterior.

EL CAMPEÓN Y EL CONTRINCANTE

Elige a dos niños que piensan que pueden recitar el «Versículo para memorizar». Ponlos de espaldas el uno con el otro delante del grupo. Un niño empezará diciendo la primera palabra del verso, y luego el otro dirá la segunda palabra. Pídeles que continúen turnándose hasta que uno de ellos se equivoque. El otro niño será el «campeón». Pídele a toda la clase que diga el «Verso para memorizar». Luego elige a un nuevo «contrincante» y repite el juego. Los niños no tardarán en poder completar el verso de memoria sin equivocarse.

DESAFÍO A CIEGAS

Para esta actividad necesitarás una cinta para los ojos. Pídeles a los niños que se levanten y se coloquen formando un círculo.

Elige a un niño para que se coloque en el centro del círculo y luego véndale los ojos. Pídeles a los niños que forman el círculo que se den la mano y caminen en círculo diciendo varias veces «La Palabra de Dios me ayuda todos los días». Esto impedirá que el niño que está en el centro recuerde dónde estaba cada uno de los niños. Diles a los niños que se detengan y pídele al niño que está en el centro que apunte hacia un niño de los que forman el círculo. El niño elegido recitará el verso fingiendo la voz (con tono agudo, chillando, en voz baja, etc.). El niño que está en el centro intentará adivinar quién dijo el verso. Si no acierta, apuntará hacia otro niño para que diga el verso. Continúa el juego hasta que el niño que tiene los ojos vendados adivine quién dice el verso o se equivoque tres veces. Luego elige a otro niño para que se sitúe en el centro.

LANZA Y RECITA

Para esta actividad necesitarás una pelota pequeña. Pídeles a los niños que se levanten y se coloquen formando un gran circulo.

Diles a los niños que quien atrape la pelota tendrá que decir la siguiente palabra del «Verso para memorizar». Lanza la pelota a uno de los niños para comenzar el juego. Él o ella deberá decir la primera palabra y luego lanzará la pelota a otro niño hasta que hayan dicho correctamente el verso completo. Repite el juego animando a los niños a completar el verso más rápido que la vez anterior.

PALABRAS EN ACCIÓN

Antes de la lección, escribe diferentes acciones en trozos de papel individuales o tarjetas de índice. Por ejemplo: «Gira en círculo», «Tiéndete en el suelo», «Tócate la cabeza», «Párate sobre un pie», «Salta», «Ponte en un rincón», «Susurra», etcétera.

Pide a cada uno de los niños que elijan una de las tarjetas de índices y hagan la actividad que dice a la vez que recita el «Verso para memorizar».

Josué Jueces Rut

EL REPETIDOR

Antes de la lección, escribe una o dos palabras del verso en un pequeño trozo de papel. Haz más de un juego si deseas trabajar en grupos porque necesitarás un juego para cada uno.

Pide a los alumnos que se sienten en círculo y reparte los trozos de papel por el círculo en el orden correcto. El alumno que tenga la primera palabra del verso dirá la primera palabra. Luego el próximo alumno dirá la primera palabra y la palabra nueva. El tercero dirá la primera, la segunda y la tercera palabra. Repite este proceso añadiendo una nueva palabra con cada nuevo alumno. Una vez completado el verso, pide a los estudiantes que pasen la tarjeta a su compañero de la izquierda y comienza el juego de nuevo.

VERSOS ENTRE HILOS

Para esta actividad necesitarás un ovillo de hilo.

Pide a los niños que se coloquen en círculo. Lánzale el ovillo de hilo a un niño y pídele que diga la primera palabra del verso. El niño se liará el hilo alrededor de la mano y lanzará el ovillo de hilo a otro niño de los que forman el círculo. Este niño dirá la segunda palabra del verso y se liará el hilo alrededor de su dedo. Continúa jugando y diciendo palabras del verso hasta que todos los niños hayan participado. El movimiento de un lado para otro del hilo simulará una tela de araña.

EL GLOBO REVENTÓN

Necesitarás globos, un marcador permanente y cinta adhesiva.

Infla los globos y escribe en cada uno de ellos una palabra del verso bíblico. Luego pega los globos a la pared en el orden correcto. Deja que los niños lean el verso todos juntos. Elige a un niño para que reviente un globo. Luego pídele que vuelva a recitar el verso sin olvidar la palabra que falta. Elige a otro niño para que reviente otro globo y pídele que vuelva a recitar el verso. Continúa el juego hasta que todos los globos hayan explotado y los niños puedan recitar el verso de memoria.

JUEGO DE MEMORIA «CARAS FELICES»

Escribe cada palabra o frase de un verso bíblico en un plato de papel o en un trozo de papel circular.

Reparte los platos a los niños y pídeles que dibujen una cara feliz en la parte del plato (o del círculo) que está en blanco. Pega los platos a la pared para que los niños puedan ver las palabras del verso. Luego lean el verso todos juntos. Elige a un niño para que gire uno de los platos para que se vea la cara feliz. Luego pídeles a todos que lean el verso. Elige a otro niño para que gire otro plato, y vuelve a pedir a todos que lean el verso. Continúa el juego hasta que todos los platos muestren una cara feliz y los niños puedan recitar el verso de memoria.

ORDENA EL VERSO

Escribe cada palabra o frase de un verso bíblico en un trozo de papel o en una tarjeta de índice.

Reparte las tarjetas con las palabras desordenadas. Deja que los niños se coloquen en círculo en el orden correcto según el fragmento de verso que han recibido. Luego pídeles que digan el verso todos juntos. A continuación, pídele a un niño que gire la tarjeta para que los demás niños no puedan ver cuál es su palabra. Pídeles a los niños que vuelvan a decir el verso. Continúa haciendo esto hasta que todas las tarjetas estén giradas y no se pueda ver ninguna palabra.

Este juego también se puede jugar como una carrera entre dos o más equipos para ver qué equipo es el más rápido en colocarse en el orden correcto conforme a las palabras del verso.

Josué Jueces Rut

Nombre del equipo

Indicaciones:

Con anticipación y con ayuda del coach, cada equipo debe elegir un nombre que esté relacionado al tema de estudio.

Debe tener sustento bíblico el cual será explicado por uno o más participantes.

En este tiempo, también se deben presentar los integrantes del equipo.

Los jueces deberán considerar los siguientes aspectos:

1. Apego al tema de estudio
2. Creatividad del nombre
3. Sustento bíblico
4. Creatividad de la presentación
5. Mención de los integrantes

Infracción:

Se descuentan puntos al equipo que esté hablando entre sí, cuando otro equipo se esté presentando.

Puntaje
100 puntos

Tiempo
Menos de 5 minutos

Participantes
Todo el equipo

Modalidad
Un equipo a la vez

Distintivo

Indicaciones:

Con anticipación y con ayuda del coach y padres de familia, cada equipo debe portar algún implemento que les distinga. Puede ser una playera, gorra, uniforme deportivo, etc.

Puede incluir el nombre del equipo, del integrante y un logotipo.

Los jueces evalúan de acuerdo a la siguiente escala:

1. Uniformidad (todos iguales)
2. Creatividad del distintivo
3. Creatividad de la presentación

Infracción:

Se descuentan puntos al equipo que esté hablando entre sí, cuando otro equipo se esté presentando.

Puntaje
50 puntos

Tiempo
Menos de 5 minutos

Participantes
Todo el equipo

Modalidad
Un equipo a la vez

Josué Jueces Rut

Porra

Indicaciones:

Con anticipación y con ayuda del coach, cada equipo debe preparar una porra.

Deberá estar basada en el tema de estudio y el nombre del equipo.

No puede contener ideas o palabras ofensivas hacia otros equipos.

Los jueces evalúan de acuerdo a la siguiente escala:

1. Apego al tema de estudio
2. Creatividad de la porra
3. Creatividad de la presentación
4. Mención del nombre del equipo

Infracción:

Se descuentan puntos al equipo que esté hablando entre sí, cuando otro equipo se esté presentando.

Puntaje

50 puntos

Tiempo

Menos de 5 minutos

Participantes

Todo el equipo

Modalidad

Un equipo a la vez

Mascota

Indicaciones:

Con anticipación y con ayuda del coach, cada equipo debe tener una mascota.

Preferiblemente debe ser un animalito que esté relacionado al tema de estudio.

Deberá contener una enseñanza bíblica.

Los jueces evalúan de acuerdo a la siguiente escala:

1. Apego al tema de estudio
2. Creatividad del disfraz
3. Creatividad de la presentación
4. Enseñanza bíblica

Infracción:

Se descuentan puntos al equipo que esté hablando entre sí, cuando otro equipo se esté presentando.

Puntaje

100 puntos

Tiempo

Menos de 5 minutos

Participantes

Todo el equipo

Modalidad

Un equipo a la vez

Josué Jueces Rut

Logotipo

Indicaciones:

Con anticipación y con ayuda del coach, cada equipo debe tener un logotipo.

Deberá tener relación al nombre del equipo.

Se debe dibujar y pintar por los participantes del equipo y servirá para decorar su espacio en una demostración.

Debe tener apego al tema de estudio y sustento bíblico el cual será explicado por uno o más participantes.

Los jueces evalúan de acuerdo a la siguiente escala:

1. Apego al tema de estudio
2. Creatividad del dibujo
3. Orden y limpieza
4. Enseñanza bíblica
5. Creatividad en la presentación

Infracción:

Se descuentan puntos al equipo que esté hablando entre sí, cuando otro equipo se esté presentando.

Tiempo

Menos de 5 minutos

Participantes

Todo el equipo

Modalidad

Un equipo a la vez

Josué Jueces Rut

CATEGORÍA DE MEMORIZACIÓN

La memorización y el razonamiento son fundamentales para el aprendizaje, la repetición es una de las claves para la memorización; el objetivo de esta categoría es ayudar a los niños/as a memorizar y comprender la biblia de una forma dinámica y atractiva.

ALGUNAS TÉCNICAS DE MEMORIZACIÓN:

- Conectar y enlazar
- Asociar objetos con lugares
- Crear historias
- Enlazar palabras con números para recordar secuencias
- Dibujar mapas mentales
- Siglas, utilizando la primera letra de cada palabra
- Repetir las palabras clave
- Utilizar todos los sentidos
- Para una demostración local, distrital, de zona, nacional, etc. el moderador elegirá

3 juegos de memorización

Los equipos sabrán los juegos que se realizarán únicamente hasta el día de la demostración.

Josué Jueces Rut

Avanza

Desarrollo:

1. El moderador sortea el orden en el que participan los equipos y se van colocando delante de sus tres aros (ula ula).
2. El primer participante debe decir un texto del listado de textos a memorizar, lo debe hacer de forma literal; si es correcto, el moderador lo indica y el participante avanza hacia el primer aro.
3. El siguiente participante debe recitar otro texto; la dificultad consiste en que no puede recitar un texto que ya haya sido enunciado por otro participante, en caso de que esto suceda, el niño o niña no podrá avanzar.
4. Si durante los primeros 30 segundos el niño o niña no empieza a decir su texto, pierde la oportunidad y no avanza. Dependiendo de los aros que avance es el punteo que recibe.

Consultas:
No se permiten.

Infracción:
Si el público dice una parte del texto o la cita en voz alta o si el niño o niña consulta con su coach o equipo, se descalifica y se anula su participación en este juego.

Sugerencia:
Si fuesen muchos equipos participando, se puede reducir a 2 aros por equipo.

Ejemplo:

Puntaje
10 puntos por texto correcto

Tiempo
30 segundos para empezar

Participantes
1 por equipo

Modalidad
Un equipo a la vez de forma alternada

Materiales
- Tres aros (ula ula) por equipo.
- El juez deberá tener la lista de textos a memorizar.

María del equipo "fuerza y valentía" recitó 3 textos, pero repitió uno que ya había recitado Julia (20 puntos)

Julia del equipo "Jordán" recitó 3 textos correctamente y sin repetición (30 puntos)

Josué Jueces Rut

Bingo Bíblico

Desarrollo:

1. El moderador sortea las cartillas y las coloca boca abajo sobre una mesa o suelo frente a cada equipo, entrega a cada equipo el marcador o resaltador.
2. El moderador da la indicación de que volteen sus cartillas y empieza la lectura de los textos bíblicos uno por uno, dando unos segundos después de cada texto, únicamente debe leer los textos sin decir la cita.
3. Los participantes deberán escuchar con atención la lectura de cada texto para identificar las citas en las cartillas e irlas marcando. El equipo que logre hacer tres en línea (horizontal, vertical o diagonal) grita "BINGO", y ahí se detiene el tiempo.
4. Si hubiese empate entre equipos se otorgan 30 puntos a cada uno. Si al terminar la lectura de los textos, ningún equipo logra hacer tres en línea, nadie obtiene puntos.

Consultas:

No se permiten.

Infracción:

Si el equipo interrumpe o pregunta en la lectura de los textos, los jueces descuentan 2 puntos. Si el público dice una parte del texto o la cita en voz alta, se descalifica y se anula su participación en este juego.

Textos a jugar:

Solamente se utilizarán los textos del libro de Josué

Ejemplo de las cartillas:

Puntaje

30 puntos

Tiempo

Lo que dure la lectura de los textos

Participantes

2 por equipo

Modalidad

Simultaneo

Materiales

- Cartillas de bingo, una por equipo.
- Un marcador por equipo puede ser un marcador para bingo (do a dot) o un resaltador.
- Lista de textos a memorizar

Josué Jueces Rut

BINGO BÍBLICO

24:15	6:20a	3:17
1:9	7:20	21:45
6:27	2:11	10:13

BINGO BÍBLICO

2:11	7:20	24:15
3:7	24:14	1:9
1:8	3:5	6:20a

BINGO BÍBLICO

3:5	24:15	24:14
21:45	1:8	4:21-22
7:20	6:27	6:20a

BINGO BÍBLICO

4:21-22	2:11	6:20a
24:15	1:8	10:13
6:27	24:14	21:45

Josué Jueces Rut

Conteste y avance

Desarrollo:

1. El moderador sortea el orden de participación, pega en la pizarra o pared un dibujo para unir con puntos, el cual debe tener 15 puntos a unir. (ver el ejemplo).
2. El primer equipo en participar se para a tres metros de distancia del dibujo, un participante detrás del otro, el moderador les permite elegir un sobre con preguntas y les entrega los marcadores.
3. El moderador lee la primera pregunta, inmediatamente después empiezan a correr los cinco minutos, cada participante tiene 30 segundos para dar su respuesta, si es correcta, traza una línea del dibujo con color negro, si es incorrecta la deberá trazar con color rojo, corre a entregar los marcadores a su compañero y el moderador le lee la siguiente pregunta.
4. Si en 30 segundos no responde el juez lo indica y deberá trazar una línea de color rojo, el moderador dirá la respuesta.
5. El tiempo no se detiene ni se pueden repetir las preguntas.

Consultas:

No se permiten

Infracción:

Si uno de los participantes pasa dos veces seguido, el juez lo indica y les anula una pregunta.
Si uno de los participantes traza dos líneas del dibujo, el juez lo indica y les anula una pregunta.
Si el público dice alguna respuesta en voz alta, el juez lo indica y se deberá trazar una línea roja.
Tomar en cuenta que el tiempo no se detiene en ningún momento.

Puntaje

5 puntos por respuesta correcta

Tiempo

5 minutos

Participantes

2 por equipo

Modalidad

Un equipo a la vez

Materiales

Un dibujo con 15 puntos a unir para cada equipo.
Sobres cerrados con juegos de 15 preguntas. (diferentes para cada equipo)
Dos marcadores, uno negro (correcto), uno rojo (incorrecto).

Josué Jueces Rut

Conteste y avance (Juego de preguntas)

1. ¿A quién habló el Señor después de la muerte de Moisés?
   R/ A Josué, (1:1)
2. ¿Qué le dijo Jehová a Josué después de la muerte de Moisés?
   R/ Prepárate para pasar el río Jordán (1:2)
3. ¿Qué le dijo Jehová a Josué cuando se convirtió en el líder de Israel?
   R/ No te dejaré, ni te desampararé (1:5)
4. ¿Quién llevaría al pueblo a heredar la tierra que Jehová juró a sus padres?
   R/ Josué. (1:6)
5. ¿Cómo dijo Jehová que tenía que ser Josué?
   R/ Fuerte y valiente (1:6-7)
6. ¿Cuándo se suponía que Josué meditaría en el libro de la ley?
   R/ De día y de noche (1:8)
7. ¿Qué cosas no debía hacer Josué?
   R/ Temer ni desmayar (1:9)
8. Según Josué 1:14 ¿qué debían hacer los fuertes y valientes?
   R/ Pasarían armados delante de sus hermanos y les ayudarían
9. ¿Cómo habrían de obedecer a Josué?
   R/ En todas las cosas, como lo hicieron con Moisés. (1:17)
10. ¿Quién envió dos espías a Jericó?
    R/ Josué (2:1)
11. ¿En dónde se quedaron los espías?
    R/ En casa de una ramera llamada Rahab (2:1)
12. ¿Qué dijo Rahab al rey de Jericó sobre los espías?
    R/ Es verdad que unos hombres vinieron a mí, pero no supe de dónde eran. (2:4)
13. ¿Dónde escondió Rahab a los espías?
    R/ En el terrado (2:6)
14. ¿Qué pasó cuando salieron los perseguidores?
    R/ La puerta fue cerrada (2:7)
15. De acuerdo con Josué 2:9 ¿qué les dijo Rahab a los espías?
    R/ Sé que Jehová les ha dado esta tierra (2:9)

Josué Jueces Rut

Conteste y avance (dibujo)

Josué Jueces Rut

Crucigrama

Desarrollo:

1. A cada equipo se le entrega un crucigrama de 6 preguntas (el mismo crucigrama para todos los equipos).
2. Al dar la señal de inicio, los equipos tienen cinco minutos para contestarlo. Los equipos deben entregar su crucigrama en ese tiempo. Al finalizar los cinco minutos, si no han terminado, se otorga la puntuación a las respuestas correctas. Esto quiere decir 10 puntos por respuesta correcta.

Consultas:

La consulta es permitida solamente entre los 3 participantes del equipo.

Infracción:

Si hubiese consulta con el coach o con los niños del equipo que no están participando, el juez lo indica al moderador y éste anula el crucigrama del equipo, eliminando con ello su participación en este juego únicamente

Ejemplo:

Se proponen tres crucigramas, cada uno está basado en uno de los libros de estudio (Josué, Jueces y Rut)

Sugerencia:

Ya que la categoría es de memorización, se sugiere que sean los crucigramas propuestos los que se utilicen en la competencia.

Respuestas:

Crucigrama 1: Horizontal: Refugio, Golán, Cedes, Beser, Jehová, Siquem; Vertical: Homicidas, Ramot, Accidente, Casa.
Crucigrama 2: Horizontal: Leche, Estaca, Tabor, Novecientos, Espada, Vertical: Heber, Barac, Débora, Manta, Sísara.
Crucigrama 3: Horizontal: Obed, Aya, Rut, Derecho, Puerta; Vertical: Regazo, Zapato, Fares, Belén, Elimelec.

Puntaje

10 puntos por respuesta correcta

Tiempo

5 minutos

Participantes

3 por equipo

Modalidad

Simultaneo

Materiales

Una papeleta con el mismo crucigrama para cada equipo
Un lapicero por equipo

Josué Jueces Rut

Crucigrama Josué

Basado en: Josué señala ciudades de refugio, Capítulo 20

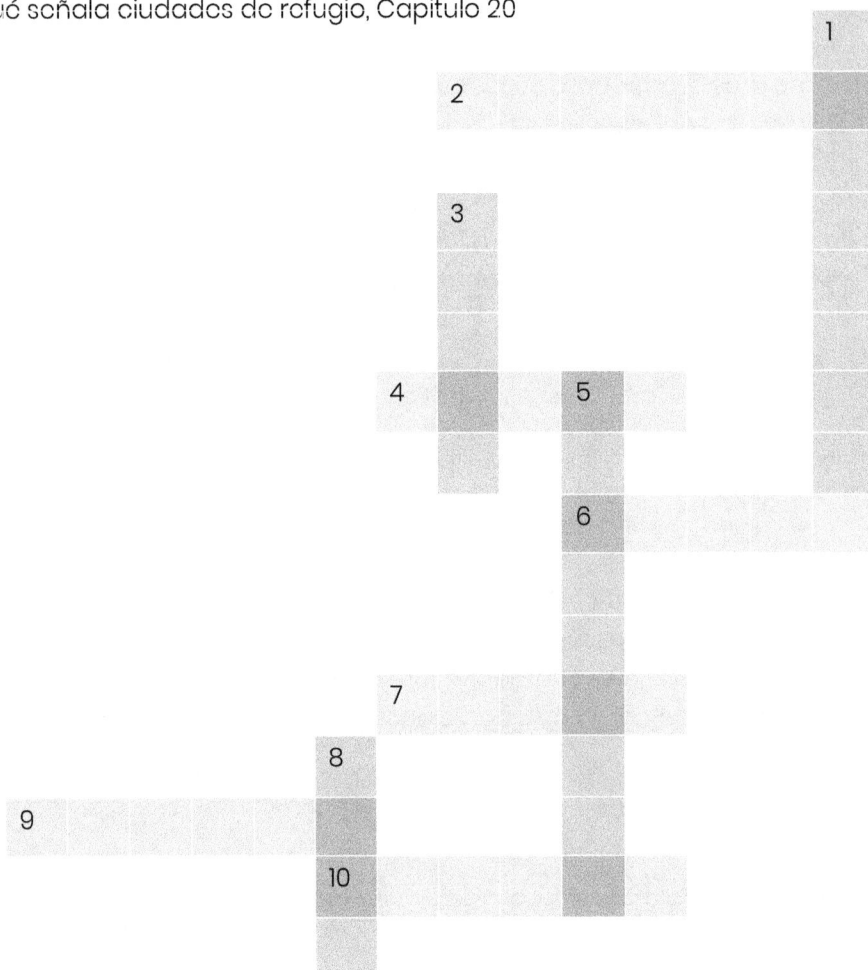

Horizontal

2 Josué tenía que decir a Israel que señalasen ciudades de ...

4 Qué ciudad señalaron de la tribu de Manasés

6 Qué ciudad señalaron en Galilea

7 Qué ciudad señalaron en la llanura de la tribu de Rubén

9 ¿Quién habló a Josué?

10 Qué ciudad señalaron en el monte de Efraín.

Vertical

1 Quiénes serían acogidos en las ciudades de refugio

3 Qué ciudad señalaron de la tribu de Gad

5 Estas ciudades acogerían solo a los que hiriesen por ....

8 Al morir el sumo sacerdote a dónde podía ir el homicida

Josué Jueces Rut

Crucigrama Jueces

Basado en: Débora y Barac derrotan a Sísara, Capítulo 4

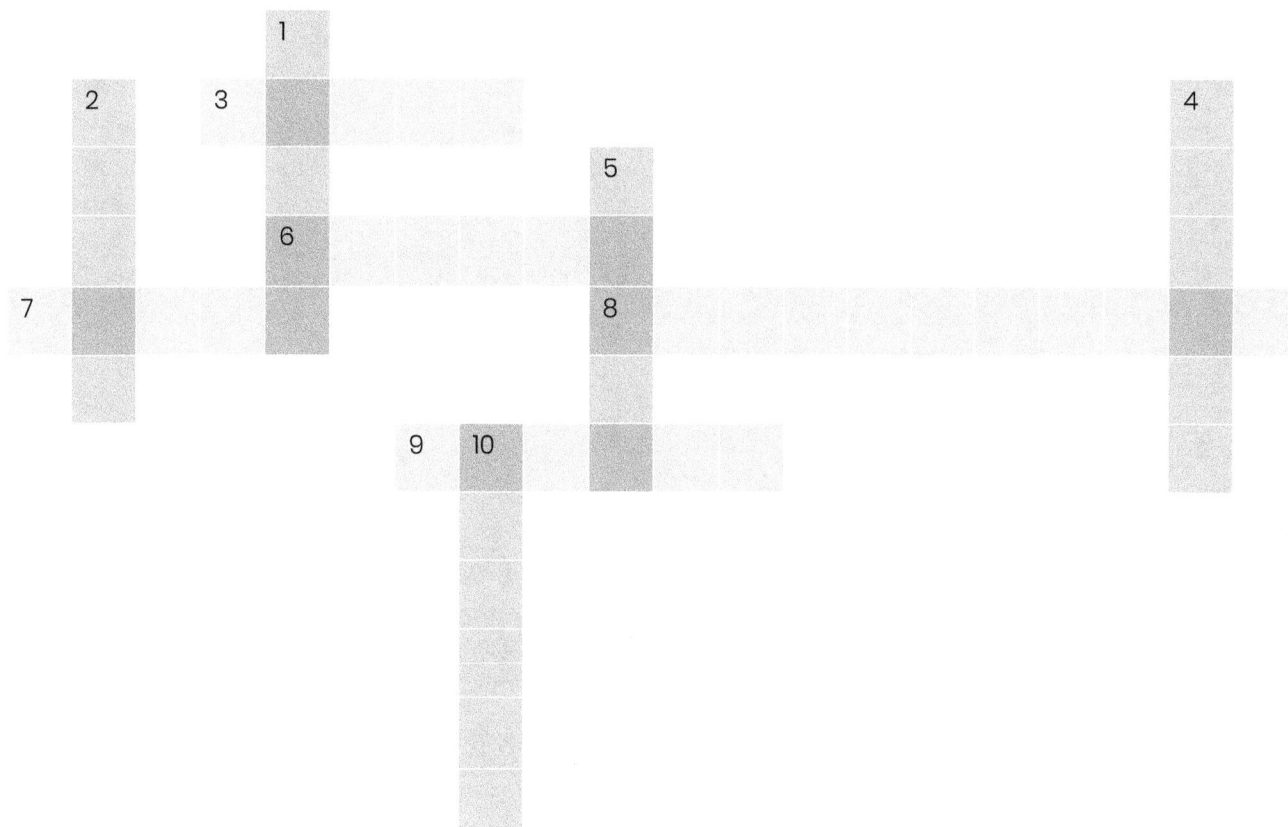

Horizontal

3 Qué le dio de beber Jael a Sísara

6 Qué tomó Jael en sus manos

7 Dónde debía juntar Barac a su gente

8 Cuántos carros herrados reunió Sísara

9 Todo el ejército de Sísara cayó a filo de ...

Vertical

1 De quién era mujer Jael

2 A quién envió a llamar Débora

4 Quién gobernaba en aquel tiempo a Israel

5 Sísara se refugió en casa de Jael y ella le cubrió con una ...

10 Cómo se llamaba el capitán del ejército de Jabín, Rey de Canaán

Josué Jueces Rut

Crucigrama Rut

Basado en: Booz se casa con Rut, Capítulo 4

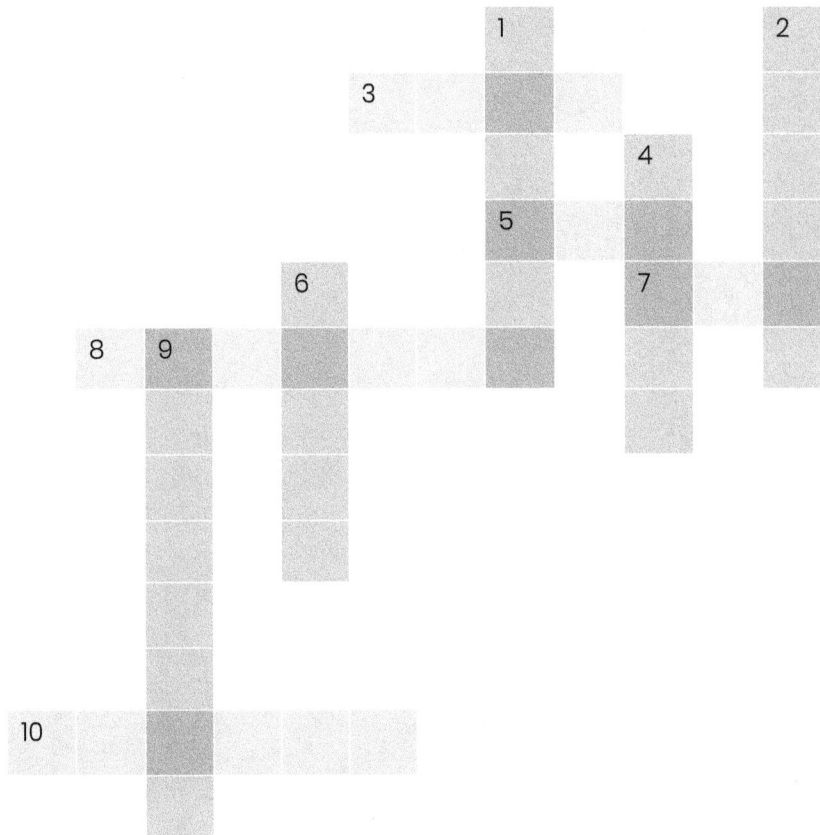

Horizontal

3 Qué nombre le pusieron las vecinas al hijo de Booz y Rut

5 Qué fue Noemí de Obed

7 A quién tomó Booz por mujer

8 El pariente dijo a Booz que redimiera el, usando su ...

10 A dónde subió Booz y se sentó

Vertical

1 Dónde puso Noemí al hijo de Rut y Booz

2 Qué se quitó el pariente como confirmación del negocio

4 De quién eran descendientes Booz y Obed

6 El pueblo y los ancianos dijeron a Booz que fuere de gran renombre en ...

9 Booz adquirió de mano de Noemí todo lo que fue de ...

Josué Jueces Rut

Descubriendo el texto

Desarrollo:

1. El moderador sortea el orden de participación.
2. Deben prepararse tantos textos como equipos a participar. Los textos deben ser diferentes para cada equipo, tomados del listado de textos a memorizar. La extensión de los textos, en su número de letras debe ser similar. Se presentan tarjetas con cada letra del texto, las tarjetas son tamaño un cuarto de carta (4.25 x 5.5 pulgadas) y la letra en proporción al tamaño. Las tarjetas se colocan ocultando la letra pegada en la pizarra o pared y pueden estar numeradas para ubicar más rápido las letras.
3. El participante se para a dos metros de distancia del texto y tiene la oportunidad de elegir cuatro letras, el moderador volteará las tarjetas que tengan las letras elegidas.
4. El participante tiene 1 minuto para descubrir el texto, si es correcto, el juez lo indica y se le anotan 40 puntos, si no lo descubre o no lo dice durante el primer minuto, entonces no acumula puntos.

Consultas:

No se permiten.

Infracción:

Si el participante consulta con su equipo, o el público dice alguna letra en voz alta, se le llama la atención, si vuelve a incurrir en esta infracción, el juez anula su participación en este juego.

Si el equipo o el público dice alguna parte del texto, se anula la participación del equipo en este juego.

Ejemplo: El texto del ejemplo es: Y el pueblo respondió a Josué: A Jehová nuestro Dios serviremos, y a su voz obedeceremos. Josué 24:24

Puntaje

50 puntos

Tiempo

1 minuto

Participantes

1 por equipo

Modalidad

Un equipo a la vez de forma alternada

Materiales

Textos bíblicos cubiertos con tarjetas del tamaño de un cuarto de carta. (diferente para cada equipo)

Josué Jueces Rut

1		2	3		4	5	6	7	8	9		10	11	12	13	14	15	16	17	18		19

					:														
20	21	22	23	24		25		26	27	28	29	30	31		32	33	34	35	36	37	38

												'						
39	40	41	42		43	44	45	46	47	48	49	50	51	52		53		54		55	56

															.
57	58	59		60	61	62	63	64	65	66	67	68	69	70	71

						:	
72	73	74	75	76			

El moderador podrá utilizar esta clave para que voltear las tarjetas sea más fácil, sin embargo, se debe crear una de estas por cada texto.

A	19, 25, 31, 54		J	20, 26, 72		S	12, 22, 35, 42, 43, 52, 55, 71, 74
B	7, 61		K	-----		T	36
C	65		L	3, 8		U	5, 23, 33, 56, 75
D	16, 39, 63		M	50, 69		V	30, 46
E	2, 6, 11, 24, 27, 34, 44, 49, 62, 64, 66, 68, 76		N	15, 32		W	-----
F	-----		O	9, 14, 18, 21, 29, 38, 41, 51, 58, 60, 70, 73		X	-----
G	-----		P	4, 13		Y	1, 53
H	28		Q	-----		Z	59
I	17, 40, 47		R	10, 37, 45, 48, 67			

Josué Jueces Rut

El Dado Mandón

Desarrollo:

Se prepara con anticipación un dado grande, en dos lados debe decir: CANTAR, en otros dos: DECIR UN TEXTO, y en los últimos dos: CARACTERÍSTICAS DE UN PERSONAJE.

1. El moderador sortea el orden de participación.
2. El niño/a lanza el dado y debe realizar la acción que le corresponda, si lo hace de forma correcta, el juez le anota 20 puntos para su equipo. Si el participante durante los primeros 30 segundos no hace la acción o se quedará callado, el juez no otorgará la puntuación

Consultas:

No se permiten.

Infracción:

Si el niño o niña consulta con su coach o equipo, o el público presente le ayuda, el juez lo indica y el moderador le da otra oportunidad para lanzar el dado, en caso de incurrir en la misma infracción, se anula su participación en este juego únicamente.

Ejemplo del dado:

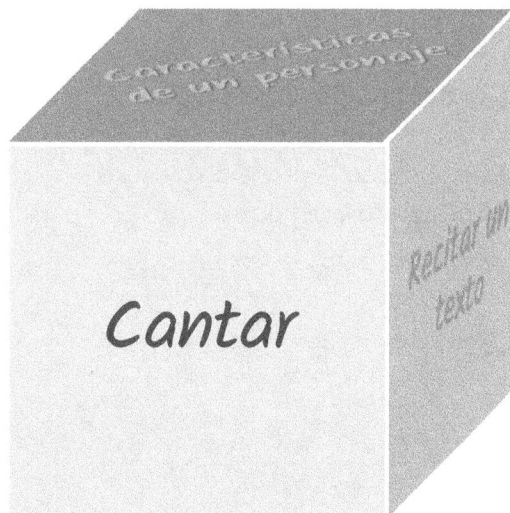

Puntaje
20 puntos

Tiempo
1 minuto

Participantes
1 por equipo

Modalidad
Un equipo a la vez

Materiales
1 dado grande, (seguir el ejemplo)

Características de un personaje

Cantar

Recitar un texto

Josué Jueces Rut

Dime el personaje

Desarrollo:

Este es un juego de adivinanzas las cuales se basan en personajes; cada adivinanza debe tener de tres a cuatro pistas sobre un personaje del libro a estudiar.

1. El moderador sortea el orden de participación, le permite a cada participante elegir un sobre al azar.
2. El moderador le lee la adivinanza al participante del primer equipo y el niño o niña tiene 1 minuto para dar la respuesta sin consultar con su compañero, si es correcta, el moderador lo indica y el juez le suma 20 puntos a su equipo. Si la respuesta no es correcta o no es contestada en el tiempo determinado, pierde su oportunidad y el moderador da la respuesta correcta, no se le otorgan puntos para el equipo.
3. Luego continua con el participante del siguiente equipo hasta que pasen todos (es decir que se alterna la participación de los equipos, con uno a la vez).

Consultas:

No se permiten.

Infracción:

Si un juez observa que alguno de los participantes consulta con su equipo o el público presente dice en voz alta alguna respuesta, lo indica al momento para que el moderador anule la pregunta y le planteé otra. Si en esta misma competencia, ya se le hubiere llamado la atención a este mismo respecto, se anula la pregunta y pierde su oportunidad.

Puntaje

25 puntos por respuesta correcta

Tiempo

1 minuto

Participantes

2 por equipo

Modalidad

Un equipo a la vez de forma alternada

Materiales

Sobres con adivinanzas, dos por equipo y algunos extras.

Josué Jueces Rut

Dime el personaje

Soy hijo de Nun y sucesor de Moisés, Jehová me dijo que tenía que ser fuerte y valiente, pues yo repartiría la tierra a todo el pueblo. ¿quién soy? R/ JOSUÉ (Josué 1:1-6)	Vivo en Jericó, escondí a dos espías en mi casa, les hice jurar que salvarían mi vida y la de mi familia. ¿quién soy? R/ RAHAB (Josué 2:1-13)	Me presenté ante Josué con una espada desenvainada y le pedí que se quitara el calzado de sus pies. ¿Quién soy? R/PRÍNCIPE DEL EJÉRCITO DE JEHOVÁ (Josué 5:13-15)
Soy hijo de Carmi de la tribu de Judá, pequé contra Jehová por tomar objetos del anatema y esconderlos en mi tienda. ¿Quién soy? R/ACÁN (Josué 7)	Soy hijo de Jefone cenezeo, tenía 40 años cuando Moisés me envió a reconocer Cades-barnea y cumplí siguiendo a Jehová, Moisés dijo que me darían la tierra que holló mi pie ¿Quién soy? R/ CALEB (Josué 14:6-9)	Soy profetisa, mujer de Lapidot, goberné al pueblo de Israel, mandé a llamar a Barac y juntos derrotamos a Sísara. ¿Quién soy? R/ DÉBORA (Jueces 4)
Soy hijo de Joás abiezerita, me encontraba sacudiendo trigo cuando se me apareció el ángel de Jehová y me dijo que salvaría a Israel de los madianitas ¿Quién soy? R/ GEDEÓN (Jueces 6)	Mi padre es Manoa, no ha pasado navaja sobre mi cabeza porque soy Nazareo de Dios desde el vientre de mi madre, ¿Quién soy? R/ SANSÓN (Jueces 14)	Soy del valle de Sorec, Sansón se enamoró de mi, por mi culpa los filisteos le cortaron el cabello, le sacaron los ojos y lo ataron con cadenas en la cárcel ¿Quién soy? R/ DALILA (Jueces 16)
Somos Efrateos de Belén de Judá, llegamos a los campos de Moab, nuestros hijos tomaron para sí mujeres moabitas. ¿Quiénes somos? R/ ELIMELEC, NOEMÍ, MAHLÓN Y QUELIÓN (Rut 1:1-4)	Adquirí de mano de Noemí todo lo que fue de Elimelec y sus hijos y también tomé por mi mujer a Rut la moabita, ¿Quién Soy? R/ BOOZ (Rut 4)	Soy hijo de Booz y Rut; Noemí me puso en su regazo y fue mi aya, me convertí en el padre de Isaí y abuelo de David ¿Quién soy? R/ OBED (Rut 4)

Josué Jueces Rut

Memoria

Desarrollo:

1. El moderador sortea el orden en el que pasan los equipos.
2. Se colocan las fichas en el suelo o en una mesa boca abajo y revueltas.
3. Al dar la señal de inicio, los participantes del primer equipo les dan vuelta a las fichas y tienen 5 minutos para armar las 8 parejas, uniendo el texto bíblico con la cita respectiva.
4. Al terminar las parejas de textos o al acabarse el tiempo, el juez revisa y otorga 10 puntos por pareja correcta.
5. Las fichas se revuelven y se vuelven a colocar en el suelo o mesa para el siguiente equipo.
6. El juez también debe anotar el tiempo en el que cada equipo une los 8 pares, al equipo que lo haga en el menor tiempo, se le entrega una bonificación de 10 puntos.
7. Los textos deben ser tomados de la lista de textos a memorizar.

Consultas:

Los participantes no pueden consultar con su coach o con otros miembros de su equipo; únicamente entre ellos.

Infracción:

Si el público presente dijere algún texto o cita en voz alta, el juez les descuenta el valor de una pareja.

Puntaje

10 puntos por Pareja correcta
10 puntos de bonificación al equipo que lo haga en el menor tiempo

Tiempo

5 minutos

Participantes

2 por equipo

Modalidad

Un equipo a la vez

Materiales

16 tarjetas (8 con los textos bíblicos y 8 con la cita respectiva)

Josué Jueces Rut

Memoria *Ejemplo de las fichas:*

Mira que te mando que te esfuerces y seas valiente; no temas ni desmayes, porque Jehová tu Dios estará contigo en dondequiera que vayas.

Josué 1:9

Y el ángel de Jehová se le apareció, y le dijo: Jehová está contigo, varón esforzado y valiente.

Jueces 6:12

Josué Jueces Rut

Palabra mágica

Desarrollo:

La palabra a descifrar es diferente para cada equipo, únicamente se debe procurar que tengan la misma cantidad de letras (máximo 8).

1. El moderador sortea las papeletas y las coloca boca abajo en una mesa o suelo frente a cada participante.
2. Al dar la señal de inicio, el niño o niña debe voltear su papeleta, la búsqueda comienza a partir de la flecha indicada y el participante debe trazar una línea en cualquier sentido, incluso en diagonal, para unir las letras y encontrar la palabra.
3. Al encontrarla, la escribe debajo.
4. Gana el primer equipo que la descubra correcta y completamente, el juez debe anotar el tiempo en la papeleta. Si hubiese empate, se le otorga puntaje igual a cada equipo. Si un equipo la descubre, pero está incorrecta, el juez que revisa lo indica y este equipo pierde inmediatamente y se continúa el juego con el resto de los participantes.

Si ninguno de los equipos logra descubrirla se quedan sin puntos.

Consultas:

No se permiten.

Infracción:

Si los presentes dicen la palabra en voz alta, el juez lo indica. Este juego se anula, y ningún equipo obtiene puntos.

Palabras a jugar:

5 letras: Josué, Manoa, Barac, Angel, Noemí, Jabin, Caleb
6 letras: Gedeón, zapato, Sansón, Dalila, Débora, Jericó, Hebrón
7 letras: Espigas, Lapidot, acampar, bocinas, cuernos, carnero
8 letras: moabitas, Elimelec, Filisteo, anciano, cananeos, jebuseos

Puntaje

20 puntos

Tiempo

1 minuto

Participantes

1 por equipo

Modalidad

Simultaneo

Materiales

Una papeleta con la palabra a descifrar por equipo.
Un marcador o lapicero por equipo

Ejemplo:

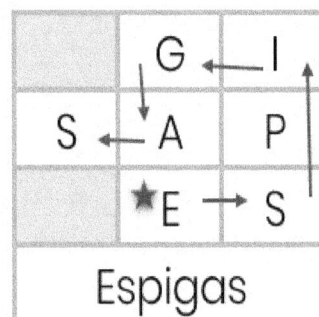

Espigas

Josué Jueces Rut

Termine la historia

Desarrollo:

1. El moderador sortea el orden de participación, se colocan tres sillas en las que deben sentarse los participantes de cada equipo.

2. El moderador inicia la lectura del pasaje bíblico (uno por equipo). En el momento en que uno de los tres participantes del equipo descubre a qué pasaje se refiere, interrumpe al moderador (levantándose de su lugar) para continuar con la narración.

3. El tiempo se empieza a marcar en el momento que el moderador inicia la lectura y se detiene al levantarse el participante. Los jueces anotan este tiempo. El moderador indica al participante que finalice la historia; tiene 1 minuto para hacerlo.

4. Al finalizar los jueces anuncian si es correcto y el tiempo obtenido. Si no es correcto, se limita a decir INCORRECTO.

5. Si los 2 ó 3 participantes del equipo se levantan al mismo tiempo, inmediatamente se sientan dejando participar a uno solo.

El moderador repite el procedimiento con otro pasaje para el equipo siguiente. Gana el equipo que acierte con el final de la historia en el menor tiempo transcurrido durante la lectura que haga el moderador. Así el participante podrá dar más datos del relato. El juez de tiempo deberá estar muy pendiente de cada participante para anotar minutos y segundos en que inicia el niño o la niña y su término.

Consultas:

La consulta entre los 3 participantes del equipo es permitida, pero en voz baja.

Infracción:

Si uno de los participantes se levanta de su lugar, pero olvida continuar con la historia se le dan 15 segundos para que inicie la respuesta. Si se queda callado o se vuelve a sentar, el juez indica al moderador INCORRECTO, finalizando la participación de ese equipo en este juego.

Puntaje

50 puntos

Tiempo

1 minuto

Participantes

3 por equipo

Modalidad

Un equipo a la vez

Materiales

Un pasaje bíblico para cada equipo, no debe ser el mismo, pero debe ser similar en su extensión.

Tres sillas

Historias

- Las 12 piedras tomadas del Jordán, Josué 4
- La toma de Jericó, Josué 6
- Débora y Barac derrotan a Sísara, Jueces 4
- Gedeón derrota a los Madianitas, Jueces 7
- Sansón derrota a los Filisteos en Lehí, Jueces 15
- Rut y Noemí, Rut 1
- Rut recoge espigas en el campo de Booz, Rut 2

Josué Jueces Rut

Secuencia de letras

Desarrollo:

1. El moderador sortea los sobres entre los equipos.
2. Se colocan las tarjetas en la pizarra o pared a tres metros de cada equipo y se le proporciona un marcador a cada equipo.
3. Los equipos participan simultáneamente escribiendo un listado de palabras relacionadas a la categoría seleccionada, con la dificultad de que la vocal asignada debe formar una línea en vertical como se muestra en el ejemplo.
4. Los tres participantes de cada equipo formarán una fila, el primer participante se dirige a la pizarra y escribe una palabra, luego retorna a la fila y entrega el marcador al siguiente participante. Éste escribe la segunda palabra y así sucesivamente hasta que termine el tiempo de un minuto.

Los participantes pueden correr o caminar para dirigirse a la pizarra.

Consultas:

No se permiten.

Infracción:

Si el juez observa que están hablando entre los tres participantes de cada equipo se les descuenta el valor de una palabra, o si el público llegara a decir en voz alta alguna palabra, el juez lo indica y se les descuenta el valor de una palabra a todos los equipos.

Puntaje

5 puntos por palabra correcta

Tiempo

1 minuto

Participantes

3 por equipo

Modalidad

Simultaneo

Materiales

-Sobres cerrados con la categoría (personajes, lugares, animales y objetos y misceláneos) y la vocal de base para cada equipo.
-Pizarra o cartulinas
-Un marcador por equipo

Josué Jueces Rut

Secuencia de Letras *Ejemplo:*

```
J  o  s  u  é
M  o  i  s  é  s
   N  o  e  m  í
E  l  i  m  e  l  e  c
   Q  u  e  l  i  o  n
      D  é  b  o  r  a
O  b  e  d
```

```
         H  a  í
      G  o  l  á  n
Q  u  i  r  i  a  t  -  a  r  b  a
         B  a  s  á  n
      G  a  b  a  ó  n
      C  a  f  i  r  a
      G  a  l  a  a  d
```

Josué Jueces Rut

Sopa de letras

Desarrollo:

1. El moderador coloca las papeletas (iguales para todos los equipos) boca abajo en la mesa o suelo frente a cada equipo; las papeletas deben tener en el título un tema relacionado a la búsqueda, por ejemplo: El paso del Jordán, la toma de Jericó, Rahab y los espías, etc.

2. Al dar la señal de inicio cada equipo debe dar vuelta a la papeleta y descubrir qué palabras aparecen en forma horizontal, vertical, diagonal, de arriba abajo, de izquierda a derecha o viceversa. Las palabras deben ser encerradas o resaltadas y se deben anotar a la par o debajo de la sopa de letras.

3. El equipo que termine corre hacia el juez asignado y la presenta para revisión (se anota el tiempo). Si el juez observa que está correcta, lo anuncia al moderador. Se detiene la competencia y uno de los participantes lee el listado en voz alta y ganan los 50 puntos.

4. Si la papeleta que lleva el equipo al juez para su revisión, está incorrecta en alguna(s) palabra(s), éste se limitará a decir incorrecta y el equipo seguirá buscando las palabras.

Tiempo máximo para esta competencia 7 minutos. Si durante el tiempo establecido no termina ningún equipo, se califica de acuerdo a las respuestas correctas (esto quiere decir 5 puntos por respuesta correcta).

Consultas:

La consulta será únicamente entre ambos participantes del equipo.

Infracción:

Si consultan con otros fuera de la pareja participante, el juez lo indica y les da una sanción de 30 segundos, no se le da tiempo de reposición.

Puntaje

5 puntos por palabra correcta

Tiempo

7 minutos

Participantes

2 por equipo

Modalidad

Simultaneo

Materiales

Una Papeleta con la sopa de letras con diez palabras a descubrir por equipo.
Un marcador resaltador o lapicero por equipo.

Respuestas:

Sopa de letras 1: Josué, Jordán, arca, levitas, agua, doce, tribu, divididas, sacerdotes, pacto.

Sopa de letras 2: Gedeón, Madianitas, Jehová, aguas, lengua, rodillas, trescientos, trompeta, campamento, espada.

Sopa de letras 3: Rut, Booz, espigas, campo, segadores, Belén, gavillas, moabita, pan, potaje.

Josué Jueces Rut

Sopa de Letras I

Basada en Josué 3, el paso del Jordán

n	i	g	b	e	t	l	e	v	i	t	a	s	a
l	e	v	i	o	n	s	a	r	c	i	y	u	o
d	i	v	i	t	u	o	j	l	j	o	s	y	o
e	r	t	s	a	c	e	r	d	o	t	e	s	s
e	r	t	p	r	t	y	n	j	s	u	u	o	o
t	d	d	s	p	d	r	u	o	t	t	s	d	t
r	i	i	c	a	g	u	a	c	e	r	o	e	e
i	v	v	a	c	r	t	y	u	a	f	j	a	c
b	i	i	c	t	u	i	a	r	c	a	b	c	a
a	d	p	p	o	t	y	t	r	i	b	u	v	s
l	i	c	a	o	c	v	b	j	i	j	i	o	p
u	d	o	c	e	a	s	d	r	t	h	b	n	o
b	a	d	o	l	m	a	n	c	e	n	u	t	o
a	s	j	o	r	t	o	i	j	o	r	d	a	n

1.	6.
2.	7.
3.	8.
4.	9.
5.	10.

Josué Jueces Rut

Sopa de Letras 2

Basada en Jueces 7, Gedeón derrota a los Madianitas

t	r	u	i	c	a	m	p	a	m	e	n	t	o
r	t	r	t	u	o	p	f	r	o	d	i	l	a
o	r	e	r	t	y	r	f	g	a	m	m	l	b
m	e	g	e	d	e	o	n	g	e	a	a	e	o
p	s	s	d	g	e	d	o	e	d	d	j	n	h
u	c	t	a	w	c	i	t	a	a	i	e	g	e
r	i	e	s	r	f	l	r	g	t	a	h	u	j
w	e	s	a	y	e	l	e	u	i	n	o	a	u
s	n	c	g	u	q	a	y	s	n	i	v	m	h
c	t	i	u	i	d	s	t	t	a	t	a	j	r
f	o	e	a	j	x	o	r	a	i	a	d	u	e
t	s	m	s	n	v	f	g	h	m	s	v	t	c
u	f	a	f	g	t	r	o	m	p	e	t	a	a
j	d	f	g	h	j	k	i	o	p	m	t	a	s

1.	6.
2.	7.
3.	8.
4.	9.
5.	10.

Josué Jueces Rut

Sopa de Letras 3

Basada en Rut 2, Rut recoge espigas en el campo de Booz

r	u	k	p	l	o	s	p	i	g	a	s	c	b
g	c	a	a	p	e	s	p	i	g	a	s	s	e
a	a	n	n	p	o	t	a	j	e	g	t	a	d
v	v	s	e	m	b	o	a	z	c	f	n	b	s
i	i	e	d	o	d	f	g	h	j	k	d	e	r
l	l	g	c	a	m	b	a	s	d	r	c	l	t
l	a	a	v	d	c	o	d	r	t	u	f	e	j
a	s	d	y	i	f	o	a	g	j	i	t	n	b
s	d	o	u	t	z	b	b	n	r	g	d	e
j	o	r	j	a	r	d	h	f	i	u	v	t	l
h	r	e	k	r	e	r	u	d	t	t	n	g	o
g	a	s	b	a	s	t	a	s	k	n	a	h	c
t	f	g	c	c	a	m	p	o	a	f	t	n	o
r	v	b	a	c	a	l	o	a	d	t	h	u	i

1.	6.
2.	7.
3.	8.
4.	9.
5.	10.

Josué Jueces Rut

CATEGORÍA DE REFLEXIÓN

El coach facilita la lección considerando el objetivo o propuesta de la enseñanza y dialoga con los niños/as del equipo permitiendo que formulen sus dudas. El objetivo de esta categoría es motivar al niño y a la niña a la lectura reflexiva de la Biblia, en cuanto a las enseñanzas espirituales que contiene y el contexto (histórico, cultural, idiomático, etc.) en el que se desenvuelve.

Hágale saber a los niños que aprender es fruto de un esfuerzo personal.

ALGUNAS TÉCNICAS DE REFLEXIÓN:

- Dialogo
- Preguntas dirigidas
- Escucha activa y participación intensa
- Focalizar lo esencial
- Armonizar teoría y práctica

Para una demostración local, distrital, de zona, nacional, etc. el moderador elegirá

2 juegos de reflexión

Los equipos sabrán los juegos que se realizarán únicamente hasta el día de la demostración.

Josué Jueces Rut

Baúl de los recuerdos

Desarrollo:

1. El moderador sortea el orden en el que pasan los equipos.
2. Irán pasando los participantes uno por uno introduciendo la mano en el baúl sin ver, cuando tenga en sus manos un objeto o figura, tendrá 2 minutos para ir narrando qué le recuerda esta figura relacionada con el tema de estudio.
3. El participante debe relacionar bien su narración con la figura, si es correcto, cada participante anota 10 puntos para su equipo.

El objeto que sacan del baúl queda fuera y no se vuelve a introducir al baúl.

Consultas:

No se permiten.

Infracción:

Si la niña o niño consulta con su compañero o el público dice algo en voz alta, el juez descontará 10 puntos al equipo que incurra en esta infracción.

Ejemplo:

Puntaje

20 puntos por narración correcta

Tiempo

2 minutos

Participantes

2 por equipo

Modalidad

Un equipo a la vez

Materiales

- Un baúl, ya sea de madera o elaborado con cartón.
- Figuras de cualquier material o impresas para colocar dentro del baúl.

Libro	Josué 1:8, 8:31, 34	Fuego	Josué y Jueces cap. 6
Campamento	Josué 1:11, 8:13 Jueces 7	Zapatos	Josué cap. 9, Rut 4:7
Puerta	Josué 8:29, 20:4 Jueces 16	Panes	Jueces cap. 6
Cordón de grana	Josué 2:18, 21	Perro	Jueces 7:5
Arca del Pacto	Josué cap. 3 y 4	Trompetas	Jueces 7:16
Piedras	Josué cap. 4 y 7	Cántaros	Jueces 7:16
Espigas	Josué 5:11, Rut cap. 2	Navaja	Jueces 13:5
Espada	Josué 5:13, Jueces 4 y 7	Estaca	Jueces 4:21, 16:13
Bocinas	Josué cap. 6	Cebada	Rut cap. 2 y 3

Josué Jueces Rut

Cartón lleno

Desarrollo:

1. El moderador sortea las cartillas y las coloca boca abajo sobre una mesa o suelo frente a cada participante, entrega a cada participante un bote con maíces, frijoles, botones o tapitas.
2. El moderador da la indicación de que volteen sus cartillas y empieza la lectura del pasaje bíblico, no menor de 10 versículos.
3. El niño o niña deberá escuchar con atención la lectura e irá marcando las palabras que va escuchando. El que llene su cartón primero, grita "CARTÓN LLENO". Y ahí se detiene el tiempo.
4. Si hubiese empate entre equipos se otorgan 30 puntos a cada uno. Si al terminar la lectura del pasaje, ningún participante llena el cartón nadie obtiene puntos. Si hubiese empate en los 2 participantes del mismo equipo únicamente se dan 30 puntos.

Consultas:

No se permiten.

Infracción:

Si el equipo interrumpe o pregunta en la lectura, los jueces descuentan 2 puntos.

Pasajes a jugar:

Exhortación de Josué al pueblo, Josué 23:1-16
Nacimiento de Sansón, Jueces 13:1-25
Rut recoge espigas en el campo de Booz

Ejemplo de las cartillas:

A continuación, se presenta un ejemplo de las cartillas basadas en el pasaje bíblico "Exhortación de Josué al pueblo", en este caso, la palabra clave es Pacto.

Puntaje

30 puntos

Tiempo

Lo que dure la lectura

Participantes

2 por equipo

Modalidad

Simultaneo

Materiales

- Pasaje bíblico seleccionado
- Cartillas tamaño ½ o ¼ de carta, con nueve palabras que se encuentren dentro del pasaje bíblico, deben ser diferentes para cada participante, pero todas deben tener la palabra clave, que preferiblemente es la última de la lectura.
- 9 maíces, frijoles, botones o tapitas por participante.

Josué Jueces Rut

Josué	viejo	suerte
mar	guardar	Moisés
varón	espinas	pacto

Príncipes	años	herencia
grande	escrito	diestra
almas	ojos	pacto

Oficiales	Jehová	tribus
sol	libro	dioses
matrimonio	azote	pacto

Jueces	naciones	Jordán
tierras	ley	Rostro
lazo	palabra	pacto

Josué Jueces Rut

¿Cómo lo imaginas?

Desarrollo:

1. El moderador sortea el orden de participación y permite que los participantes elijan un sobre al azar.
2. El moderador abre el sobre del primer participante y da lectura al lugar, el niño o niña tiene un minuto para dar el nombre del evento que sucedió en ese lugar y dar una descripción de cómo imagina ese lugar.
3. El juez considera que tanto el nombre del evento como la descripción del lugar estén acorde al libro de estudio.
4. Si el participante no responde durante el minuto no se le anota el punteo y el moderador menciona el evento, si el participante únicamente dice qué evento sucedió en el lugar, se anota 10 puntos.

Consultas:

No se permiten.

Infracción:

Si el niño o niña consulta con el coach o con otros miembros de su equipo o si el público presente dice algo en voz alta, el juez lo indica y se anula su participación en este juego únicamente.

Lugares:

Puntaje

30 puntos

Tiempo

1 minuto

Participantes

1 por equipo

Modalidad

Un equipo a la vez

Materiales

Un sobre por equipo con el nombre de algún lugar donde sucedió un evento importante.

LUGAR	EVENTO	DESCRIPCIÓN
Jericó	Fue la ciudad a la que Josué envió 2 espias, allí vivía una mujer llamada Rahab; Jehová entrego Jericó a Josué de una forma muy espectacular.	Permita Que los niños utilicen su imaginación para describir cómo eran estos lugares.
Valle de Sorec	En este lugar Sansón conoció a Dalila y fue encañado por ella.	
Campos de Moab	Es el lugar al que un varón de Belén fue a morar con su esposa e hijos, eran Elimelec, Rut, Mahlon, Quelon, ellos tomaron mujeres Moabitas Rut y Orfa.	

Josué Jueces Rut

Enunciados

Desarrollo:

1. El moderador coloca la papeleta en la mesa o suelo, boca abajo, frente a cada equipo.
2. Al dar la señal de inicio, los participantes dan vuelta a la papeleta y tendrán 1 minutos para enlazar los lugares o personajes con los enunciados y escribirlos en los espacios provistos.
3. Al finalizar el tiempo, los equipos entregan su papeleta al juez, se otorgan 5 puntos por casilla correcta.

Consultas:

Únicamente entre los dos participantes del equipo.

Infracción:

Si los participantes intentan ver las respuestas de otro equipo, el juez lo incida y se anula su participación en este juego únicamente.

Ejemplo:

Puntaje

5 puntos por casilla correcta

Tiempo

1 minuto

Participantes

2 por equipo

Modalidad

Simultanea

Materiales

- Una papeleta para cada equipo (igual para todos).
- Un lapicero.

Débora	Barac	Sísara	Jael

Soy el capitán de Ejército de Jabin, rey de Canaán, habito en Haroset-goim **Sísara**	Mujer de Lapidot, profetiza y gobernadora de Israel, me siento bajo una palmera	Soy hijo de Abinoam, de Cedes de Neftalí. Debora me mandó a llamar
Subí con 10,000 hombres de Zabulón y de Neftalí de Ceres y Débora iba conmigo	Reuní todos mis carros, 900 carros errados, pero caímos a filo de espada y yo huí a pie	Dije a Barac, levántate, porque en este día Jehová a entregado a Sísara
Seguí todos los carros y al ejército de Sísara hasta que cayeron a filo de espada	Soy mujer de Heber ceneo, Sísara entró a mi tienda y le dije "ven, no tengas miedo"	Tomé una estaca y un mazo y se la clavé en las sienes a Sísara

Josué Jueces Rut

Orden de eventos

Desarrollo:

1. El moderador prepara sobres manila con cinco escenas de alguna historia del libro a estudiar.
2. El moderador permite que los participantes elijan un sobre al azar.
3. En cuanto se dé la señal de inicio, los participantes deberán sacar las escenas del sobre y tendrán dos minutos para ordenarlas.
4. Pasados los primeros dos minutos, cada participante tendrá un minuto para narrar la secuencia del evento.

Consultas:

No se permiten.

Infracción:

Si el participante consulta con su coach o con alguien de su equipo, el juez lo indica y anula su participación en este juego únicamente.

Ejemplo:

El ejemplo se basa en "El pecado de Acán" Josué capítulo 7 (Imágenes tomadas de HermanaMargarita.com)

Puntaje

50 puntos si las escenas están en orden + 10 puntos si la narración es correcta

Tiempo

2 minutos para ordenar las escenas, 1 minuto para narrar el evento

Participantes

1 por equipo

Modalidad

Simultaneo para ordenar las escenas y un equipo a la vez para explicar

Materiales

- Historias de Josué, Jueces o Rut divididas en 5 escenas.

Josué Jueces Rut

Josué Jueces Rut

Josué Jueces Rut

Josué Jueces Rut

Espada de dos filos

Desarrollo:

1. El moderador sortea el orden de participación, le permite a cada participante elegir un sobre al azar.
2. El moderador le lee las preguntas del sobre al participante del primer equipo, a cada una de ellas el niño o niña deberá responder si es falso o verdadero; para ello tendrá 1 minuto a partir de que el moderador empiece la lectura de la primera pregunta.
3. Si el participante no responde correctamente, el moderador dirá la respuesta correcta y leerá la siguiente pregunta.
4. El juez dará 10 puntos por cada respuesta correcta y se debe tomar en cuenta que el tiempo no se detiene.

Consultas:

No se permiten.

Infracción:

Si el participante consulta con su equipo o el público dice en voz alta alguna de las respuestas, el juez lo indica y se anula la participación en este juego.

Ejemplo:

Sobre 1

1. Los moradores de Gabaón fingieron ser embajadores y que iban de una tierra muy lejana y le dijeron a Josué que hicieran una alianza
   FALSO O VERDADERO   R/ VERDADERO (Josué 9:4-6)

2. Los supuestos embajadores dijeron que habían tomado el pan caliente de sus casas y les mostraron que ya estaba viejo y mohoso, para parecer que venían de muy lejos.
   FALSO O VERDADERO   R/ VERDADERO (Josué 9:12)

3. Pasaron 5 días después de que hicieron la alianza con ellos cuando se dieron cuenta que eran sus vecinos y vivían entre ellos.
   FALSO O VERDADERO   R/ FALSO (9:16)

Puntaje

10 puntos por respuesta correcta

Tiempo

1 minuto

Participantes

1 por equipo

Modalidad

Un equipo a la vez de forma alternada

Materiales

- Sobres con tres preguntas diferentes para cada equipo.

Josué Jueces Rut

La Biblia en nuestros tiempos

Desarrollo:

1. El moderador sortea el orden de participación, le permite a cada equipo elegir un sobre al azar.
2. Cada equipo tendrá 2 minutos para consultar la Biblia y pensar cómo traer la historia al tiempo actual, además deberán ponerse de acuerdo sobre quién será el narrador.
3. Cada equipo tendrá 1 minuto para narrar la historia en versión actual.

Consultas:

Solo entre los participantes del equipo.

Infracción:

Si consultan entre los 3 participantes o con el resto del equipo, cuando haya terminado el tiempo el juez lo indica, y el moderador anula su participación en este juego.

Pasajes a jugar:

- Una historia de Doce piedras (Josué 4)
- Oh no Joricó (Josuó 5)
- El pecado de Acán (Josué 6)
- Los Israelitas derrotan a los Amorreos (Josué 10)
- Débora y Barac (Jueces 4)
- Gedeón derrota a los Madianitas (Jueces 7)

Puntaje

30 puntos

Tiempo

2 minutos para consultar la biblia y 1 minuto para narrar.

Participantes

3 por equipo

Modalidad

Un equipo a la vez de forma alternada

Materiales

- Sobres con las citas bíblicas (uno diferente para cada equipo)
- Biblias

Josué Jueces Rut

¿Qué nos enseña?

Desarrollo:

1. El moderador sortea el orden de participación, le permite a cada participante elegir un sobre al azar.

2. El moderador le lee el texto y los tres valores al participante del primer equipo y el niño o niña tiene 1 minuto para explicar qué valor nos enseña ese texto bíblico, si es correcto, el moderador lo indica y el juez le suma 20 puntos a su equipo. Si la respuesta no es correcta o no es contestada en el tiempo determinado, pierde su oportunidad y el moderador da la respuesta correcta, no se le otorgan puntos para el equipo.

3. Luego continua con el participante del siguiente equipo hasta que pasen todos.

Consultas:

No se permiten.

Infracción:

Si el público llegara a decir en voz alta la respuesta se le descuentan 10 puntos al equipo que incurra en esta infracción.

Lista de valores:

Generosidad, respeto, gratitud, amistad, responsabilidad, paz, solidaridad, tolerancia, honestidad, justicia, libertad, fortaleza, lealtad, integridad, igualdad, perdón, bondad, humildad, perseverancia, amor, unidad, confianza, provisión, protección.

Ejemplo:

Puntaje

20 puntos

Tiempo

1 minuto

Participantes

1 por equipo

Modalidad

Un equipo a la vez de forma alternada

Materiales

- Textos bíblicos (cantidad de acuerdo a los equipos participantes)
- Una hoja con 3 valores para cada texto (1 valor debe tener relación con el versículo y 2 no.)

Y habló Josué a los sacerdotes, diciendo: Tomad el arca del pacto, y pasad delante del pueblo. Y ellos tomaron el arca del pacto y fueron delante del pueblo. Josué 3:6	Confianza Gratitud Obediencia
Mira bien el campo que sieguen, y síguelas; porque yo he mandado a los criados que no te molesten. Y cuando tengas sed, ve a las vasijas, y bebe del agua que sacan los criados. Rut 2:9	Justicia Igualdad Protección

Josué Jueces Rut

Siguiendo las huellas

Desarrollo:

1. El moderador sortea el orden de participación y los sobres con los juegos de preguntas.
2. Se colocan en el suelo las 12 huellas y los niños hacen una fila en el inicio, el moderador lee la primera pregunta del primer participante y tiene 30 segundos para dar su respuesta, si es correcta coloca su identificador en la huella 1, si no responde durante los 30 segundos o su respuesta es incorrecta, el moderador da la respuesta correcta y el niño o niña no avanza.
3. Luego continua con el siguiente participante, de forma alternada.

Debe tomar en cuenta que se le deben hacer las 12 preguntas a cada participante, en este juego ganan 5 puntos por huella que avancen.

Consultas:

No se permiten.

Infracción:

Si el público llegara a decir en voz alta la respuesta se le descuentan 10 puntos al equipo que incurra en esta infracción.

Ejemplo:

Puntaje

5 puntos por respuesta correcta

Tiempo

30 segundos para dar la respuesta

Participantes

1 por equipo

Modalidad

Un equipo a la vez de forma alternada

Materiales

- 12 huellas de papel o de cualquier otro material.
- Un sobre con un juego de 12 preguntas diferentes para cada equipo.
- Dos títulos, uno de inicio y otro de meta.
- Identificadores para cada equipo, pueden ser círculos de colores.

Anette del equipo "Jordán" respondió 9 preguntas anota 45 puntos para su equipo.

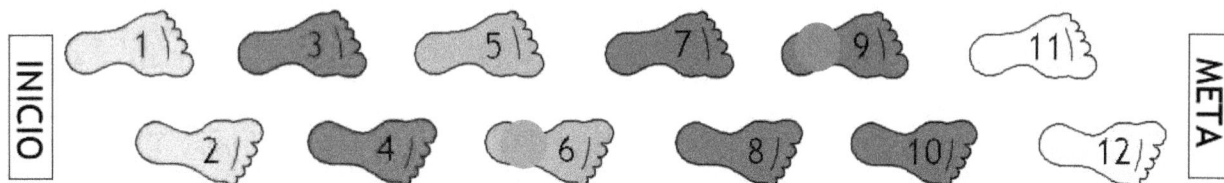

INICIO 1 3 5 7 9 11 META
2 4 6 8 10 12

Diana del equipo "Gedeón" respondió 6 preguntas anota 30 puntos para su equipo.

Josué Jueces Rut

CATEGORÍA DE ARTE MANUAL

Las manualidades también pueden ser utilizadas como herramientas didácticas, por lo regular buscan el avance personal, el desarrollo de la creatividad y son una forma de esparcimiento. Se recurre a las manualidades en la etapa temprana de aprendizaje pues permiten el desarrollo de la motricidad gruesa y fina.

Esta categoría les permitirá a los niños/as representar conocimientos bíblicos a través de diferentes expresiones manuales.

ALGUNAS IDEAS:

- Solicite a su presidente de MIEDD que le abastezca con materiales didácticos, papel de diferentes colores y texturas, tijeras, pegamento, lana, brillantina, pajillas, pintura dactilar, temperas, pinceles, etc.
- Realice actividades que permitan a los niños desarrollar su creatividad.
- Para una demostración local, distrital, de zona, nacional, etc. el moderador elegirá

I Juego de arte manual

Los equipos sabrán los juegos que se realizarán únicamente hasta el día de la demostración.

Josué Jueces Rut

Banderas

Desarrollo:

1. El moderador sortea el orden de participación y los sobres con nombres de lugares donde hayan sucedido eventos importantes.
2. Cada equipo dispondrá de 5 minutos para realizar una bandera con elementos que identifiquen el lugar que les corresponde.
3. Pasados los 5 minutos, cada equipo tendrá 1 minuto para dar su explicación.
4. Para este juego se debe tomar la siguiente escala de evaluación:

   Adecuación de los materiales 5-10 puntos
   Creatividad y limpieza   5-10 puntos
   Explicación   5-10 puntos

Consultas:

Solo entre los participantes del equipo.

Infracción:

Si durante la explicación, el público o algún miembro del equipo interfiere, se le llamará la atención, si vuelve a incurrir se le descuentan 10 puntos al equipo.

Pasajes a jugar:

- Río Jordán, Josué 3
- Jericó, Josué 6
- Golán, Josué 20 y 21
- Boquim, Jueces 2
- Monte de Efarín, Jueces 4
- Encina de Ofra, Jueces 6
- El campo de Booz, Rut 2

Puntaje

30 puntos

Tiempo

5 minutos para hacer la bandera y 1 minuto para explicar.

Participantes

2 por equipo

Modalidad

Simultaneo para hacer la bandera y un equipo a la vez para explicar

Materiales

- Sobres con los lugares
- Media cartulina o tabloides
- Papel de diferentes colores y texturas
- Lápices, marcadores
- Palos de madera o porta globos
- Pegamento, tijeras, lana, etc.

Josué Jueces Rut

Collage

Desarrollo:

1. El moderador sortea el orden de participación para la explicación y los sobres con los temas para elaborar el collage.
2. Cada equipo dispondrá de 5 minutos para elaborar su collar con elementos que identifiquen el tema que les corresponde.
3. Pasados los 5 minutos, cada equipo tendrá 1 minuto para dar su explicación.
4. Para este juego se debe tomar la siguiente escala de evaluación:

   Adecuación de los materiales 5-10 puntos
   Creatividad y limpieza   5-10 puntos
   Explicación   5-10 puntos

Consultas:

Únicamente entre los tres participantes del equipo.

Infracción:

Si durante la explicación, el público o algún miembro del equipo interfiere, se le llamará la atención, si vuelve a incurrir se le descuentan 10 puntos al equipo.

Temas:

- Las 12 piedras tomadas del Jordán, Josué 4
- La toma de Jericó, Josué 6
- El pecado de Acán, Josué 7
- Muerte de Sísara, Jueces 4
- Llamamiento de Gedeón, Jueces 6
- Muerte de Sansón, Jueces 16
- Rut recoge espigas en el campo de Booz, Rut 2
- Nacimiento de Obed, Rut 4

Puntaje

30 puntos

Tiempo

5 minutos para elaborar el collage y 1 para explicar

Participantes

3 por equipo

Modalidad

Simultaneo para hacer el collage y un equipo a la vez para explicar

Materiales

- Sobres con los temas
- Hojas
- Papel de diferentes colores y texturas
- Lápices, marcadores
- Limpiapipas, ojos, algodón, etc.
- Pegamento, tijeras, lana, etc.

Josué Jueces Rut

Conteste y dibuje

Desarrollo:

1. El moderador sortea el orden de participación y los sobres con el dibujo base y las cinco preguntas (tanto el dibujo como las preguntas son diferentes para cada equipo).
2. Los participantes deben hacer una fila a 3 metros de distancia de la pizarra o pared donde se pegue el dibujo base.
3. El moderador le lee la primera pregunta al primer participante (después de leer la primera pregunta, se empieza a tomar el tiempo), si él o ella responde correctamente, tendrá la oportunidad de pasar hacer un dibujo sobre el dibujo base. Si no responde, entonces no podrá pasar hacer el dibujo.
4. Al finalizar las cinco preguntas, el moderador pedirá que solo uno de los participantes le diga qué tema o evento se dibujó.
5. Para este juego se toma la siguiente escala de evaluación:

Claridad y limpieza de los dibujos	5-10 puntos
Coordinación en tamaño y espacio	5-10 puntos
Los dibujos se asocian al tema	5-10 puntos

Consultas:

No se permiten, cada participante debe responder su pregunta sin consultar con sus compañeros.

Infracción:

Si otro participante responde la pregunta que se le formula alguno de sus compañeros o si alguien del público dice la respuesta en voz alta, se anula la participación de este equipo, únicamente en este juego.

Temas:

- Josué envía espías a Jericó, Josué 2
- Débora y Barac derrotan a Sísara, Jueces 4
- Llamamiento de Gedeón, Jueces 6
- Sansón derrota a los filisteos en Lehi, Jueces 15
- Rut recoge espigas en el campo de Booz, Rut 2

Puntaje

30 puntos

Tiempo

3 minutos

Participantes

5 por equipo

Modalidad

Un equipo a la vez

Materiales

- Sobres de manila con el dibujo base y el cuestionario de cinco preguntas. (tanto el dibujo como las preguntas son diferentes para cada equipo)
- Masquing tape o sellador
- Marcador.

Josué Jueces Rut

Emoción-arte

Este juego se diseñó pensando en que el coach de cada equipo debe enseñar a los niños sobre emociones y cómo gestionarlas.

1. El moderador sortea el orden para exponer.
2. A cada participante se le entrega una hoja con dos siluetas de rostros (hombre/mujer) y un marcador.
3. El moderador dirá el nombre de un personaje(s) y un evento en el que el personaje(s) sintió alguna emoción, por ejemplo: "Adán y Eva al salir del Edén"
4. Cada participante deberá dibujar las expresiones faciales que correspondan a la emoción que el personaje sintió, para esto, tendrán 1 minuto. (En caso de que se hable de varios personajes como guardias, iglesia, etc. puede usar ambas siluetas).
5. Después del minuto de dibujo, de acuerdo al orden que se sorteó, cada participante les dará una explicación a los jueces sobre la emoción y por qué cree que el personaje la sintió.
6. Para este juego se toma en cuenta la siguiente escala de evaluación:

Claridad y limpieza del dibujo   5-10 puntos
Explicación   5-10 puntos

Consultas:
No se permiten.

Infracción:
Si algún participante intenta ver o replicar lo que otro equipo esté haciendo, el juez lo indica y se anula su participación en este juego.

Temas:

- Los Israelitas al ver que el Jordán se detenía, Josué 3
- Sansón al ver que su cabello fue cortado, Jueces 16
- Rut y Orfa cuando Noemí les pedía que volvieran a sus casas, Rut 1

Puntaje
20 puntos

Tiempo
1 minuto para dibujar, 1 para exponer

Participantes
1 por equipo

Modalidad
Simultaneo para dibujar y uno a la vez para exponer

Materiales
- Hoja con siluetas de rostros (hombre/mujer)
- Marcadores

Josué Jueces Rut

molestia	confusión	Decepción	disgusto
vergüenza	alegría	Frustración	furia
felicidad	Inocencia	irritación	soledad
nervios	paz	orgullo	tristeza
miedo	shok	enfermo	chistoso
Asombro	Sospecha	Cansancio	Preocupación

Josué Jueces Rut

Josué Jueces Rut

Personajes en 3D (JUEGO NUEVO)

Desarrollo:

1. El moderador sortea los personajes y el orden en el que los equipos darán su explicación.
2. El moderador dispone la misma cantidad de materiales para cada equipo en una mesa o en el suelo.
3. Tendrán 5 minutos para la elaboración del personaje.
4. Pasados los 5 minutos, de acuerdo al orden sorteado, cada equipo hará una presentación creativa de su personaje.
5. Se debe tomar en cuenta la siguiente escala de evaluación:

Limpieza en la elaboración del personaje   5-10 puntos
Creatividad de la presentación   5-10 puntos
Adecuación de los materiales   5-10 puntos

Consultas:

Se permiten únicamente entre los dos miembros del equipo.

Infracción:

Se le descuentan 5 puntos al equipo que esté hablando entre si cuando otro equipo este haciendo su presentación.

Observaciones:

El moderador puede adaptar las plantillas, deberá asegurarse de dar todas las piezas al equipo.

Personajes:

- Josué
- Rahab
- Débora
- Gedeón
- Sansón
- Rut
- Booz

Puntaje

30 puntos

Tiempo

5 minutos para elaborar el personaje y 1 minuto para la presentación

Participantes

2 por equipo

Modalidad

Simultanea para la elaboración, un equipo a la vez para la presentación

Materiales

- Plantillas de los personajes
- Marcadores, tijeras, pegamento, etc.

Josué Jueces Rut

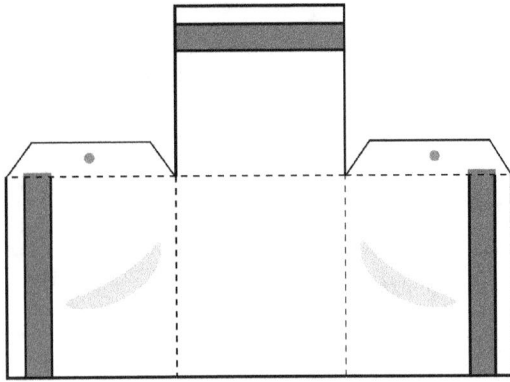

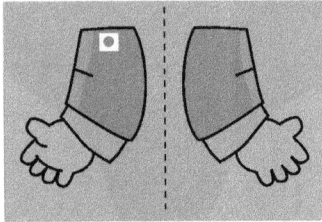

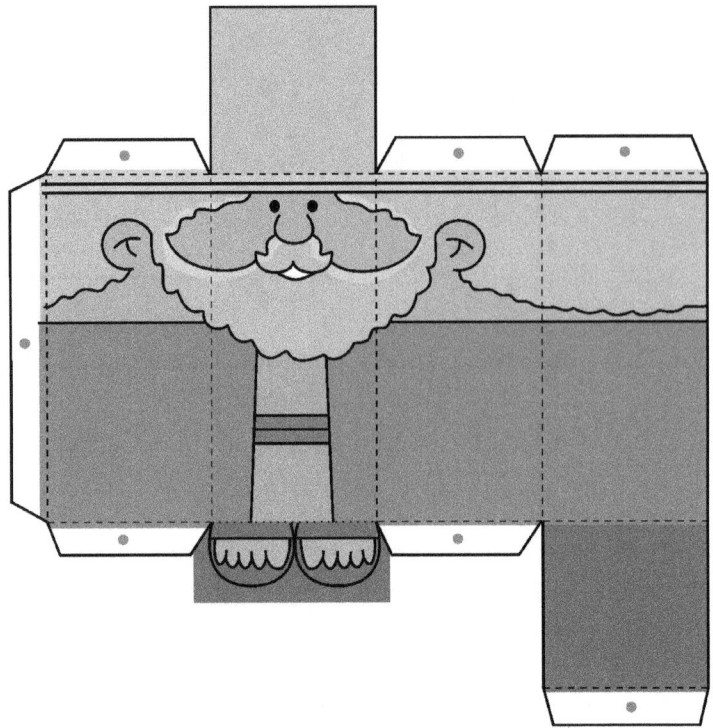

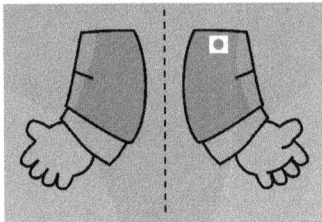

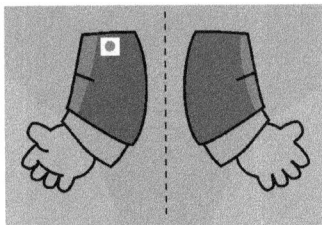

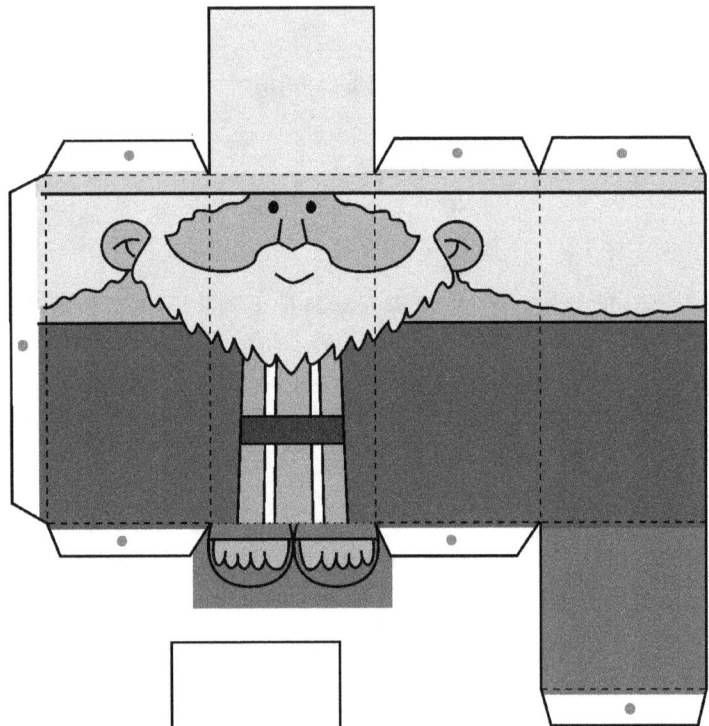

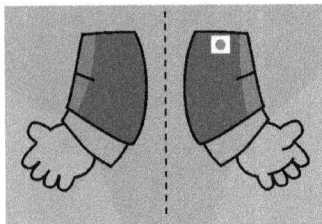

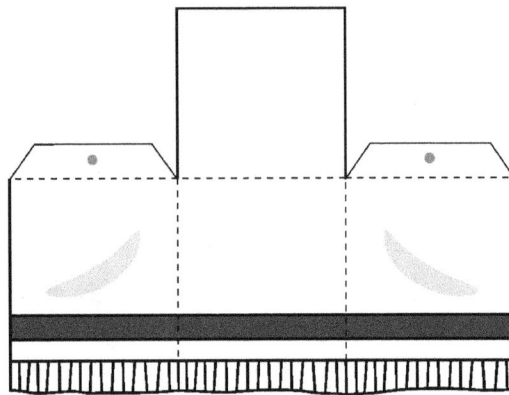

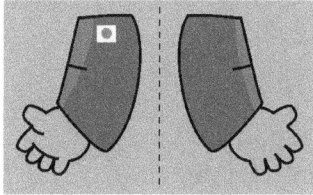
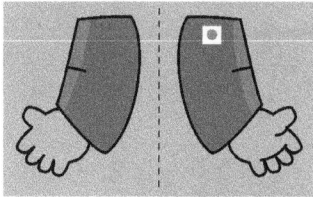

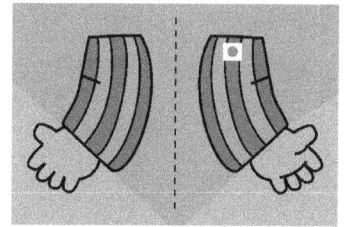
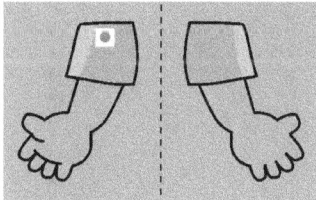
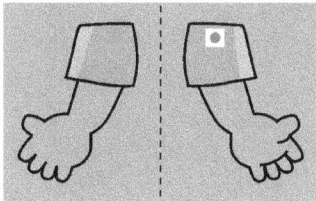

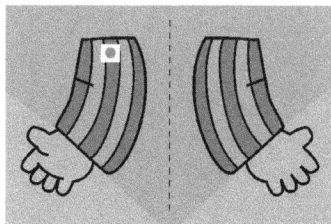

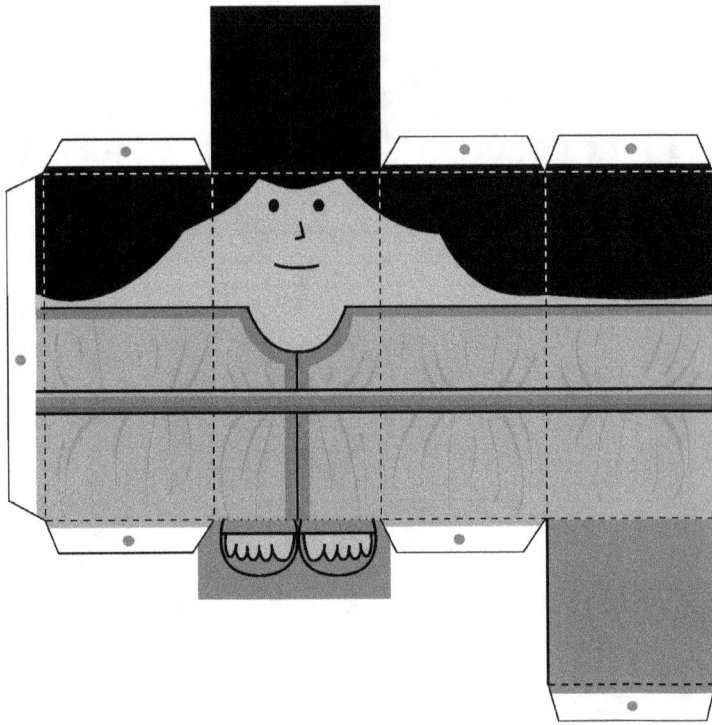
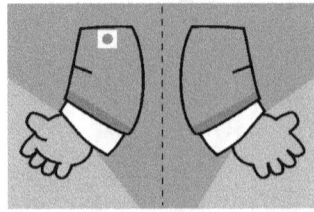
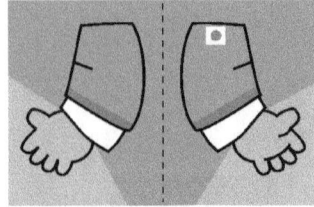
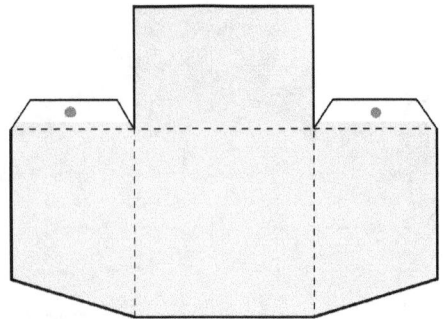

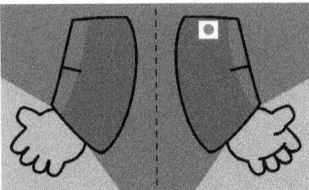
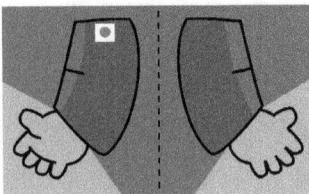
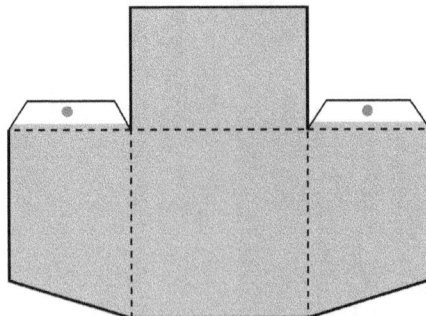

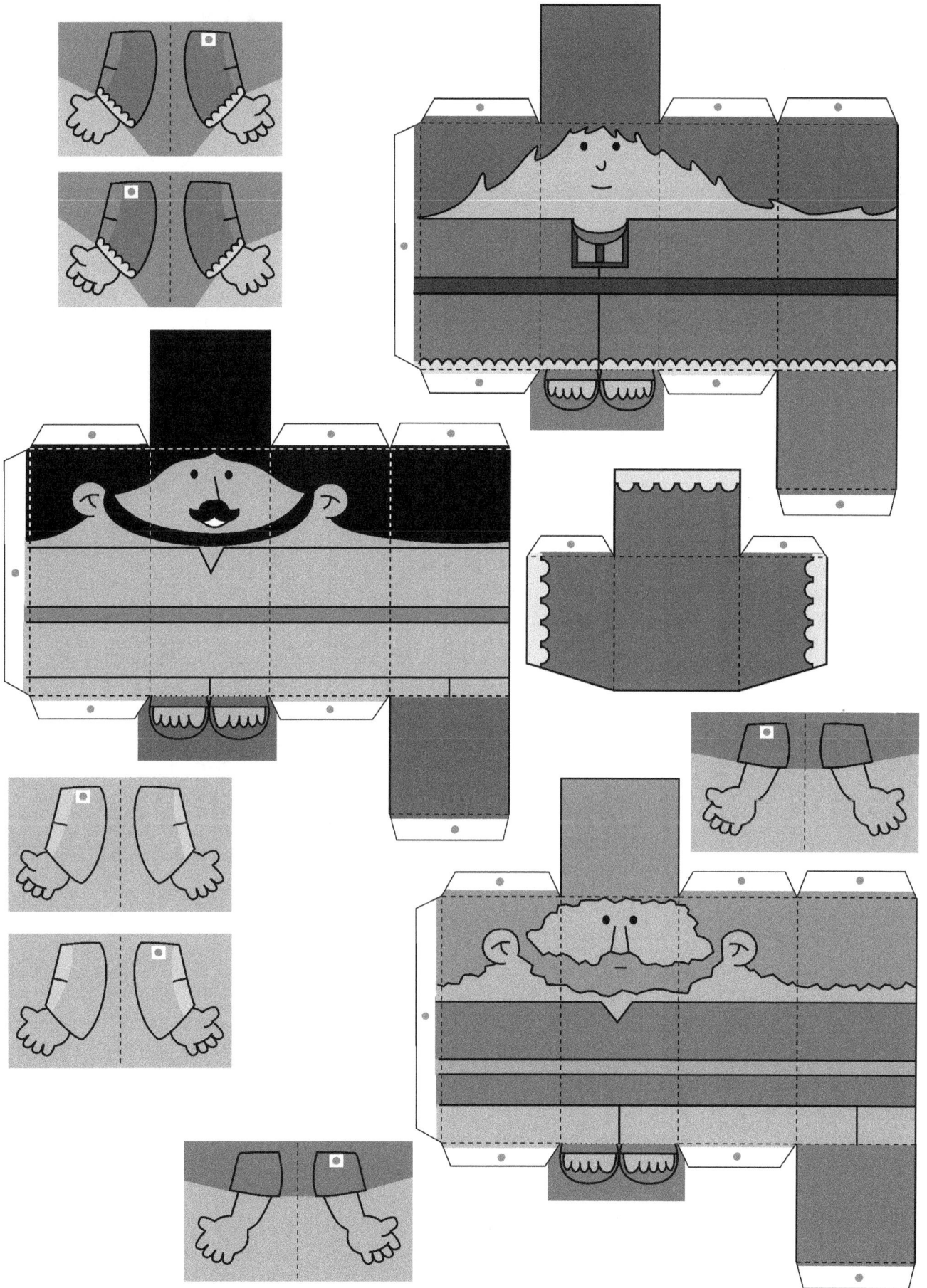

Títere

Desarrollo:

1. El moderador sortea los personajes y el orden en el que los equipos darán su explicación.
2. El moderador dispone la misma cantidad de materiales para cada equipo en una mesa o en el suelo.
3. Tendrán 5 minutos para la elaboración del títere.
4. Pasados los 5 minutos, de acuerdo al orden sorteado, cada equipo hará una presentación creativa de su títere.
5. Se debe tomar en cuenta la siguiente escala de evaluación:

   Limpieza en la elaboración del títere 5-10 puntos
   Creatividad de la presentación   5-10 puntos
   Adecuación de los materiales   5-10 puntos

Consultas:

Se permiten únicamente entre los dos miembros del equipo.

Infracción:

Se le descuentan 5 puntos al equipo que esté hablando entre si cuando otro equipo este haciendo su presentación.

Personajes:

- Josué
- Rahab
- Caleb
- Débora
- Barac
- Gedeón
- Sansón
- Rut
- Noemí
- Booz

Puntaje

30 puntos

Tiempo

5 minutos para elaborar el títere y 1 minuto para la presentación

Participantes

2 por equipo

Modalidad

Simultanea para la elaboración, un equipo a la vez para la presentación

Materiales

- Sobres con los nombres de los personajes.
- Bolsas medianas de papel craft
- Papel de diferentes colores y texturas.
- Marcadores, tijeras, pegamento, lana, ojos móviles, etc.

Josué Jueces Rut

CATEGORÍA DE ACTUACIÓN

La actuación consiste en representar un personaje de forma integral, para ello es necesario que el actor, el niño/a, conozca el personaje y lo pueda evocar con su expresión corporal y voz.

En esta categoría el objetivo es el de desarrollar en el niño y la niña la habilidad de expresar con su cuerpo un mensaje espiritual que conlleva el estudio de la Palabra de Dios.

ALGUNAS IDEAS:

- Cree un ambiente de respeto y un espíritu positivo en los niños/as para que no se burlen o rían cuando alguno de sus compañeros participe en esta categoría.
- Realice ejercicios que permitan al niño/a ganar confianza en sí mismo y perder la timidez.

Para una demostración local, distrital, de zona, nacional, etc. el moderador elegirá

I JUEGO DE ACTUACIÓN

Los equipos sabrán los juegos que se realizarán únicamente hasta el día de la demostración.

Josué Jueces Rut

Acróstico

Desarrollo:

1. El moderador sortea los personajes y el orden en el que los equipos darán su explicación.
2. El moderador le entrega una cartulina y marcadores a cada equipo.
3. Tendrán 5 minutos para la escribir su acróstico.
4. Pasados los 5 minutos, de acuerdo al orden sorteado, cada equipo hará una presentación creativa de su acróstico.
5. Se debe tomar en cuenta la siguiente escala de evaluación:

Ademanes	5-10 puntos
Coordinación entre los 2 miembros del equipo	5-10 puntos
Entonación	5-10 puntos
Creatividad	5-10 puntos
Contenido relacionado con el tema de estudio	5-10 puntos

Consultas:

Se permiten únicamente entre los dos miembros del equipo.

Infracción:

Se le descuentan 5 puntos al equipo que esté hablando entre si cuando otro equipo este haciendo su presentación.

Personajes:

- Josué
- Rahab
- Débora
- Gedeón
- Sansón
- Noemí

Puntaje

50 puntos

Tiempo

5 minutos para escribir el acróstico y 1 minuto para presentar

Participantes

2 por equipo

Modalidad

Simultáneo para hacer el acróstico y Un equipo a la vez para presentar

Materiales

- Cartulina
- Marcadores

Josué Jueces Rut

Declamación

1. El moderador sortea el orden en el que pasan los equipos.
2. Cada equipo tendrá como máximo 1 minuto para presentar su poema.
3. Se debe considerar la siguiente escala de evaluación:

Ademanes   5-10 puntos
Coordinación entre los 2 miembros del equipo 5-10 puntos
Entonación   5-10 puntos
Letra inédita   5-10 puntos
Contenido relacionado con el tema de estudio 5-10 puntos

Consultas:

No se permiten.

Infracción:

Se le descuentan 5 puntos al equipo que esté hablando entre si cuando otro equipo este haciendo su presentación.

Ejemplo:

Espiga tras espiga recogía en el campo
Rut la moabita, llena de encanto
Amaba a su suegra Noemí y con ella pactaba
Dónde tú mueras, moriré yo.

Comía y bebía de los abastos de las criadas
Rut la moabita, que en los campos trigaba
Orfa se fue, pero ella se quedaba y con Noemí pactaba
A dónde tu vayas, iré yo.

Redención alcanzaba por un buen hombre
Rut la moabita, a la era se asomaba
Llena de gracia, ella y Noemí eran alabadas
Porque un hijo esta le heredaba.

Josué Jueces Rut

Puntaje

50 puntos

Tiempo

1 minuto

Participantes

2 por equipo

Modalidad

Un equipo a la vez

Materiales

Dígalo con mímica

Desarrollo:

1. El moderador sortea el orden de participación y los temas.
2. El equipo asigna a un participante para hacer la mímica, los otros cuatro deberán adivinar el tema con las mímicas de su compañero, para ello tendrán un máximo de 2 minutos.
3. Al estar seguros de la respuesta, la deberán decir, si es correcta anotan el punteo para su equipo, si no es correcta, el moderador dará la respuesta y continuará con el siguiente equipo.

Consultas:

Solamente entre los 4 participantes que deben adivinar el tema.

Infracción:

Si el público presente u otros miembros del equipo interrumpen diciendo posibles respuestas, el juez lo indica y el moderador anula la participación del equipo en este juego únicamente.

Temas:

- Josué envía espías a Jericó, Josué 2
- El cruce del Jordán, Josué 3
- Débora y Barac derrotan a Sísara, Jueces 4
- Llamamiento de Gedeón, Jueces 6
- Sansón derrota a los filisteos en Lehi, Jueces 15
- Muerte de Sansón, Jueces 16
- Rut recoge espigas en el campo de Booz, Rut 2
- Nacimiento de Obed, Rut 4

Puntaje

25 puntos

Tiempo

2 minutos

Participantes

5 por equipo

Modalidad

Un equipo a la vez

Materiales

- Sobres con los temas (diferentes para cada equipo).

Josué Jueces Rut

Dramatización

Desarrollo:

1. El moderador sortea el orden de participación y los temas.
2. Cada equipo tendrá 5 minutos para prepararse con ayuda de su coach, deben tomar en cuenta que el vestuario, escenografía, decoración, etc. lo deben conseguir en ese momento, utilizando lo que este a la mano y que el tema debe ser traído a la actualidad.
3. Pasados los 5 minutos, el moderador pedirá a los coach que se retiren y cada equipo tendrá un máximo de 5 minutos para presentar su drama.
4. Se debe tomar en cuenta la siguiente escala de evaluación:

Participación de todo el equipo	5-10 puntos
Capacidad de representación	5-10 puntos
Fluidez del diálogo	5-10 puntos
Uso de los recursos disponibles	5-10 puntos
Conservación de la enseñanza	5-10 puntos

Consultas:

Durante los primeros 5 minutos pueden consultar con el coach y entre ellos, durante la presentación no deben consultarse.

Infracción:

Se descuentan 10 puntos al equipo que estén hablando entre ellos mientras otro equipo se presenta.

Temas:

- Josué envía espías a Jericó, Josué 2
- El cruce del Jordán, Josué 3
- Débora y Barac derrotan a Sísara, Jueces 4
- Llamamiento de Gedeón, Jueces 6
- Sansón derrota a los filisteos en Lehi, Jueces 15
- Muerte de Sansón, Jueces 16
- Rut recoge espigas en el campo de Booz, Rut 2

Puntaje

50 puntos

Tiempo

5 minutos para preparar el drama, 3 minutos para presentarlo.

Participantes

Todo el equipo

Modalidad

Simultaneo para prepararse y un equipo a la vez para presentar el drama

Materiales

- Sobres con los temas (diferente para cada equipo).

Josué Jueces Rut

Ultima hora

Desarrollo:

1. El moderador sortea el orden de participación y los temas.
2. Cada equipo tendrá 3 minutos para redactar de forma creativa una noticia basada en el tema que les tocó.
3. Pasados los 3 minutos, solamente un participante de cada equipo deberá leer su noticia en un máximo de 1 minuto.
4. Se debe tomar en cuenta la siguiente escala de evaluación:

Creatividad	5-10 puntos
Relación con el tema de estudio	5-10 puntos
Fluidez del discurso	5-10 puntos

Consultas:

Únicamente se permiten entre los 4 participantes durante los primeros 4 minutos, además pueden consultar la biblia.

Infracción:

Se descuentan 10 puntos al equipo que estén hablando entre ellos mientras otro equipo se presenta.

Temas:

- Rahab esconde a los espías, Josué 2
- Las aguas del Jordán se detienen, Josué 3
- Caen los muros de Jericó, Josué 6
- Acán y su familia condenados a muerte, Josué 8
- Jael mata a Sísara con una estaca, Jueces 4
- Muere Sansón y los filisteos, Jueces 16
- Muere la familia de Noemí, Rut 1
- Rut se casa con Booz, Rut 4

Puntaje
30 puntos

Tiempo
4 minutos

Participantes
4 por equipo

Modalidad
Un equipo a la vez

Materiales
- Hojas
- Lapicero

Josué Jueces Rut

CATEGORÍA DE MÚSICA

La música es el arte de organizar los sonidos de forma sensible y coherente, con armonía, melodía y ritmo; el objetivo de esta categoría es enseñar al niño/a alabar de forma inteligente a Dios, pues lo harán con el conocimiento de la Palabra, con un fundamento bíblico y conocimiento espiritual.

ALGUNAS IDEAS:

- Solicite ayuda a los miembros del ministerio de alabanza.
- Propicie pequeños tiempos de alabanza en sus reuniones con el equipo.
- Identifique si algún niño/a tiene habilidades con los instrumentos o una voz privilegiada.
- Permita que los niños/as participen en la creación del canto inédito, así desarrollaran su creatividad.

Para una demostración local, distrital, de zona, nacional, etc. el moderador elegirá

I JUEGO DE MÚSICA

Los equipos sabrán los juegos que se realizarán únicamente hasta el día de la demostración.

En cuanto al CANTO INÉDITO, este se debe presentar en la demostración final.

Josué Jueces Rut

Cantando el texto

Desarrollo:

1. El moderador sortea el orden de participación y los textos.
2. Cada equipo tendrá 1 minuto para leer el texto y ponerse de acuerdo.
3. Pasado el primer minuto y conforme al orden de participación, cada equipo presentará su texto cantándolo de forma creativa.
4. Se debe tomar en cuenta la siguiente escala de evaluación:

Creatividad de la presentación	5-10 puntos
Entonación y armonía	5-10 puntos

Consultas:

Durante el primer minuto pueden consultar con su coach.

Infracción:

Se descuentan 10 puntos al equipo que estén hablando entre ellos mientras otro equipo se presenta.

Textos:

Utilice los textos que se encuentran en la lista de textos para memorizar.

Puntaje

20 puntos

Tiempo

2 minutos

Participantes

Todo el equipo

Modalidad

Un equipo a la vez

Materiales

- 1 texto de la lista de textos a memorizar para cada equipo.

Josué Jueces Rut

Canto inédito

Desarrollo:

Cada equipo deberá escribir un canto relacionado al tema de estudio, esto lo deben hacer con anticipación y ayuda de su coach, también pueden solicitar ayuda a miembros del ministerio de alabanza.

Se deben tomar las siguientes consideraciones:

- Letra inédita (inventada por el equipo)
- Letra relacionada con el tema de estudio.
- Música no necesariamente inédita, (utilizada en el medio cristiano)
- Dos estrofas como mínimo, cuatro como máximo.
- Tiempo máximo de duración tres minutos.

1. El moderador sortea el orden de participación.
2. Cada equipo tendrá un máximo de 3 minutos para presentar su canto, idealmente con música, mímicas y/o coreografía.
3. Se debe tomar en cuenta la siguiente escala de evaluación:

Letra inédita	5-10 puntos
Letra relacionada al tema de estudio	5-10 puntos
Música (entonación, armonía)	5-10 puntos
Creatividad en la presentación	5-10 puntos
Participación del equipo completo	5-10 puntos

Puntaje
50 puntos

Tiempo
3 minutos

Participantes
Todo el equipo

Modalidad
Un equipo a la vez

Materiales
- Los que cada equipo vaya a utilizar.

Consultas:
No se permiten.

Infracción:
Se descuentan 20 puntos al equipo que estén hablando entre ellos mientras otro equipo se presenta.

Josué Jueces Rut

Ruleta musical

Desarrollo:

1. El moderador sortea el orden de participación y coloca la ruleta al frente de los espectadores.
2. Los participantes hacen una fila en el orden de participación a tres metros de distancia de la ruleta.
3. Cada niño/niña girará la ruleta y acorde al personaje que le corresponda tendrá como máximo 1 minuto para cantar un pequeño jingle musical. (estos jingles musicales deben ser preparados con anticipación con la ayuda del coach).
4. Se debe tomar en cuenta la siguiente escala de evaluación:

Creatividad de la presentación	5-10 puntos
Entonación y armonía	5-10 puntos

Consultas:

No se permiten

Infracción:

Se descuentan 10 puntos al equipo que estén hablando entre ellos mientras otro equipo se presenta.

Personajes:

- Josué
- Rahab
- Débora
- Gedeón
- Sansón
- Noemí

Puntaje

20 puntos

Tiempo

1 minuto

Participantes

1 por equipo

Modalidad

Un equipo a la vez

Materiales

- Ruleta de personajes

Josué Jueces Rut

Josué Jueces Rut

esgrimainfantil

CONTENIDO PARA LA MODALIDAD DE ESGRIMA BÍBLICO CON PREGUNTAS Y RESPUESTAS

GUIA PARA LA MODALIDAD DE ESGRIMA BÍBLICO CON PREGUNTAS Y RESPUESTAS

ESGRIMA BÍBLICO INFANTIL

El Esgrima Bíblico Infantil es una parte opcional de los *Estudios Bíblicos para Niños*. Cada iglesia, y cada niño o niña, decide si participará en una serie de eventos competitivos.

Las competencias de Esgrima siguen las reglas que se describen en este libro. Los niños no compiten entre sí para determinar a un ganador. Las iglesias no compiten entre sí para determinar a una ganadora.

El propósito del Esgrima es que ayude a los niños a determinar lo que aprendieron acerca de la Biblia, disfrutar de los eventos de competencia, y crecer en su capacidad para mostrar actitudes y conductas cristianas durante los eventos competitivos.

En el Esgrima, cada niño o niña se desafía a sí mismo o a sí misma a fin de alcanzar un nivel digno de premio. En este acercamiento, los niños compiten contra una base de conocimiento, no unos contra otros. El Esgrima usa un acercamiento de opciones múltiples, permitiendo que cada participante responda todas las preguntas. Las preguntas con opciones múltiples ofrecen varias respuestas, y el niño escoge la correcta. Este acercamiento hace posible que todos los niños resulten ganadores.

MATERIALES PARA EL ESGRIMA

Cada niño necesita números en el Esgrima para responder las preguntas. Los números para el Esgrima son cuatro cuadrados de cartón, cada uno de los cuales tiene una etiqueta en el extremo superior con los números 1, 2, 3 y 4 respectivamente. Los números entran en una caja de cartón.

Usted puede hacer las cajas y los números de cartón para el Esgrima, como se ven aquí, se pueden comprar del Casa Nazarena Publicaciones en Kansas City, Missouri, Estados Unidos.

Si en su área no consigue las cajas y los números para el Esgrima, puede hacer sus propios números usando cartulina, platos de cartón, madera o el material que tenga disponible. Cada niño necesita un juego de números para el Esgrima.

Cada grupo de niños necesitará a una persona para que anote los puntos por sus respuestas. Al final de esta guía hay una hoja para puntaje de la cual pueden hacer copias. Use esta hoja para puntaje para mantener registro de las respuestas de cada niño.

Si es posible, entregue algún tipo de premio por el desempeño de los niños en cada competencia de Esgrima. Los premios que sugerimos son: certificados, ilustraciones adhesivas (pegatinas), cintas, trofeos o medallas. Al final de esta guía incluimos modelos de certificados.

Por favor, sigan estas reglas. Las competencias que no se realicen de acuerdo con las *Reglas y Procedimientos Oficiales del Esgrima Infantil* no calificarán para otros niveles de competencia.

EDADES Y GRADOS ESCOLARES

Los niños del 1° al 6° grado pueden participar en las competencias de Esgrima Infantil. Los que estén en 7o grado, no importa su edad, participan en el Esgrima de Adolescentes.

TIPOS DE COMPETENCIA

Competencia por Invitación Una competencia por invitación se realiza entre dos o más iglesias. Los directores locales de Esgrima Infantil, directores de zona/área de Esgrima Infantil, o directores distritales de Esgrima Infantil pueden organizar competencias por invitación. Las personas que organicen una competencia por invitación tienen la responsabilidad de preparar las preguntas para la competencia.

Competencia de Zona/Área

Cada distrito puede tener agrupaciones más pequeñas de iglesias que se denominan zonas. Si una zona tiene más esgrimistas que otra, el director distrital de Esgrima Infantil puede separar o combinar las zonas para crear áreas con una distribución más equitativa de esgrimistas. El término "área" significa que las zonas se han combinado o dividido. Las iglesias ubicadas en cada zona/área compiten en esa zona/área. El director distrital de Esgrima Infantil organiza la competencia. En las competencias de zona/ área se usan las preguntas oficiales.

Competencia Distrital

Los niños avanzan de la competencia de zona/área a la competencia de distrito. El director distrital de Esgrima Infantil determina las cualificaciones para la competencia y la organiza.

En las competencias distritales se usan las preguntas oficiales.

Competencia Regional

La competencia regional se realiza entre dos o más distritos. Cuando hay un director regional de Esgrima Infantil, él o ella determina las cualificaciones para la competencia y la organiza.

Si no hay un director regional, los directores de los distritos participantes organizan la competencia. En las competencias regionales se usan las preguntas oficiales.

Competencia Mundial de Esgrima

Cada cuatro años, la Oficina General de Esgrima Infantil en conjunto con Ministerios de Escuela Dominical y Discipulado Internacional patrocina un Esgrima Mundial. La Oficina General de Esgrima Infantil determina las fechas, los lugares, los costos, las fechas de las eliminatorias, y el proceso eliminatorio general para todas las competencias de Esgrima Mundial.

Envíe un mensaje electrónico a ChildQuiz@nazarene.org para solicitar más información.

DIRECTOR DISTRITAL DE ESGRIMA INFANTIL

El director distrital de Esgrima Infantil realiza todas las competencias de acuerdo con las Reglas y Procedimientos Oficiales del Esgrima Infantil. Él o ella tiene la autoridad para agregar procedimientos adicionales de Esgrima en el distrito, siempre y cuando no estén en conflicto con las Reglas y Procedimientos Oficiales del Esgrima Infantil. Cuando es necesario, el director distrital de Esgrima Infantil se pone en contacto con la Oficina General de Esgrima Infantil, para solicitar un cambio específico en las Reglas y Procedimientos Oficia-les del Esgrima Infantil para un distrito. El director distrital de Esgrima Infantil hace decisiones y resuelve problemas dentro de las directrices de las Reglas y Procedimientos Oficiales del Esgrima Infantil. Si es necesario, el director distrital de Esgrima Infantil se pone en contacto con la Oficina General de Esgrima Infantil para solicitar una decisión oficial respecto a una situación específica.

DIRECTOR REGIONAL DE ESGRIMA INFANTIL

El director regional de Esgrima Infantil crea un equipo regional de liderazgo de Esgrima Infantil, que consiste de todos los directores distritales de Esgrima Infantil en la región. El director regional de Esgrima Infantil permanece en contacto con este equipo para que los procedimientos se mantengan consistentes en toda la región. Él o ella realiza y organiza las competencias regionales de acuerdo con las Reglas y Procedimientos Oficiales del Esgrima Infantil. El director regional de Esgrima Infantil se pone en contacto con la Oficina General de Esgrima Infantil para solicitar cualquier cambio en las Reglas y Procedimientos Oficiales del Esgrima Infantil para una región específica. Ante cualquier conflicto que pudiera surgir, él o ella lo resuelve aplicando las directrices de las Reglas y Procedimientos Oficiales del Esgrima Infantil. Si es necesario, el director regional de Esgrima Infantil se pone en contacto con la Oficina General de Esgrima Infantil para solicitar una decisión oficial respecto a una situación específica. Él o ella se pone en contacto con la Oficina General de Es-grima Infantil para incluir la fecha del es-grima regional en el calendario de la iglesia general.

En los Estados Unidos y Canadá, el cargo de director regional de Esgrima Infantil es un puesto en desarrollo. Actualmente esa persona no preside sobre los directores distritales de Esgrima Infantil en la región.

MODERADOR DEL ESGRIMA

El moderador lee las preguntas en la competencia de Esgrima. El moderador lee dos veces la pregunta y las respuestas de opción múltiple antes que los niños respondan la pregunta. Él o ella sigue las Reglas y Procedimientos Oficiales del Esgrima Infantil establecidos por la Oficina General de Esgrima Infantil y el director distrital/coordinador regional de Esgrima Infantil. En caso de un conflicto, la autoridad final es el director distrital/regional de Esgrima Infantil, quien consulta las Reglas y Procedimientos Oficiales del Esgrima Infantil. El moderador puede participar en diálogos con los anotadores del puntaje 153 y el director distrital/regional de Esgrima Infantil respecto a un cuestionamiento. El moderador puede establecer un receso.

ANOTADOR DEL PUNTAJE

El anotador del puntaje lleva registro de las respuestas de un grupo de niños. Él o ella puede participar en diálogos con los anotadores del puntaje y el director distrital/regional de Esgrima Infantil respecto a un cuestionamiento. Todos los anotadores del puntaje deben usar el mismo método y los mismos símbolos para asegurar el conteo correcto de los puntos.

PREGUNTAS OFICIALES DEL ESGRIMA

El director distrital de Esgrima Infantil es la única persona en el distrito que pue-de obtener una copia de las preguntas oficiales de la competencia de zona/área y distrito.

El director regional de Esgrima Infantil es la única persona en la región que puede obtener una copia de las preguntas oficia-les de la competencia regional. Si no hay un director regional de Esgrima Infantil, un director distrital de Esgrima Infantil, cuyo distrito esté participando, puede obtener una copia de las preguntas oficiales de la competencia regional.

Cada año se enviarán por correo electrónico los formularios para solicitar las preguntas oficiales anuales. Contacte la Oficina General de Esgrima Infantil en ChildQuiz@nazarene.org para actualizar su dirección electrónica. A quienes las soliciten, las preguntas oficiales les llegarán por correo electrónico.

MÉTODOS DE COMPETENCIA

Hay dos métodos de competencia.

Método Individual

En el método individual de competencia, los niños compiten como individuos. El puntaje de cada niño está separado de todos los demás puntajes. Los niños de una misma iglesia pueden sentarse juntos, pero los puntajes individuales no se suman para obtener un puntaje como iglesia o equipo. No hay preguntas adicionales para los esgrimistas individuales.

El método individual es el único que se puede usar para la competencia de Nivel Básico.

Método Combinado

El método combinado une la competencia de esgrima individual y la de equipo. En este método, las iglesias pueden enviar esgrimistas individuales, equipos o una combinación a la competencia.

El director distrital de Esgrima Infantil determina el número de niños que se necesitan para formar un equipo. Todos los equipos deben tener el mismo número de esgrimistas. El número de niños que se recomienda para un equipo es cuatro o cinco.

Los niños de iglesias que no tienen suficientes esgrimistas para formar un equipo, pueden competir como esgrimistas individuales.

En el método combinado, los equipos califican para preguntas adicionales. Los puntos adicionales, otorgados por una respuesta correcta a una pregunta adicional, llegan a ser parte del puntaje total del equipo en vez de contarse como puntaje individual de un esgrimista. Hay preguntas adicionales con las preguntas oficiales para las competencias de zona/área, distrital y regional. Generalmente las preguntas adicionales consisten en decir un versículo de memoria.

El director distrital de Esgrima Infantil selecciona ya sea el método individual o el método combinado para la competencia de Nivel Avanzado.

EMPATES

Cuando esgrimistas individuales o equipos obtienen el mismo puntaje final, nunca se hace el desempate. Todos los esgrimistas individuales o equipos que empaten reciben el mismo reconocimiento, el mismo premio, y avanzan igualmente al siguiente nivel de competencia

PREGUNTAS ADICIONALES

Las preguntas adicionales son parte del Nivel Avanzado, pero solamente con equipos, no individuos. Los equipos deben calificar para una pregunta adicional. Las preguntas adicionales se hacen después de las preguntas 5, 10, 15 y 20.

A fin de calificar para una pregunta adicional, un equipo sólo puede tener tantas respuestas incorrectas como el número de miembros que hay en el equipo. Por ejemplo, un equipo de cuatro miembros puede tener cuatro o menos respuestas incorrectas.

Un equipo de cinco miembros puede tener cinco o menos respuestas incorrectas. Los puntos adicionales por una respuesta correcta llegan a ser parte del puntaje total del equipo, no del puntaje individual del niño.

El director distrital de Esgrima Infantil determina la manera en que los niños responden las preguntas adicionales. En la mayoría de los casos, el niño da la respuesta oralmente al anotador del puntaje.

Antes que se lea la pregunta adicional, el director local de Esgrima Infantil escoge a un miembro del equipo para que responda la pregunta adicional. El mismo niño puede responder todas las preguntas adicionales en una competencia, o un niño diferente puede responder cada pregunta adicional.

RECESOS [TIEMPO MUERTO]

El director distrital de Esgrima Infantil determina el número de recesos para cada iglesia. Cada iglesia recibe el mismo número de recesos, sin importar el número de esgrimistas individuales o equipos que tenga esa iglesia. Por ejemplo, si el director distrital decide dar un receso, cada iglesia recibe un receso.

El director distrital de Esgrima Infantil determina si habrá un receso automático durante la competencia, y el momento específico en que se dará el receso en cada competencia.

El director local de Esgrima Infantil es la única persona que puede pedir un receso para el equipo de una iglesia local.

El director distrital de Esgrima Infantil o el moderador puede pedir un receso en cualquier momento.

El director distrital de Esgrima Infantil, antes que empiece la competencia, determina la duración máxima de los recesos para la competencia.

PUNTAJE

Hay dos métodos para ganar puntos. El director distrital de Esgrima Infantil selecciona el método.

Cinco Puntos

- Dar cinco puntos por cada respuesta correcta. Por ejemplo, si un niño responde correctamente 20 preguntas en una vuelta de Nivel Avanzado, el niño gana un total de 100 puntos.

- Dar cinco puntos por cada respuesta adicional correcta en una vuelta de Nivel Avanzado de Esgrima en equipo. Por ejemplo, si cada miembro de un equipo de cuatro personas responde correctamente 20 preguntas en una vuelta de Nivel Avanzado, y el equipo responde correctamente cuatro preguntas adicionales, el equipo gana un total de 420 puntos.

En el Nivel Básico el puntaje será menor porque sólo hay 15 preguntas en cada vuelta, y solamente es una competencia individual.

Un Punto

Dar un punto por cada respuesta correcta de la siguiente manera:

- Dar un punto por cada respuesta correcta. Por ejemplo, si un niño responde correctamente 20 preguntas en una vuelta de Nivel Avanzado, el niño gana un total de 20 puntos.

- Dar un punto por cada respuesta adicional correcta en una vuelta de Nivel Avanzado de Esgrima en equipo. Por ejemplo, si cada miembro de un equipo con cuatro personas responde correctamente 20 preguntas en una vuelta de Nivel Avanzado, y el equipo responde correctamente cuatro preguntas adicionales, el equipo gana un total de 84 puntos.

En el Nivel Básico el puntaje será menor porque sólo hay 15 preguntas en cada vuelta, y solamente es una competencia individual.

CUESTIONAMIENTOS

Los cuestionamientos deben ser una excepción y no son comunes durante una competencia.

Presente un cuestionamiento sólo cuando la respuesta marcada como correcta en las preguntas es realmente incorrecta de acuerdo con la referencia bíblica dada para esa pregunta. Los cuestionamientos presentados por cualquier otra razón son inválidos.

Un esgrimista, un director de Esgrima Infantil, o cualquier otro participante en la competencia no puede presentar un cuestionamiento porque le desagrade la redacción de una pregunta o respuesta, o porque piense que una pregunta es demasiado difícil o confusa.

El director local de Esgrima Infantil es la única persona que puede presentar el cuestionamiento de una pregunta de la competencia.

Si una persona, que no sea el director local de Esgrima Infantil, intenta presentar un cuestionamiento, éste automáticamente se considera como "inválido".

Las personas que presentan cuestionamientos inválidos interrumpen la competencia y causan que los niños pierdan la concentración. Las personas que continuamente presenten cuestionamientos inválidos, o creen problemas discutiendo acerca de la decisión respecto a un cuestionamiento, perderán su privilegio de cuestionar preguntas por el resto de la competencia.

El director distrital de Esgrima Infantil, o el moderador en caso de ausencia del director distrital de Esgrima Infantil, tiene la autoridad para quitar el privilegio de cuestionar preguntas a alguna persona o a todas las personas que abusen de ese privilegio.

El director distrital de Esgrima Infantil determina cómo cuestionar una pregunta de la competencia antes del inicio de la competencia.

- ¿Será el cuestionamiento escrito o verbal?

- ¿Cuándo puede una persona cuestionar (durante una competencia o al final de ésta)?

En el inicio del año de esgrima, el director distrital de Esgrima Infantil debe explicar a los directores locales de Esgrima Infantil el procedimiento para presentar cuestionamientos.

El moderador y el director distrital de Esgrima Infantil seguirán los siguientes pasos para decidir respecto al cuestionamiento.

- Determinen si el cuestionamiento es válido o inválido. Para hacerlo, escuchen la razón del cuestionamiento. Si la razón es válida, es decir, la respuesta dada como la respuesta correcta es incorrecta de acuerdo con la referencia bíblica, sigan los procedimientos para cuestionamientos que el distrito ha formulado.

- Si la razón del cuestionamiento es inválida, anuncien que el cuestionamiento es inválido y la competencia continúa.

Si más de una persona cuestiona la misma pregunta, el moderador o el director distrital de Esgrima Infantil selecciona a un director local de Esgrima para que explique la razón del cuestionamiento.

Después que una pregunta tiene un cuestionamiento, otra persona no puede cuestionar la misma pregunta.

Si un cuestionamiento es válido, el director distrital de Esgrima Infantil, o el moderador en caso de que esté ausente el director, determina cómo proceder con la pregunta cuestionada. Elija una de las siguientes opciones:

Opción A: Eliminar la pregunta y no remplazarla. El resultado es que una competencia de 20 preguntas será sólo de 19 preguntas.

Opción B: Dar a cada niño los puntos que él o ella recibiría por una respuesta correcta a la pregunta cuestionada.

Opción C: Remplazar la pregunta cuestionada. Hacer una pregunta nueva a los esgrimistas.

Opción D: Dejar que los niños que die-ron la respuesta que aparecía como la respuesta correcta en las preguntas oficiales conserven sus puntos. Dar otra pregunta a los niños que dieron una respuesta incorrecta.

NIVELES DE PREMIOS

El Esgrima Infantil tiene la filosofía de que todo niño tiene una oportunidad de responder a todas las preguntas, y que todo niño recibe reconocimiento por todas las respuestas correctas que da. Por tanto, el Esgrima Infantil usa la competencia de opciones múltiples, y los empates nunca se deshacen.

Los niños y las iglesias no compiten entre sí. Compiten para alcanzar un nivel de premiación. Todos los niños y todas las iglesias que alcanzan el mismo nivel de premiación, reciben el mismo premio. Los empates quedan como puntajes empatados.

Niveles de Premios que se Recomiendan:

- Premio de Bronce = 70-79% de respuestas correctas

- Premio de Plata = 80-89% de respuestas correctas

- Premio de Oro = 90-99% de respuestas correctas

- Premio Estelar de Oro = 100% de respuestas correctas Hagan todas las decisiones sobre puntajes y cuestionamientos antes de entregar los premios.

El moderador y los anotadores de puntaje deben estar seguros de que todos los puntajes finales son correctos antes de la entrega de premios.

Nunca le quiten el premio a un niño después que éste lo haya recibido. Si hay un error, los niños pueden recibir un premio superior, pero no un premio inferior. Esto se aplica a los premios individuales y a los premios de equipos.

ÉTICA EN LA COMPETENCIA

El director distrital de Esgrima Infantil es la persona en el distrito que tiene la responsabilidad de realizar las competencias de acuerdo con las Reglas y Procedimientos Oficiales del Esgrima Infantil.

- Escuchar las Preguntas Antes de la Competencia. Puesto que las competencias usan las mismas preguntas, no es apropiado que los niños y trabajadores asistan a otra competencia de zona/área, distrital o regional antes de participar en su propia competencia del mismo nivel. Si un trabajador adulto de Esgrima asiste a otra competencia, el director distrital de Esgrima Infantil puede hacer la decisión de descalificar a la iglesia de participar en su competencia. Si un padre y/o niño asiste a otra competencia, el director distrital de Esgrima Infantil puede hacer la decisión de descalificar a la iglesia de participar en su competencia.

- Conducta y Actitudes del Trabajador. Los adultos deben comportarse en una manera profesional y cristiana. Los diálogos respecto a desacuerdos con el director distrital de Esgrima Infantil, el moderador o los anotadores de punta-je deben realizarse en privado. Los trabajadores adultos de Esgrima no deben compartir con los niños información acerca del desacuerdo. Una actitud de cooperación y buen espíritu deportivo son importantes. Las decisiones y los fallos del director distrital de Esgrima Infantil son finales. Comunique estas decisiones en un tono positivo a los niños y adultos.

TRAMPA

Hacer trampa es algo serio. Trátelo seriamente. El director distrital de Esgrima Infantil, en diálogo con el Concilio de Ministerios de Niños del distrito, determina el procedimiento a seguir en caso de que un niño o un adulto haga trampa durante una competencia.

Asegúrese de que todos los directores locales de ministerios de niños, los pasto-res de niños y los directores locales de Es-grima Infantil reciban las reglas y procedimientos del distrito. Antes de acusar a un adulto o a un niño de haber hecho trampa, tenga pruebas o un testigo de que hubo trampa.

Asegúrese de que la competencia de esgrima continúe y que la persona acusa-da de hacer trampa no sea avergonzada delante de otros. El siguiente es un modelo de procedimiento.

- Si sospecha que un niño hizo trampa, pida a alguien que actúe como juez para observar las áreas, pero no señale a algún niño de quien se sospeche. Después de algunas preguntas, pida la opinión del juez. Si el juez no vio ninguna trampa, continúe con la competencia.

- Si el juez vio a un niño haciendo trampa, pídale al juez que lo confirme. No tome ninguna acción hasta que todos estén seguros.

- Explique el problema al director lo-cal de Esgrima Infantil, y pida al director que hable en privado con la persona acusada.

- El moderador, el juez y el director local de Esgrima Infantil deben observar si se continúa haciendo trampa.

- Si continúa haciendo trampa, el moderador y el director local de Es-grima Infantil deben hablar en privado con la persona acusada.

- Si continúa haciendo trampa, el moderador debe comunicar al director local de Esgrima Infantil que eliminará el puntaje del niño de la competencia oficial.

- En el caso de que un anotador de puntaje haya hecho trampa, el director distrital de Esgrima Infantil le pedirá al anotador que se retire, y otro anotador de puntaje ocupará su lugar.

- En el caso de que alguien de la audiencia haga trampa, el director distrital de Esgrima Infantil se hará cargo de la situación en la manera más apropiada.

DECISIONES NO RESUELTAS

Consulte con la Oficina General de Esgrima Infantil respecto a decisiones que no se hayan resuelto.

1. «Ya te lo he ordenado: ¡Sé fuerte y valiente! ¡No tengas miedo ni te desanimes! Porque el Señor tu Dios te acompañará dondequiera que vayas». Josué 1:9

2. «Pedro tomó la palabra, y dijo: —Ahora comprendo que en realidad para Dios no hay favoritismos, sino que en toda nación él ve con agrado a los que le temen y actúan con justicia». Hechos 10:34-35

3. «Josué le ordenó al pueblo: "Purifíquense, porque mañana el Señor va a realizar grandes prodigios entre ustedes"». Josué 3:5

4. «Y se dirigió a los israelitas: "En el futuro, cuando sus hijos les pregunten: '¿Por qué están estas piedras aquí?', ustedes les responderán: 'Porque el pueblo de Israel cruzó el río Jordán en seco'"». Josué 4:21-22

5. «Obedece al Señor tu Dios y cumple los mandamientos y preceptos que hoy te mando». Deuteronomio 27:10

6. «Hay caminos que al hombre le parecen rectos, pero que acaban por ser caminos de muerte». Proverbios 14:12

7. «Solo te pido que tengas mucho valor y firmeza para obedecer toda la ley que mi siervo Moisés te ordenó. No te apartes de ella para nada; solo así tendrás éxito dondequiera que vayas». Josué 1:7

8. «Todas las sendas del Señor son amor y verdad para quienes cumplen los preceptos de su pacto». Salmos 25:10

9. «Y todo lo que hagan, de palabra o de obra, háganlo en el nombre del Señor Jesús, dando gracias a Dios el Padre por medio de él». Colosenses 3:17

10. «Y ni una sola de las buenas promesas del Señor a favor de Israel dejó de cumplirse, sino que cada una se cumplió al pie de la letra». Josué 21:45

11. «Por lo tanto, ahora ustedes entréguense al Señor y sírvanle fielmente. ». Josué 24:14

12. «Señor y Dios nuestro, tú les respondiste; fuiste para ellos un Dios perdonador, aun cuando castigaste sus rebeliones». Salmos 99:8

13. «Yo sé bien que tú lo puedes todo, que no es posible frustrar ninguno de tus planes». Job 42:2

14. «Porque el Señor tu Dios está en medio de ti como guerrero victorioso. Se deleitará en ti con gozo, te renovará con su amor, se alegrará por ti con cantos». Sofonías 3:17

15. «Pon tu esperanza en el Señor; ten valor, cobra ánimo; ¡pon tu esperanza en el Señor!». Salmos 27:14

16. «Sino que se complace en los que le temen, en los que confían en su gran amor». Salmos 147:11

17. «Oye, Señor, mi voz cuando a ti clamo; compadécete de mí y respóndeme». Salmos 27:7

18. «Pero Rut respondió: —¡No insistas en que te abandone o en que me separe de ti! Porque iré adonde tú vayas, y viviré donde tú vivas. Tu pueblo será mi pueblo, y tu Dios será mi Dios». Rut 1:16

19. «Ayuden a los hermanos necesitados. Practiquen la hospitalidad». Romanos 12:13

20. «Porque el Señor es bueno y su gran amor es eterno; su fidelidad permanece para siempre». Salmos 100:5

Josué Jueces Rut

PREGUNTAS DE REVISIÓN DE NIVEL BÁSICO (LECCIÓN UNO: JOSUÉ 1:1-18)

1 ¿A quién le habló el Señor después de la muerte de Moisés? (1:1)

1. Al pueblo de Israel.
2. A los jefes.
3. A Josué.

2 ¿Qué dijo el Señor que debía hacer el pueblo? (1:2)

1. Regresar al desierto.
2. Prepararse para cruzar el río Jordán.
3. Buscar al Señor en las montañas.

3 ¿Qué le dijo el Señor a Josué cuando se convirtió en el líder de Israel? (1:5)

1. Te ayudaré durante un año.
2. No te dejaré ni te abandonaré.
3. Te ayudaré siempre si me obedeces.

4 ¿Quién dirigiría al pueblo para que heredara la tierra? (1:6)

1. Moisés.
2. Josué.
3. Aarón.

5 ¿Cómo dijo Dios que debía ser Josué? (1:6-7)

1. Osado e intrépido.
2. Fuerte y valiente.
3. Prudente y confiado.

6 ¿Cuándo debía Josué meditar en el libro de la ley? (1:8)

1. De día y de noche.
2. Una vez al año.
3. Cuando estuviese en problemas.

7 ¿Qué dijo Dios que Josué no debía hacer? (1:9)

1. Ser temeroso ni débil.
2. Tener miedo ni desanimarse.
3. Ser asustadizo ni tímido.

8 ¿Qué debían hacer los hombres de guerra? (1:14)

1. Cruzar el río Jordán con sus carros.
2. Cruzar armados el río Jordán al frente de todos.
3. Mandar a sus familias para que cruzaran primero el río Jordán.

9 ¿Cómo sirvieron los jefes del pueblo a Moisés mientras vivió? (1:17)

1. Obedecieron a Moisés casi siempre.
2. No obedecieron a Moisés.
3. Obedecieron a Moisés en todo.

10 Completa este verso: «Ya te lo he ordenado: ¡Sé fuerte y valiente! ¡No tengas miedo ni te desanimes! Porque el SEÑOR tu Dios...» (Josué 1:9).

1. «... irá siempre contigo».
2. «... te protege de todo peligro».
3. «... te acompañará dondequiera que vayas».

Josué Jueces Rut

1 ¿Qué trabajo tenía Josué antes de convertirse en líder de los israelitas? (1:1)
1. Era sacerdote.
2. Estaba a cargo de todos los jefes.
3. Era asistente de Moisés.
4. Era el juez principal.

2 ¿Qué prometió el Señor a Josué que haría cuando los israelitas entraran en Canaán? (1:3)
1. Convertiría a Josué en rey de los israelitas.
2. Designaría a un rey fuerte para los israelitas.
3. Entregaría a los israelitas todo lugar que tocaran sus pies.
4. Mantendría a Josué a salvo.

3 ¿Por qué quería el Señor que Josué fuera fuerte y valiente? (1:6)
1. Porque no quería que Josué lo avergonzara.
2. Porque se haría famoso y el pueblo lo adoraría.
3. Porque haría que el pueblo de Israel heredara la tierra que el Señor les había prometido a sus antepasados.
4. Todas las respuestas son correctas.

4 ¿Qué le dijo el Señor a Josué que hiciera para tener éxito dondequiera que fuera? (1:7-8)
1. Tener mucho valor y firmeza.
2. Obedecer todas las leyes que su siervo Moisés le había ordenado.
3. No apartarse de la ley para nada.
4. Todas las respuestas son correctas.

5 ¿En qué dijo Dios que Josué debía meditar de día y de noche? (1:8)
1. En los planes para cruzar el río Jordán.
2. En el libro de la ley.
3. En las oraciones de los israelitas.
4. Todas las respuestas son correctas.

6 ¿Qué le dijo el Señor a Josué que no hiciera? (1:9)
1. Ser fuerte y valiente.
2. Ser obediente y osado.
3. Tener miedo ni desanimarse.
4. Ser perezoso ni desmotivado.

7 ¿Quiénes le dijeron al pueblo de Israel que se preparara para cruzar el río Jordán? (1:10-11)
1. Los rubenitas.
2. Los jefes del pueblo.
3. Los sacerdotes.
4. Los rubenitas y los gaditas.

8 ¿Qué debían hacer los hombres de guerra de las tribus del este cuando cruzaran el río Jordán? (1:14-15)
1. Proteger a las tribus que no tenían hombres de guerra.
2. Prestar ayuda a sus hermanos israelitas hasta que ellos tomaran posesión de la tierra.
3. Enseñar al pueblo a luchar.
4. Todas las respuestas son correctas.

9 ¿Cómo respondieron los jefes del pueblo a las órdenes de Josué? (1:16)
1. Dudaron.
2. Dijeron que harían lo que Josué les mandara.
3. Rechazaron a Josué como líder.
4. La mitad de los jefes aceptaron obedecer, pero la otra mitad no.

10 Completa este verso: «Ya te lo he ordenado: ¡Sé fuerte y valiente! ¡No tengas miedo ni...» (Josué 1:9).
1. te desanimes! Porque el Señor tu Dios te acompañará dondequiera que vayas».
2. te preocupes! Porque yo te ayudaré».
3. te asustes! Porque yo derrotaré a tus enemigos».
4. seas tímido! Porque yo estaré contigo».

Josué Jueces Rut

PREGUNTAS DE REVISIÓN DE NIVEL BÁSICO (LECCIÓN DOS: JOSUÉ 2:1-24)

1 ¿Quién envió a los dos espías a Jericó? (2:1)

    1. El rey de Jericó.
    2. Rajab.
    3. Josué.

2 ¿Dónde se hospedaron los espías? (2:1)

    1. En la casa de Rajab.
    2. En el palacio del rey.
    3. En una posada.

3 ¿Qué le dijo Rajab al rey de Jericó sobre los espías? (2:4-5)

    1. «No sé de dónde venían».
    2. «Salieron cuando empezó a oscurecer».
    3. Ambas respuestas son correctas.

4 ¿Dónde escondió Rajab a los espías? (2:6)

    1. En el techo de la casa.
    2. En el sótano.
    3. En su armario.

5 ¿Qué sucedió en cuanto los perseguidores salieron de la ciudad? (2:7)

    1. Todo el pueblo salió de la ciudad.
    2. Las puertas se cerraron.
    3. Los espías regresaron.

6 ¿Qué dijo Rajab a los espías? (2:9)

    1. «El SEÑOR está con nosotros, no con ustedes».
    2. «No tenemos miedo de ustedes ni de su Dios».
    3. «Yo sé que el SEÑOR les ha dado esta tierra».

7 ¿Qué noticias oyó el pueblo de Jericó sobre el Señor y los israelitas? (2:10)

    1. Cómo el Señor había secado las aguas del mar BÁSICO.
    2. Cómo los israelitas habían destruido completamente a los reyes amorreos.
    3. Ambas respuestas son correctas.

8 ¿Qué dijo Rajab sobre el Dios de los israelitas? (2:11)

    1. «Yo sé que el SEÑOR y Dios es Dios de dioses tanto en el cielo como en la tierra».
    2. «Su Dios no es tan poderoso como nuestros dioses».
    3. «No tenemos miedo de su Dios».

9 ¿Cómo escaparon los espías? (2:15)

    1. Rajab los bajó por la ventana con una soga.
    2. Rajab les mostró un túnel secreto.
    3. Rajab los escondió en su carreta.

10 ¿Qué le dijeron los espías a Rajab que atara a la ventana de su casa? (2:17-18)

    1. Una bandera morada.
    2. Una banderola verde.
    3. Un cordón rojo.

Josué Jueces Rut

1 ¿Cómo descubrió Josué cómo eran Canaán y Jericó? (2:1)

1. Se disfrazó y fue en secreto hasta esa tierra.
2. Envió secretamente a dos espías.
3. Fue con dos espías a explorar la tierra.
4. Capturó al rey de Jericó.

2 ¿Cómo escondió Rajab a los espías? (2:6)

1. Los escondió en la casa de sus padres.
2. Los ocultó en túneles secretos.
3. Los escondió en el techo de su casa.
4. Los disfrazó.

3 ¿Qué sucedió después de que los perseguidores salieron para buscar a los espías? (2:7-8)

1. Las puertas de la ciudad se cerraron.
2. Los espías se acostaron en el techo de la casa de Rajab para pasar la noche.
3. Rajab subió al techo para hablar con los espías.
4. Todas las respuestas son correctas.

4 ¿Qué sabían acerca del Señor los habitantes de Jericó? (2:10)

1. Que el Señor era el dios de los egipcios.
2. Que había secado las aguas del mar Rojo para los israelitas.
3. Solo habían escuchado su nombre.
4. No sabían nada acerca del Señor.

5 ¿Qué dijo Rajab sobre el Señor? (2:11)

1. «El Señor es poderoso, pero no es un dios».
2. «El Señor su Dios tiene poder sobre el clima».
3. «El Señor su Dios no es tan poderoso como nuestros dioses».
4. «El Señor y Dios es Dios de dioses tanto en el cielo como en la tierra».

6 ¿Qué pidió Rajab a los espías que hicieran por ella? (2:12-13)

1. Que le perdonaran la vida solo a ella cuando atacaran.
2. Que le perdonaran la vida a su familia incluso si ella debía morir.
3. Que les perdonaran la vida a ella y a su familia.
4. Que les perdonaran la vida a todos en Jericó.

7 ¿Dónde estaba situada la casa de Rajab? (2:15)

1. Junto al río que cruzaba la ciudad.
2. Sobre la muralla de la ciudad.
3. Por fuera de la muralla de la ciudad.
4. En el centro de la ciudad.

8 ¿Cómo ayudó Rajab a los espías? (2:4-6, 15)

1. Los escondió de los hombres del rey.
2. Dijo que no sabía a dónde habían ido.
3. Los bajó por la ventana con una soga.
4. Todas las respuestas son correctas.

9 ¿Qué hizo Rajab para que los israelitas les perdonaran la vida a ella y a su familia? (2:17-18)

1. Ató un cordón rojo a la ventana.
2. Puso sangre en los postes de la puerta de su casa.
3. Pintó su puerta de color negro.
4. Puso una bandera marrón en la ventana.

10 ¿Qué dijeron los espías a Josué sobre su viaje a Jericó? (2:24)

1. «El rey de Jericó planeó tendernos una emboscada».
2. «Todos sus habitantes tiemblan de miedo ante nosotros».
3. «Jericó no es tan impresionante como pensábamos».
4. «Los habitantes tienen tanto miedo que ya han abandonado la ciudad».

Josué Jueces Rut

1 ¿Hacia dónde se dirigieron Josué y los israelitas muy de mañana? (3:1)

1. Hacia Jericó.
2. Hacia el río Jordán.
3. Hacia las montañas.

2 ¿Qué debía hacer el pueblo de Israel cuando viera el arca del pacto del Señor? (3:3)

1. Inclinarse ante ella.
2. Detenerse.
3. Ponerse en marcha detrás de ella.

3 ¿Cuánta distancia debían mantener los israelitas con respecto al arca? (3:4)

1. Como un kilómetro.
2. Toda la que quisieran.
3. Unos quinientos metros.

4 ¿Qué le dijo Josué al pueblo? (3:5)

1. «Mañana el Señor va a realizar grandes prodigios entre ustedes».
2. «No se purifiquen».
3. Ambas respuestas son correctas.

5 ¿Qué debían hacer los sacerdotes con el arca? (3:6)

1. Ponerse detrás del pueblo.
2. Ponerse en medio del pueblo.
3. Ponerse al frente del pueblo.

6 ¿Dónde debían ponerse los sacerdotes cuando llegaran al río Jordán? (3:8)

1. Fuera del río.
2. A la orilla del río.
3. En un extremo del río.

7 ¿Qué debían escuchar los israelitas? (3:9)

1. Las palabras del Señor su Dios.
2. Las palabras de los sacerdotes.
3. Las palabras de Moisés.

8 ¿Cómo estaban las aguas del río Jordán en el tiempo de la cosecha? (3:15)

1. Bajas.
2. Desbordadas.
3. El río estaba seco.

9 ¿Qué sucedió tan pronto como los pies de los sacerdotes tocaron las aguas? (3:15-16)

1. Las aguas dejaron de fluir.
2. Las aguas formaron un muro que se veía a la distancia.
3. Ambas respuestas son correctas.

10 ¿Cómo estaba el terreno cuando los sacerdotes pisaron en medio del río Jordán? (3:17)

1. El terreno estaba seco.
2. El terreno estaba húmedo.
3. El terreno estaba fangoso.

Josué Jueces Rut

PREGUNTAS DE REVISIÓN DE NIVEL AVANZADO (LECCIÓN TRES: JOSUÉ 3:1-17)

1 ¿Quiénes se dirigieron hacia el río Jordán muy de temprano? (3:1)
1. Josué y todos los israelitas.
2. Todos los cananeos.
3. Moisés y todos los israelitas.
4. Todas las respuestas son correctas.

2 ¿Cuándo debía el pueblo seguir el arca? (3:3)
1. Pasados tres días.
2. Cuando vieran a los soldados.
3. Cuando vieran el arca.
4. Después de que Josué bendijera el arca.

3 ¿Qué tribu cuidaba el arca y la cargaba? (3:3)
1. Los rubenitas.
2. Los levitas.
3. La media tribu de Manasés.
4. Los gaditas.

4 ¿Cuánta distancia le dijo Josué al pueblo que guardara con respecto al arca? (3:4)
1. El pueblo podía ponerse cerca de ella, pero no podía tocarla.
2. El pueblo debía marchar tres pasos por detrás de la media tribu de Manasés.
3. El pueblo debía guardar una distancia de aproximadamente un kilómetro con respecto al arca.
4. Al Señor no le importaba la distancia que el pueblo guardara.

5 ¿Por qué debía purificarse el pueblo? (3:5)
1. Porque tenían sueño.
2. Porque, al día siguiente, el Señor iba a realizar prodigios entre ellos.
3. Para no ahogarse en el río.
4. Todas las respuestas son correctas.

6 ¿Qué era importante sobre el río Jordán en esa época del año? (3:15)
1. Las aguas del río Jordán estaban muy bajas.
2. El río Jordán era de color rojo.
3. El río Jordán se partió en dos.
4. Las aguas del río Jordán se desbordaban en el tiempo de la cosecha.

7 ¿Qué sucedió con las aguas cuando dejaron de fluir? (3:15-16)
1. Anegaron las ciudades vecinas.
2. Anegaron los campos y destruyeron las cosechas.
3. Formaron un muro a la altura del pueblo de Adán.
4. Fluyeron por un barranco y formaron un nuevo río.

8 ¿Por dónde cruzaron los israelitas el río Jordán? (3:16)
1. Cerca del pueblo de Cosecha.
2. Cerca del pueblo de Adán.
3. Frente a Jericó.
4. Junto al mar de Arabá.

9 ¿Quiénes marchaban delante de los israelitas y fueron los primeros en entrar en el río Jordán? (3:17)
1. El ejército israelita.
2. Los sacerdotes que cargaban el arca.
3. Los rubenitas.
4. Todas las respuestas son correctas.

10 ¿Qué sucedió tan pronto como los pies de los sacerdotes tocaron las aguas? (3:15)
1. Las aguas formaron un muro a la altura del pueblo de Adán.
2. Los sacerdotes pisaron en terreno seco.
3. Toda la nación de Israel pasó sobre terreno seco.
4. Todas las respuestas son correctas.

Josué Jueces Rut

PREGUNTAS DE REVISIÓN DE NIVEL BÁSICO (LECCIÓN CUATRO: JOSUÉ 4:1-24; 5:10-12)

1 ¿A cuántos hombres eligió Josué de cada tribu? (4:1-2)

1. Cien.
2. Uno.
3. Tres.

2 ¿Qué tomaron los doce hombres elegidos cuando fueron al centro del río Jordán? (4:3)

1. Doce piedras.
2. Doce peces.
3. Un vaso de agua.

3 ¿Para qué usó Josué las doce piedras? (4:7)

1. Como señal para advertir a los habitantes de Jericó.
2. Como marca para señalar la ubicación de Guilgal.
3. Como monumento recordatorio para el pueblo de Israel.

4 ¿Cuánto tiempo permanecieron los sacerdotes en medio del cauce del río Jordán? (4:1, 10)

1. Dos días completos.
2. Hasta que los israelitas hicieron todo lo que el Señor le había ordenado a Josué.
3. Hasta que las aguas volvieron a crecer y amenazaron con ahogarlos.

5 ¿Dónde erigió Josué las doce piedras? (4:20)

1. En Jericó.
2. A la orilla del río Jordán.
3. En Guilgal.

6 ¿Qué debían responder los israelitas cuando sus hijos les preguntaran: «¿Por qué están estas piedras aquí?»? (4:21, 22)

1. Porque el pueblo de Israel cruzó el río Jordán en seco.
2. Porque el Señor es el Dios del río Jordán.
3. Porque el Señor nunca volverá a secar el río Jordán.

7 ¿Qué masas de agua secó el Señor para que los israelitas pudieran cruzar? (4:23)

1. El mar Rojo.
2. El río Jordán.
3. Ambas respuestas son correctas.

8 ¿Por qué detuvo Dios el flujo de las aguas del Jordán para que el pueblo pudiera cruzar? (4:23-24)

1. Para que todos los pueblos de la tierra supieran que la mano del Señor es poderosa.
2. Para que los israelitas temieran siempre a su Señor Dios.
3. Ambas respuestas son correctas.

9 ¿De qué se alimentó el pueblo al día siguiente, después de la Pascua? (5:11)

1. De los productos de la tierra.
2. De maná.
3. De carne de sacrificios.

10 ¿Qué sucedió después de que el pueblo se alimentara de los productos de la tierra? (5:12)

1. Dejó de caer maná.
2. El maná continuó cayendo durante un mes y luego dejó de caer.
3. El maná solo caía para las personas pobres.

Josué Jueces Rut

1 ¿Qué tarea especial le dio Dios a cada uno de los hombres de cada una de las doce tribus de Israel? (4:1-3)

1. Que se turnara con los otros hombres para cargar el arca.
2. Que transmitiera el mensaje de Josué a su tribu respectiva.
3. Que eligiera una piedra del cauce del río Jordán.
4. Todas las respuestas son correctas.

2 ¿Cuál era el propósito de las doce piedras? (4:6-7)

1. Construir un puente.
2. Ser un monumento recordatorio para el pueblo de Israel.
3. Ser lanzadas contra los habitantes de Jericó.
4. Todas las respuestas son correctas.

3 ¿Cuánto tiempo permanecieron los sacerdotes en medio del cauce del río Jordán? (4:1, 10)

1. Dos días completos.
2. Hasta que los israelitas hicieron todo lo que el Señor le había ordenado a Josué.
3. Hasta que las aguas regresaron y murieron ahogados.
4. Hasta que Josué bajó los brazos.

4 ¿Qué sucedió tan pronto como los sacerdotes salieron del río Jordán? (4:18)

1. Regresaron a su campamento y descansaron.
2. El pueblo dio cantos de júbilo.
3. Las aguas del río Jordán volvieron a desbordarse.
4. Prepararon un sacrificio para el Señor.

5 ¿Qué hizo Josué con las doce piedras? (4:20)

1. Las colocó a la orilla del río Jordán.
2. Las colocó en Jericó.
3. Las colocó en Guilgal.
4. Las colocó formando un círculo alrededor de la hoguera.

6 ¿Por qué secó el Señor el río Jordán de la misma manera como había secado el mar Rojo? (4:23-24)

1. Para que los israelitas pudieran cruzar.
2. Para que todos los pueblos de la tierra supieran que la mano del Señor es poderosa.
3. Para que los israelitas temieran siempre al Señor.
4. Todas las respuestas son correctas.

7 ¿Qué sucedió al caer la tarde del día catorce del mes primero en Guilgal? (5:10)

1. Los israelitas celebraron la Pascua.
2. El pueblo abandonó a Josué.
3. Josué y los jefes del pueblo se negaron a comer los productos de la tierra.
4. Todas las respuestas son correctas.

8 ¿De qué se alimentó el pueblo al día siguiente, después de la Pascua? (5:11)

1. De algunas sobras de maná.
2. De productos de la tierra.
3. De pescado del río Jordán.
4. De carne de sacrificios.

9 ¿Cuándo se detuvo el maná? (5:12)

1. Antes de que cruzaran el río Jordán.
2. Al día siguiente de comer los productos de la tierra.
3. Justo antes de la Pascua.
4. El maná nunca se detuvo.

10 Completa este verso: «Y [Josué] se dirigió a los israelitas: "En el futuro, cuando sus hijos les pregunten:…"» (Josué 4:21-22).

1. «… '¿Por qué están estas piedras aquí?', ustedes les responderán: 'Porque el pueblo de Israel cruzó el río Jordán en seco'"».
2. «… '¿Qué le sucedió al sacrificio?', ustedes les responderán: 'Sobre estas piedras ofrecíamos sacrificios al Señor'"».
3. «… '¿Honraban al Señor?', ustedes les responderán: 'Sí, construimos un altar para el Señor'"».
4. «… '¿Qué hizo el Señor?', ustedes les responderán: 'El Señor nos dio maná'"».

Josué Jueces Rut

1 ¿A quién vio Josué de pie delante de él mientras acampaba cerca de Jericó? (5:13-14)

1. A un hombre con una espada en la mano.
2. Al comandante del ejército del Señor.
3. Ambas respuestas son correctas.

2 ¿Qué hizo Josué cuando se dio cuenta de que el hombre que estaba de pie delante de él era el comandante del ejército del Señor? (5:14)

1. Le dio la mano al comandante.
2. Saludó al comandante.
3. Se postró rostro en tierra.

3 ¿Qué le dijo el Señor a Josué acerca de Jericó? (6:2)

1. «He entregado en tus manos a Jericó».
2. «Quiero que ataques Jericó».
3. «Perdonarás la vida a diez habitantes de Jericó».

4 ¿Qué tuvo que hacer el ejército de Israel durante seis días? (6:3)

1. Marchar alrededor de la ciudad, una vez cada día.
2. Permanecer todo el día en sus carpas orando.
3. Entrenar para luchar.

5 ¿De qué material estaban hechas las trompetas? (6:4)

1. De cuernos de vacas.
2. De cuernos de carneros.
3. De bronce.

6 ¿Qué le ordenó Josué al pueblo mientras marchaba alrededor de la ciudad? (6:10)

1. Que gritaran a los habitantes de Jericó.
2. Que cantaran canciones de alabanza a Dios.
3. Que marcharan en silencio, sin decir palabra ni gritar, hasta el día en que les diera la orden de gritar a voz en cuello.

7 ¿Cuántas veces marchó el ejército alrededor de Jericó el séptimo día? (6:15)

1. Cinco veces.
2. Seis veces.
3. Siete veces.

8 ¿Qué sucedió cuando las trompetas sonaron y el pueblo gritó? (6:20)

1. Las murallas de Jericó se derrumbaron.
2. El pueblo avanzó y tomó la ciudad.
3. Ambas respuestas son correctas.

9 ¿Dónde fueron a vivir Rajab y su familia tras salir de Jericó? (6:23)

1. Dentro del campamento israelita.
2. Fuera del campamento israelita.
3. Entre las ruinas de la ciudad de Jericó.

10 ¿Por qué perdonó Josué la vida a Rajab cuando atacó Jericó? (6:25)

1. Porque Rajab había escondido a los espías que Josué había enviado.
2. Porque Rajab sabía dónde tenía el rey escondido el tesoro.
3. Porque Rajab huyó de la ciudad.

Josué Jueces Rut

PREGUNTAS DE REVISIÓN DE NIVEL AVANZADO (LECCIÓN CINCO: JOSUÉ 5:13—6:25)

1 ¿Por qué se quitó Josué las sandalias? (5:15)
1. Porque le dolían los pies debido al largo viaje que había hecho.
2. Porque se lo dijo el comandante del ejército del Señor.
3. Porque Moisés le había enseñado que hiciera eso cada vez que se apareciera el Señor.
4. Todas las respuestas son correctas.

2 ¿Qué dijo el Señor que debían hacer los soldados durante seis días? (6:3)
1. Marchar alrededor de la ciudad.
2. Orar por la caída de Jericó.
3. Usar herramientas para derrumbar las murallas de Jericó.
4. Permanecer dentro de sus carpas.

3 ¿Cuáles fueron las órdenes del Señor sobre cómo debían marchar los israelitas? (6:3-5)
1. Siete sacerdotes con trompetas marcharían frente al arca.
2. Josué marcharía alrededor de la ciudad junto con los hombres armados.
3. El séptimo día, marcharían siete veces alrededor de la ciudad.
4. Todas las respuestas son correctas.

4 ¿Qué debía hacer el pueblo al oír sonar la trompeta el séptimo día? (6:4-5)
1. Regresar corriendo a sus carpas.
2. Derribar las murallas de Jericó.
3. Gritar a voz en cuello.
4. Todas las respuestas son correctas.

5 ¿Qué hizo el pueblo el séptimo día? (6:15)
1. Permaneció dentro de las tiendas orando.
2. Marchó alrededor de la ciudad siete veces.
3. Preparó una fiesta para celebrar.
4. Todas las respuestas son correctas.

6 ¿Qué le sucedería al pueblo si tomaban las cosas destinadas al exterminio? (6:18)
1. Obtendrían grandes riquezas.
2. Serían honrados.
3. Caerían en desgracia.
4. Compartirían los objetos con sus prójimos.

7 ¿Qué sucedió cuando las trompetas sonaron y el pueblo gritó? (6:20)
1. Las murallas se derrumbaron.
2. Los habitantes de Jericó huyeron de la ciudad.
3. Los habitantes de Jericó tocaron sus propias trompetas.
4. Todas las respuestas son correctas.

8 ¿Quiénes sacaron a Rajab y a sus parientes? (6:22-23)
1. Josué.
2. Los sacerdotes.
3. Los dos espías.
4. Todas las respuestas son correctas.

9 ¿Por qué perdonó Josué la vida a Rajab cuando atacó Jericó? (6:25)
1. Porque Rajab había escondido a los espías que Josué había enviado a Jericó.
2. Porque Rajab sabía dónde encontrar el tesoro del rey.
3. Porque Rajab había huido de la ciudad.
4. Todas las respuestas son correctas.

10 Completa este verso: «Obedece al Señor tu Dios y...» (Deuteronomio 27:10).
1. «... escúchalo para saber cómo vivir actualmente».
2. «... cumple los mandamientos y preceptos que hoy te mando».
3. «... escucha su voz para que puedas oír lo que él quiere que hagas».
4. «... síguelo siempre. Nunca te apartes de él».

Josué Jueces Rut

1 ¿Quiénes fueron desobedientes al conservar lo que Dios había destinado a la destrucción? (7:1)

1. Los israelitas.
2. Los habitantes de Jericó.
3. El Señor.

2 ¿Quién guardó para sí parte del botín que Dios había destinado al exterminio? (7:1)

1. Josué.
2. Acán.
3. Los doce ancianos.

3 Cuando Josué envió a algunos hombres a Hai, ¿qué les dijo que hicieran? (7:2)

1. Que fueran a explorar la tierra de Hai.
2. Que fueran a explorar el río Jordán.
3. Que fueran a explorar Jericó.

4 ¿Qué sucedió cuando los soldados israelitas atacaron Hai? (7:4-5)

1. Los hombres de Hai derrotaron a los israelitas.
2. El ejército israelita sufrió treinta y seis bajas.
3. Ambas respuestas son correctas.

5 ¿Qué hizo Josué tras la derrota sufrida en Hai? (7:6)

1. Salió del campamento durante treinta días.
2. Se postró rostro en tierra ante el arca del Señor.
3. Organizó una fiesta.

6 ¿Por qué Israel no podía hacerles frente a sus enemigos? (7:10-12)

1. Porque Israel había pecado y había violado el pacto de Dios.
2. Porque Israel había robado y había mentido.
3. Ambas respuestas son correctas.

7 ¿Qué tenían que hacer los israelitas para que el Señor siguiera con ellos? (7:12)

1. Decir que estaban arrepentidos.
2. Destruir todo el botín de guerra que Dios había destinado a la destrucción.
3. Llevar hasta Jericó todos los objetos destinados al exterminio.

8 ¿Qué le sucedería a todo el que fuera sorprendido en posesión del botín de guerra destinado a la destrucción? (7:15)

1. Sería obligado a abandonar el campamento israelita.
2. Sería quemado junto con su familia y sus posesiones.
3. Sería obligado a devolver lo que había robado.

9. ¿Qué sucedió cuando Josué envió a unos mensajeros a la carpa de Acán? (7:22)

1. Encontraron a los hijos de Acán.
2. No encontraron los objetos robados.
3. Encontraron la plata, el manto y el oro.

10. ¿Qué le sucedió a Acán, a su familia y a todas sus posesiones? (7:25)

1. Los israelitas los apedrearon y los quemaron.
2. Los israelitas los obligaron a abandonar el campamento.
3. Los israelitas los hicieron siervos y entregaron a Josué su plata y su oro.

Josué Jueces Rut

1. ¿Quién robó lo que Dios había destinado a la destrucción? (7:1)
    1. Josué.
    2. Los sacerdotes.
    3. Acán.
    4. Rajab.

2. ¿Para qué envió Josué hombres a Hai? (7:2)
    1. Para conocer cuántas personas quedaban en Jericó.
    2. Para explorar la tierra de Hai.
    3. Para explorar la tierra de Siquén.
    4. Todas las respuestas son correctas.

3. ¿Quiénes le dijeron a Josué que no era necesario que todo el pueblo fuera a la batalla contra Hai? (7:2-3)
    1. Acán.
    2. Los sacerdotes.
    3. Los ancianos.
    4. Los espías.

4. ¿Qué sucedió después de que los israelitas fueron derrotados en Hai? (7:5-6)
    1. Todo el pueblo se acobardó y se llenó de miedo.
    2. Josué y los ancianos se postraron rostro en tierra ante el arca del pacto del Señor.
    3. Josué y los ancianos se rasgaron las vestiduras.
    4. Todas las respuestas son correctas.

5. ¿Qué le sucedería a todo el que fuera sorprendido en posesión del botín de guerra destinado a la destrucción? (7:15)
    1. Los israelitas lo obligarían a abandonar el campamento para siempre.
    2. Los israelitas lo obligarían a servir a Josué como su esclavo.
    3. Los israelitas lo quemarían junto con su familia y sus posesiones.
    4. Los israelitas lo obligarían a devolver lo que había robado.

6. ¿Qué le dijo Josué a Acán que hiciera? (7:19)
    1. Que honrara y alabara al Señor.
    2. Que le contara lo que había hecho.
    3. Que no le ocultara nada.
    4. Todas las respuestas son correctas.

7. ¿Qué hizo Acán con el botín robado? (7:21)
    1. Lo escondió en un hoyo que cavó en medio de su carpa.
    2. Se puso nervioso y lo tiró al río.
    3. Se lo vendió a unos mercaderes locales.
    4. Lo exhibió todo en su carpa.

8. ¿Quiénes llevaron a Acán y a su familia al valle de Acor? (7:24)
    1. Josué y todos los israelitas.
    2. El rey Carmí.
    3. Moisés.
    4. El Señor.

9. ¿Qué sucedió tras la muerte de Acán? (7:26)
    1. Los israelitas se repartieron su plata y su oro.
    2. Josué organizó una fiesta.
    3. El Señor aplacó el ardor de su ira.
    4. Todas las respuestas son correctas.

10. ¿Qué dice Proverbios 14:12?
    1. «Un hombre puede pensar algo bueno, pero Dios sabe qué es lo mejor».
    2. «Hay caminos que al hombre le parecen rectos, pero que acaban por ser caminos de muerte».
    3. «El incrédulo será pagado con su misma moneda y, el hombre bueno, con su misma moneda, será recompensado».
    4. «El hombre de caminos rectos es temeroso del Señor».

Josué Jueces Rut

PREGUNTAS DE REVISIÓN DE NIVEL BÁSICO (LECCIÓN siete: JOSUÉ 8:1-35)

1. ¿Qué le dijo el Señor a Josué que hiciera? (8:1)

    1. Que tomara a todo su ejército y atacara la ciudad la Hai.
    2. Que se mantuviese alejado de Hai.
    3. Que enviara a los espías para que vieran cuántos hombres había en el ejército de Hai.

2. ¿Cuál fue el plan de Josué para atacar Hai? (8:3-6)

    1. Planeó tender una emboscada en la parte posterior de la ciudad.
    2. Planeó alejar a los hombres de la ciudad.
    3. Ambas respuestas son correctas.

3. ¿Qué sucedió cuando el rey de Hai vio al ejército israelita? (8:13-14)

    1. Él y su tropa permanecieron dentro de la ciudad.
    2. Él y su tropa se apresuraron para pelear contra Israel.
    3. Huyó.

4. ¿Con qué apuntó Josué hacia Hai? (8:18)

    1. Con una trompeta.
    2. Con una antorcha.
    3. Con una jabalina.

5. ¿Qué sucedió cuando Josué apuntó con su jabalina? (8:18-19)

    1. Los hombres que estaban en la emboscada salieron y entraron en la ciudad de Hai.
    2. Los hombres tomaron la ciudad y la incendiaron.
    3. Ambas respuestas son correctas.

6. ¿Cuántas personas de la ciudad de Hai sobrevivieron al ataque de los israelitas? (8:22-23)

    1. Ninguna salvo el rey de Hai.
    2. Algunos fugitivos.
    3. Cien hombres.

7. ¿Qué levantó Josué en el monte Ebal? (8:30-31)

    1. Un altar.
    2. Una fortaleza.
    3. Un monumento.

8. ¿Qué ofrecieron al Señor Josué y el pueblo? (8:31)

    1. Tesoros de Hai.
    2. Holocaustos y sacrificios de comunión.
    3. Todo su ganado.

9. ¿Qué escribió Josué en tablas de piedra? (8:32)

    1. El nombre de los soldados más valientes.
    2. Las ciudades conquistadas por los israelitas.
    3. Una copia de la ley de Moisés.

10. ¿Qué leyó Josué a todo el pueblo de Israel? (8:34-35)

    1. Las palabras de la ley.
    2. Bendiciones y maldiciones.
    3. Ambas respuestas son correctas.

Josué Jueces Rut

1. ¿Para qué envió Dios a Josué y a todo el ejército israelita a la ciudad de Hai? (8:1)
   1. Para hacer un tratado con Hai.
   2. Para atacar Hai.
   3. Para compartir una comida con los hombres de Hai.
   4. Todas las respuestas son correctas.

2. ¿Qué le dijo el Señor a Josué cuando le ordenó que atacara la ciudad de Hai? (8:1)
   1. «¡No tengas miedo!».
   2. «¡No te acobardes!».
   3. «Yo les daré la victoria sobre su rey y su ejército; se apropiarán de su ciudad y de todo el territorio que la rodea».
   4. Todas las respuestas son correctas.

3. ¿Para qué envió Josué a treinta mil guerreros durante la noche? (8:3-4)
   1. Para que esperaran a recibir un mensaje del ángel del Señor.
   2. Para que prepararan una emboscada en la parte posterior de la ciudad.
   3. Para que esperaran a una señal de Josué para atacar y tomar una antorcha.
   4. Todas las respuestas son correctas.

4. ¿Dónde esperaron los hombres de la emboscada? (8:12)
   1. A los pies del monte Ebal.
   2. Dentro de la ciudad de Hai.
   3. Entre Betel y Hai.
   4. En la ciudad de Betel.

5. ¿Qué sucedió cuando Josué levantó su jabalina? (8:18-19)
   1. Los soldados de Hai vieron la emboscada y huyeron.
   2. Los hombres de la emboscada se pusieron al lado de Josué.
   3. Los hombres que estaban en la emboscada tomaron la ciudad y la incendiaron.
   4. Todas las respuestas son correctas.

6. ¿Qué sucedió cuando los hombres de Hai vieron que de la ciudad subía una nube de humo? (8:20)
   1. No podían huir en ninguna dirección.
   2. Volvieron corriendo a la ciudad para salvar a sus familias.
   3. Huyeron a las montañas para escapar del fuego.
   4. Se atacaron entre sí y se mataron unos a otros.

7. ¿Dónde levantó Josué un altar al Señor después de la batalla en Hai? (8:30-31)
   1. En las montañas de Ararat.
   2. En el monte Ebal.
   3. Sobre las ruinas de Hai.
   4. En el monte Sinaí.

8. ¿Qué hicieron los israelitas en el altar? (8:31)
   1. Ofrecieron holocaustos y sacrificios de comunión al Señor.
   2. Dividieron los tesoros que habían robado de Hai.
   3. Oraron al Señor para pedirle perdón.
   4. Todas las respuestas son correctas.

9. ¿Qué escribió Josué sobre las tablas de piedra? (8:32)
   1. La fecha y la hora de la batalla de Hai.
   2. Una copia de la ley de Moisés.
   3. El nombre de todos los soldados israelitas.
   4. Las oraciones que fueron elevadas a Dios.

10. Completa este verso: «Solo te pido que tengas mucho valor y firmeza para obedecer toda la ley que mi siervo Moisés te ordenó...» (Josué 1:7).
   1. «... No te apartes de ella para nada; solo así tendrás éxito dondequiera que vayas».
   2. «... No desobedezcas a Dios. Él desea que su pueblo lo siga».
   3. «... No te apartes de la ley. Solo tendrás éxito si sigues a Dios».
   4. «... No te apartes de ella para nada. Dios te bendecirá».

Josué Jueces Rut

1. ¿Quiénes se enteraron de cómo había tratado Josué a las ciudades de Jericó y de Hai? (9:3)

   1. Los gabaonitas.
   2. Nadie.
   3. Los egipcios.

2. ¿Qué hicieron los gabaonitas? (9:3-4)

   1. Planearon un ataque.
   2. Maquinaron un plan o una trampa.
   3. Planearon alejarse de los israelitas.

3. ¿Cómo convencieron los gabaonitas a los israelitas de que venían de un país muy lejano? (9:4-5, 12-13)

   1. Mostraron a los israelitas su pan seco y hecho migas.
   2. Mostraron a los israelitas sus odres rotos para el vino, los viejos costales para sus asnos y su ropa vieja.
   3. Ambas respuestas son correctas.

4. ¿Qué querían los gabaonitas de los israelitas? (9:6)

   1. Su oro y su plata.
   2. Que les enseñaran a hacer sacrificios al Dios de Israel.
   3. Que hicieran un tratado con ellos.

5. ¿Qué no hicieron los hombres de Israel antes de hacer el tratado con los gabaonitas? (9:14)

   1. No hablaron con Josué.
   2. No consultaron al Señor.
   3. No preguntaron a los sacerdotes.

6. ¿Qué sucedió tres días después de que Josué y los jefes israelitas hicieran un tratado de paz con los gabaonitas? (9:16)

   1. Los gabaonitas atacaron Israel.
   2. Ofrecieron sacrificios al Señor para honrar el tratado.
   3. Los israelitas se enteraron de que los gabaonitas eran sus vecinos.

7. ¿Por qué los israelitas no atacaron a los gabaonitas? (9:17-18)

   1. Porque tenían miedo.
   2. Debido a su juramento.
   3. Porque en vez de atacarlos decidieron tenderles una trampa.

8. ¿Qué hizo Josué con los gabaonitas? (9:21)

   1. Les perdonó la vida a cambio de que fueran leñadores y aguateros.
   2. Los engañó para que violaran el tratado.
   3. Ambas respuestas son correctas.

9. ¿Qué sucedió cuando los gabaonitas pidieron ayuda a los israelitas? (10:6-8)

   1. Josué salió con todo su ejército para ayudar a los gabaonitas.
   2. El Señor le dijo a Josué: «No tiembles ante ellos».
   3. Ambas respuestas son correctas.

10. ¿Qué le dijo Josué al Señor cuando los israelitas lucharon contra los amorreos? (10:12)

    1. «Sol, detente en Gabaón».
    2. «Señor, ayúdame a derrotar a los amorreos».
    3. «Señor, ¿qué hago?».

Josué Jueces Rut

PREGUNTAS DE REVISIÓN DE NIVEL AVANZADO (LECCIÓN OCHO: JOSUÉ 9:1—10:15)

1. ¿De qué se enteraron los gabaonitas acerca de los israelitas? (9:3)
   1. De que Guilgal y Jordania los habían derrotado.
   2. De que los israelitas habían derrotado a Jericó y a Hai.
   3. De que los israelitas habían derrotado a Adonisédec y a Pi.
   4. De que los israelitas eran débiles.

2. ¿Cómo engañaron los gabaonitas a los israelitas? (9:4-6)
   1. Se vistieron con ropa vieja y dijeron que venían de un país muy lejano.
   2. Fingieron ser parientes de los israelitas.
   3. Enviaron espías al campamento israelita.
   4. Hicieron un tratado de paz con los israelitas y luego los atacaron.

3. ¿Cómo estuvo implicado el Señor en la decisión de hacer el tratado con los gabaonitas? (9:14)
   1. Josué consultó al Señor y luego hizo el tratado.
   2. Los israelitas no consultaron al Señor antes de hacer el tratado.
   3. Los israelitas preguntaron al Señor y luego ignoraron sus órdenes.
   4. El Señor no respondió a la oración de Josué.

4. ¿Qué sucedió tres días después de que los israelitas hicieran un tratado de paz con los gabaonitas? (9:16)
   1. Fueron a la guerra contra Gabaón.
   2. Los amorreos los atacaron.
   3. Se enteraron de que los gabaonitas vivían cerca de ellos.
   4. Anularon el tratado de paz que habían hecho con Gabaón.

5. ¿Por qué decidieron los israelitas no atacar a los gabaonitas? (9:17-18)
   1. Porque oyeron que Gabaón contaba con muchos guerreros.
   2. Porque oyeron que los gabaonitas habían hecho un tratado con los cinco reyes amorreos.
   3. Porque decidieron atacar a los gabaonitas más tarde, cuando no se lo esperaran.
   4. Porque honraron el juramento que habían hecho en nombre del Señor.

6. ¿Qué sucedió cuando los cinco reyes amorreos atacaron Gabaón? (10:5-7)
   1. Gabaón luchó valientemente contra los amorreos sin ayuda de los israelitas.
   2. Josué ayudó a los reyes amorreos.
   3. Josué y su ejército salieron en ayuda de Gabaón.
   4. Los israelitas decidieron hacer un tratado con Adonisédec.

7. ¿Qué le dijo el Señor a Josué cuando salió para ayudar a Gabaón a luchar? (10:6-8)
   1. «No tiembles ante ellos».
   2. «Yo te los entrego».
   3. «Ninguno de ellos podrá resistirte».
   4. Todas las respuestas son correctas.

8. ¿Cómo estuvo implicado el Señor en la batalla contra los amorreos? (10:12-13)
   1. El Señor hizo que el sol de detuviera.
   2. El Señor atacó a los amorreos con rayos.
   3. El Señor dio valentía a los gabaonitas.
   4. Todas las respuestas son correctas.

9. ¿Cuánto tiempo estuvo detenido el sol durante la batalla contra los amorreos? (10:13)
   1. Aproximadamente media hora.
   2. Aproximadamente un día completo.
   3. Aproximadamente dos días completos.
   4. Aproximadamente una semana.

10. ¿Qué dice Salmos 25:10?
   1. «Todas las sendas del Señor son seguras. Él sabe qué hacer en los momentos difíciles».
   2. «Todas las sendas del Señor son amor y verdad para quienes cumplen los preceptos de su pacto».
   3. «Todas las sendas del Señor son buenas y verdad para quienes siguen a Dios».
   4. «Todas las sendas del Señor son buenas, pues él es un Dios bueno».

Josué Jueces Rut

1. ¿Qué le dijo el Señor a Josué cuando era ya bastante anciano? (13:1)

    1. «Todavía queda mucho territorio por conquistar».
    2. «El territorio de los filisteos es demasiado grande para ser conquistado».
    3. Ambas respuestas son correctas.

2. ¿Quién le dijo a Josué que echaría de la presencia de los israelitas a los habitantes de Sidón? (13:6)

    1. El Señor.
    2. Moisés.
    3. El general del ejército de Josué.

3. ¿Qué le dijo el Señor a Josué que repartiera y diera a los israelitas? (13:6)

    1. Cabezas de ganado y ovejas.
    2. La tierra de los habitantes de Sidón.
    3. Ambas respuestas son correctas.

4. ¿Quién o quiénes fueron a ver a Josué? (14:6)

    1. Los descendientes de Judá.
    2. La esposa de Josué.
    3. El rey de Sidón.

5. . ¿Qué le dijo Caleb a Josué? (14:7)

    1. Que Moisés le había prometido toda la tierra de Canaán.
    2. Que Moisés lo había enviado desde Cades Barnea para que explorara el país.
    3. Que Moisés había sido un líder mejor que él.

6. ¿Quiénes fueron con Caleb a explorar la tierra de Canaán? (14:7-8)

    1. Sus enemigos.
    2. Sus compañeros de viaje.
    3. Los sacerdotes.

7. ¿Qué hicieron los compañeros de Caleb? (14:8)

    1. Hicieron que Caleb ofreciera al pueblo un informe falso.
    2. Le dijeron al pueblo que obedeciera a Dios y conquistara la tierra.
    3. Desanimaron a la gente y le infundieron temor.

8. ¿Quién le dijo a Josué que se había mantenido fiel al Señor su Dios? (14:8)

    1. Caleb.
    2. Moisés.
    3. El sumo sacerdote.

9. ¿Quién dio a Caleb el territorio de Hebrón por herencia? (14:13)

    1. Josué.
    2. Los sacerdotes.
    3. Los ancianos.

10. ¿De qué se vio libre el país? (14:15)

    1. De tormentas y terremotos.
    2. De guerras.
    3. De malas cosechas.

Josué Jueces Rut

PREGUNTAS DE REVISIÓN DE NIVEL AVANZADO (LECCIÓN NUEVE: JOSUÉ 13:1-7; 14:1-15)

1. ¿Qué le dijo el Señor a Josué tras muchos años de guerras y conquistas? (13:1)
    1. «Ya estás muy viejo, y todavía queda mucho territorio por conquistar».
    2. «Es hora de que descanses de todas tus batallas».
    3. «El pueblo debe elegir a un nuevo líder».
    4. Todas las respuestas son correctas.

2. ¿Qué le dijo el Señor a Josué que hiciera con las nueve tribus restantes y la media tribu de Manasés? (13:6-7)
    1. Dividirlas en tribus más pequeñas.
    2. Darles todo el ganado que necesitaran.
    3. Repartir la tierra entre ellas y dársela por herencia.
    4. Todas las respuestas son correctas.

3. ¿Quién dijo: «Moisés, siervo del Señor, me envió [...] para explorar el país, y con toda franqueza le informé de lo que vi»? (14:7)
    1. Josué.
    2. Caleb.
    3. Moisés.
    4. José.

4. ¿Cómo siguió Caleb al Señor? (14:9)
    1. Con fidelidad.
    2. Al principio con dudas, pero con fidelidad tras la batalla de Jericó.
    3. Con tristeza en su corazón.
    4. Con gozo.

5. ¿Cómo dijo Caleb que era su fortaleza? (14:11)
    1. Suficiente para luchar durante tres días y tres noches.
    2. Igual que toda la fortaleza del ejército israelita.
    3. Igual que la fortaleza que tenía el día en que Moisés lo envió.
    4. Todas las respuestas son correctas.

6. ¿Qué le había prometido el Señor a Caleb? (14:12)
    1. Darle todas las cabezas de ganado y todas las ovejas del territorio.
    2. Darle la región montañosa.
    3. Mostrarle cómo derrotar a los cananeos.
    4. Todas las respuestas son correctas.

7. ¿Qué territorio le dio Josué a Caleb? (14:13)
    1. Hebrón.
    2. Manasés.
    3. El territorio de los rubenitas.
    4. El territorio de los filisteos.

8. ¿Por qué Hebrón ha pertenecido a Caleb desde entonces? (14:14)
    1. Porque Caleb había obtenido el territorio en una batalla.
    2. Porque Caleb había servido a los dioses de Hebrón.
    3. Porque Caleb había sido fiel al Señor, Dios de Israel.
    4. Porque Caleb había servido bien al pueblo.

9. ¿Qué se vio libre de guerras? (14:15)
    1. El país.
    2. El ganado de los cananeos.
    3. Las ovejas de los cananeos.
    4. Todas las respuestas son correctas.

10. Completa este verso: «Y todo lo que hagan, de palabra o de obra, háganlo...» (Colosenses 3:17).
    1. «... con buena actitud y glorificando al Padre».
    2. «... en el nombre del Señor Jesús, dando gracias a Dios el Padre por medio de él».
    3. «... con fidelidad, dejando que sus obras hablen por ustedes».
    4. «... para ayudar a las demás personas a conocer el amor de Dios».

Josué Jueces Rut

1. ¿Qué les dijo el Señor a los israelitas que designaran? (20:1-2)

 1. Ciudades de refugio.
 2. Templos dedicados al Señor en cada montaña.
 3. Campamentos alrededor de todas las ciudades.

2. ¿Quién podía huir y hallar protección en una ciudad de refugio? (20:3)

 1. Cualquier persona que matara a otra accidentalmente.
 2. Cualquier persona que matara a otra sin premeditación.
 3. Ambas respuestas son correctas.

3. ¿Qué debían hacer los ancianos de una ciudad de refugio cuando una persona mataba a otra accidentalmente? (20:4)

 1. Darle alimento y luego enviarla a otra ciudad.
 2. Aceptarla en esa ciudad y asignarle un lugar para vivir con ellos.
 3. Permitir que se escondiera durante un mes y luego celebrar un juicio.

4. ¿Qué debían hacer los ancianos de la ciudad si el vengador del delito de sangre perseguía a la persona acusada? (20:5)

 1. No entregar al fugitivo.
 2. Entregar al fugitivo.
 3. Matar al fugitivo.

5. ¿Quiénes se acercaron al sacerdote Eleazar, a Josué y a los representantes de los clanes israelitas? (21:1)

 1. Los cinco reyes cananeos.
 2. Los jefes de familia de los levitas.
 3. Los enemigos de Israel.

6. ¿Quién dijo: «El Señor ordenó por medio de Moisés que ustedes nos asignaran pueblos donde vivir y tierras para nuestro ganado»? (21:1-2)

 1. Josué.
 2. Moisés.
 3. Los jefes de familia de los levitas.

7. ¿Qué entregaron los israelitas a los levitas? (21:3)

 1. Ganado y ovejas.
 2. Poblaciones y campos de pastoreo de su propiedad.
 3. Carpas.

8. ¿Quién había ordenado por medio de Moisés que los israelitas debían asignarles a los levitas pueblos y campos de pastoreo? (21:8)

 1. Josué.
 2. Los sacerdotes.
 3. El Señor.

9. ¿Qué hizo el pueblo de Israel cuando el Señor le entregó todo el territorio que había prometido darles a sus antepasados? (21:43)

 1. Se estableció allí.
 2. Lucharon por más territorios.
 3. Ambas respuestas son correctas.

10. ¿Quién entregó a los enemigos de Israel en manos de los israelitas? (21:44)

 1. Josué.
 2. El Señor.
 3. Moisés.

Josué Jueces Rut

PREGUNTAS DE REVISIÓN DE NIVEL AVANZADO (LECCIÓN diez: JOSUÉ 20:1-9; 21:1-8, 43-45)

1. ¿Quién dijo: «Pídeles a los israelitas que designen algunas ciudades de refugio»? (20:1-2)
   1. Eleazar.
   2. Josué.
   3. El Señor.
   4. Los sacerdotes.

2. ¿Qué se le permitía hacer a una persona que había matado a otra accidentalmente?? (20:3)
   1. Encontrar al vengador del delito de sangre.
   2. Huir a una ciudad de refugio y hallar protección frente al vengador del delito de sangre.
   3. Pedir perdón al vengador del delito de sangre.
   4. Todas las respuestas son correctas.

3. ¿Qué debían hacer los ancianos de una ciudad de refugio con quien huyera hasta esa ciudad? (20:4)
   1. Aceptarlo en esa ciudad y asignarle un lugar para vivir con ellos.
   2. Entregárselo al vengador del delito de sangre.
   3. Enviarlo a la región montañosa para que se escondiera.
   4. Darle una comida y soltarlo.

4. ¿Qué dijeron los jefes de familia de los levitas? (21:2)
   1. «El Señor se olvidó de nosotros, así que conquistaremos su territorio».
   2. «El Señor ordenó por medio de Moisés que ustedes nos asignaran pueblos donde vivir y tierras para nuestro ganado».
   3. «El Señor nos dijo que recibiríamos poblaciones y esposas de parte de ustedes».
   4. Todas las respuestas son correctas.

5. ¿Qué entregaron los israelitas a los levitas? (21:3)
   1. Ganado y ovejas.
   2. Poblaciones y campos de pastoreo de su propiedad.
   3. Un templo para adorar al Señor.
   4. Carpas y camellos.

6. ¿Qué le dio el Señor a Israel? (21:43)
   1. Todo el territorio al este del mar Rojo.
   2. Todo el territorio al oeste del mar Rojo.
   3. Todo el territorio que había prometido darles a sus antepasados.
   4. Todas las respuestas son correctas.

7. ¿Quiénes se establecieron en la tierra? (21:43)
   1. Los israelitas.
   2. Los cananeos.
   3. Los egipcios.
   4. Los gabaonitas.

8. ¿Dónde les dio el Señor descanso a los israelitas? (21:44)
   1. En todo el territorio.
   2. Solo en las ciudades de Ramot y Golán.
   3. Solo en la ciudad de Béser.
   4. Solo en el norte.

9. ¿A quiénes entregó el Señor en manos de los israelitas? (21:44)
   1. A algunos de sus enemigos.
   2. A la mayoría de sus enemigos.
   3. A todos sus enemigos.
   4. A ninguno de sus enemigos.

10. Completa este verso: «Y ni una sola de las buenas promesas del Señor...» (Josué 21:45).
   1. «... a favor de Israel dejó de cumplirse, sino que cada una se cumplió al pie de la letra».
   2. «... a favor de su pueblo se cumplió, sino que cada una se incumplió».
   3. «... a favor de los israelitas dejó de cumplirse, pues todas eran fáciles de cumplir».
   4. «... a favor de la nación de Israel dejó de cumplirse, sino que Dios las respondió con rapidez».

Josué Jueces Rut

1. ¿Quién le dio a Israel paz con sus enemigos? (23:1)

    1. Josué.
    2. Moisés.
    3. El Señor.

2. ¿Cuándo convocó Josué a toda la nación, incluyendo a sus líderes, jefes, jueces y oficiales? (23:1-2)

    1. Cuando era anciano y estaba cansado.
    2. Después de que los israelitas derrotaron a los egipcios.
    3. Antes del nacimiento de su primer hijo.

3. ¿Quién peleó las batallas por los israelitas? (23:3)

    1. Sus mujeres y niños.
    2. El Señor su Dios.
    3. Los egipcios.

4. ¿Qué advirtió Josué al pueblo? (23:6)

    1. «Esfuércense por cumplir todo lo que está escrito en el libro de la ley de Moisés».
    2. «No se aparten de esa ley para nada».
    3. Ambas respuestas son correctas.

5. ¿A quiénes no debían rendir culto los israelitas? (23:7)

    1. A los egipcios.
    2. A los dioses de las naciones que aún quedaban entre ellos.
    3. A Josué.

6. ¿Para amar a quién debían los israelitas hacer todo lo que estaba de su parte? (23:11)

    1. Al Señor su Dios.
    2. Los egipcios.
    3. Los unos a los otros.

7. ¿Qué sucedería si los israelitas servían a otros dioses? (23:16)

    1. La ira del Señor se descargaría sobre ellos.
    2. Serían borrados de la buena tierra.
    3. Ambas respuestas son correctas.

8. ¿De qué debían deshacerse los israelitas? (24:14)

    1. De los jarros y cántaros que no usaban.
    2. De los dioses que sus antepasados habían adorado al otro lado del río Éufrates y en Egipto.
    3. De toda vestimenta extra que no usaban.

9. ¿Quién dijo: «Por mi parte, mi familia y yo serviremos al Señor»? (24:15)

    1. Moisés.
    2. Los sacerdotes.
    3. Josué.

10. ¿Qué hizo Josué cuando renovó el pacto con el pueblo de Israel? (24:25-27)

    1. Escribió en el libro de la ley de Dios.
    2. Colocó una enorme piedra para que sirviera de testigo del pacto.
    3. Ambas respuestas son correctas.

Josué Jueces Rut

1. ¿Con quién le dio el Señor paz a Israel? (23:1)
   1. Los profetas de Baal.
   2. Sus enemigos.
   3. Los egipcios.
   4. Todas las respuestas son correctas.

2. ¿Qué sucedería si los israelitas servían a otros dioses? (23:16)
   1. Josué serviría a otros dioses con ellos.
   2. Los israelitas serían borrados de la buena tierra que el Señor les había entregado.
   3. El Señor seguiría bendiciéndolos.
   4. Los otros dioses les darían victoria y prosperidad.

3. ¿Quién les dijo a los israelitas que se entregaran al Señor y le sirvieran fielmente? (24:14)
   1. Josué.
   2. Los sacerdotes.
   3. Los ancianos.
   4. Todas las respuestas son correctas.

4. ¿Quién dijo: «Elijan ustedes mismos a quiénes van a servir»? (24:15)
   1. Moisés.
   2. Los sacerdotes.
   3. Los ancianos.
   4. Josué.

5. ¿A quién dijo Josué que servirían él y su familia? (24:15)
   1. A los dioses de los jebuseos.
   2. A los dioses de los egipcios.
   3. A los dioses de los filisteos.
   4. Al Señor.

6. ¿Qué les sucedería a los israelitas si abandonaban al Señor y servían a dioses ajenos? (24:20)
   1. Dios les quitaría su herencia.
   2. Dios designaría a un nuevo líder.
   3. Dios se les echaría encima y les traería desastres.
   4. Dios los haría abandonar Canaán.

7. ¿Qué le dijo Josué al pueblo que hiciera con sus dioses ajenos? (24:23)
   1. Que los diera.
   2. Que los escondiera.
   3. Que se deshiciera de ellos.
   4. Que se los quedara.

8. ¿Qué hizo Josué cuando el pueblo dijo que serviría al Señor? (24:25-27)
   1. Renovó el pacto.
   2. Escribió en el libro de la ley.
   3. Colocó una enorme piedra para que sirviera de testigo del pacto.
   4. Todas las respuestas son correctas.

9. ¿Qué edad tenía Josué cuando murió? (24:29)
   1. 110 años.
   2. 100 años.
   3. 95 años.
   4. 90 años.

10. ¿Qué cita pertenece a Joshua 24:14?
    1. «Por lo tanto, ahora ustedes amen al Señor de todo corazón. Adórenlo solo a él».
    2. «Por lo tanto, ahora ustedes entréguense al Señor y sírvanle fielmente».
    3. «Por lo tanto, ahora ustedes vivan para Dios todos los días de su vida y obedezcan todas sus normas».
    4. «Por lo tanto, ahora ustedes teman al Señor y obedezcan todas sus órdenes».

Josué Jueces Rut

1. ¿Quién dijo: «Yo los saqué a ustedes de Egipto y los hice entrar en la tierra que juré darles a sus antepasados»? (2:1)

   1. Débora.
   2. Josué.
   3. Un ángel del Señor.

2. ¿Qué le dijo el ángel del Señor a los israelitas que hicieran? (2:2)

   1. Que derribaran los altares de la gente de la tierra.
   2. Que incumplieran las promesas que habían hecho a la gente.
   3. Que destruyeran sus cultivos.

3. ¿Qué serían para los israelitas los dioses de la gente de la tierra? (2:3)

   1. Una trampa.
   2. Una aflicción.
   3. Un hedor fétido.

4. ¿Qué les hizo el Señor a los israelitas cuando se enfureció con ellos? (2:13-14)

   1. Les arrebató su tierra.
   2. Los entregó en manos de invasores que los saquearon.
   3. El Señor hizo llover granizo sobre Israel.

5. ¿A quién hizo surgir el Señor para los israelitas cuando estaban en una situación de gran angustia? (2:15-16)

   1. A Moisés.
   2. A profetas.
   3. A caudillos.

6. ¿Qué hicieron los caudillos por los israelitas? (2:16)

   1. Decidieron los castigos para sus delincuentes.
   2. Los libraron del poder de los invasores.
   3. Ambas respuestas son correctas.

7. ¿Qué hicieron los israelitas en vez de escuchar a sus jueces? (2:17)

   1. Adoraron a otros dioses.
   2. Se apartaron de su camino de obediencia al Señor.
   3. Ambas respuestas son correctas.

8. ¿Quién se compadecía de los israelitas al oírlos gemir por causa de quienes los oprimían y afligían? (2:18)

   1. Sus enemigos.
   2. El Señor.
   3. Los caudillos.

9. ¿A quiénes usó el Señor para poner a prueba a Israel? (2:21-22)

   1. A las otras naciones.
   2. A Josué.
   3. Al faraón.

10. ¿Para qué puso el Señor a prueba a Israel? (2:22)

   1. Para castigarlo por su desobediencia.
   2. Para ver si guardaba el camino del Señor y andaba por él.
   3. Para atemorizarlo y que no adorara a ídolos.

Josué Jueces Rut

PREGUNTAS DE REVISIÓN DE NIVEL AVANZADO (LECCIÓN DOCE: JUECES 2:1-23)

1. ¿Qué dijo el ángel del Señor a los israelitas? (2:1-2)

   1. «Yo los saqué a ustedes de Egipto».
   2. «Nunca quebrantaré mi pacto con ustedes».
   3. «Derribarán sus altares».
   4. Todas las respuestas son correctas.

2. ¿Qué les dijo el ángel del Señor a los israelitas que no hicieran? (2:2)

   1. Construir un altar al Señor.
   2. Hacer un pacto con la gente de la tierra.
   3. Hacer un pacto con el Señor.
   4. Construir un templo al Señor.

3. ¿Quiénes lloraron a gritos y ofrecieron sacrificios al Señor? (2:4-5)

   1. Josué.
   2. Los cananeos.
   3. Los israelitas.
   4. Los caudillos.

4. ¿Qué había hecho por los israelitas el Dios de sus padres? (2:12)

   1. Los había abandonado en Egipto.
   2. Los había sacado de Egipto.
   3. Los había dejado en el desierto.
   4. Los había devuelto sanos y salvos a Egipto.

5. ¿En manos de quiénes entregó el Señor a los israelitas? (2:14)

   1. De invasores que los saquearon.
   2. De los dioses cananeos.
   3. De sus sacerdotes.
   4. De los ancianos del pueblo.

6. ¿Qué hizo el Señor cuando el pueblo se vio muy angustiado? (2:15-16)

   1. Lo ignoró debido a sus pecados.
   2. Hizo surgir caudillos para los israelitas.
   3. Les pidió que ofrecieran holocaustos.
   4. Los envió a pelear contra los invasores.

7. ¿Qué hicieron los caudillos por los israelitas? (2:16)

   1. Los libraron del poder de los invasores.
   2. Los enviaron a luchar contra sus enemigos.
   3. Los hicieron ofrecer sacrificios al Señor.
   4. Enviaron invasores para que los saquearan.

8. ¿Qué hicieron los israelitas en vez de escuchar a sus caudillos? (2:17)

   1. Escucharon al Señor.
   2. Escucharon a los sacerdotes.
   3. Adoraron a otros dioses.
   4. Engañaron a los caudillos.

9. ¿Qué hacía el pueblo cuando el caudillo moría? (2:19)

   1. Continuaba siguiendo al Señor.
   2. Se corrompía aún más que sus antepasados.
   3. Derrotaba a todos sus enemigos.
   4. Elegía a otro caudillo.

10. ¿Por qué el Señor puso a prueba a Israel? (2:22)

    1. Para castigarlo.
    2. Para que le ofreciera sacrificios.
    3. Para ver si guardaba el camino del Señor y andaba por él.
    4. Todas las respuestas son correctas.

Josué Jueces Rut

1. ¿Quién era el rey cananeo que reinaba en Jazor? (4:2)

　　1. Jabín.
　　2. Sísara.
　　3. Héber.

2. ¿Quién había oprimido a los israelitas durante veinte años? (4:3)

　　1. Dagón.
　　2. Jabín.
　　3. Barac.

3. ¿Qué hicieron los israelitas cuando Jabín los oprimía? (4:3)

　　1. Empezaron a servir a Baal.
　　2. Clamaron al Señor para que los ayudara.
　　3. Se unieron a su ejército.

4. ¿Quién gobernaba a Israel durante el reinado de Jabín? (4:4)

　　1. Barac.
　　2. Jael.
　　3. Débora.

5. ¿Quién era Débora? (4:4)

　　1. Una profetisa.
　　2. Una líder de los israelitas.
　　3. Ambas respuestas son correctas.

6. ¿Para qué acudían los israelitas a Débora? (4:5)

　　1. Para recibir limosnas.
　　2. Para resolver sus disputas.
　　3. Para ser sanados.

7. ¿Qué pidió Barac antes de aceptar ir a la guerra? (4:8)

　　1. Que Débora enviara 500 carros con él.
　　2. Que Débora fuera con él.
　　3. Que Débora le encontrara esposa.

8. ¿En manos de quién entregaría el Señor a Sísara? (4:9)

　　1. Un joven soldado.
　　2. Barac.
　　3. Una mujer.

9. ¿Quién quedó con vida en el ejército de Sísara tras la batalla? (4:16)

　　1. Muy pocas personas.
　　2. Nadie.
　　3. Solo los hombres que iban en los carros.

10. ¿Qué sucedió después de que Dios humillara a Jabín? (4:23-24)

　　1. Los israelitas se atemorizaron.
　　2. Los israelitas lo destruyeron.
　　3. Ambas respuestas son correctas.

Josué Jueces Rut

1. ¿Quién era el rey cananeo que reinaba en Jazor? (4:2)

    1. Jabín.
    2. Sísara.
    3. Héber.
    4. Josué.

2. Tras la muerte de Aod, ¿cómo reaccionó el Señor cuando los israelitas volvieron a hacer lo que ofendía al Señor? (4:1-2)

    1. Envió una hambruna que desoló el país.
    2. Los vendió a Jabín.
    3. Les envió diez plagas.
    4. Secó el río Jordán.

3. ¿Quién gobernaba Israel durante el reinado de Jabín? (4:4)

    1. Barac.
    2. Jael.
    3. Débora.
    4. Josué.

4. ¿Para qué acudían a Débora los israelitas? (4:5)

    1. Para recibir limosnas.
    2. Para resolver sus disputas.
    3. Para ser sanados.
    4. Todas las respuestas son correctas.

5. ¿En manos de quién entregaría el Señor a Sísara? (4:9)

    1. Un joven soldado.
    2. Barac.
    3. Una mujer.
    4. Débora.

6. ¿Qué le dijo Débora a Barac antes de la batalla? (4:14)

    1. «¡Adelante! Este es el día en que el SEÑOR entregará a Sísara en tus manos».
    2. «¡Detente! El SEÑOR ha apartado su rostro de ti».
    3. «Que el SEÑOR te bendiga y te guarde».
    4. Todas las respuestas son correctas.

7. ¿Quién quedó con vida en el ejército de Sísara tras la batalla? (4:16)

    1. Muy pocas personas.
    2. Nadie.
    3. Solo los hombres que iban en los carros.
    4. Unos 100 guerreros.

8. ¿Quién mató a Sísara? (4:21-23)

    1. Barac.
    2. Jael, la esposa de Héber.
    3. El ejército de Israel.
    4. Un joven soldado.

9. ¿Qué sucedió después de que el Señor humilló a Jabín? (4:23-24)

    1. Los israelitas hicieron lo que ofendía al Señor.
    2. Los israelitas destruyeron a Jabín.
    3. Los israelitas exigieron un rescate por la familia de Jabín.
    4. Todas las respuestas son correctas.

10. Completa este verso: «Yo sé bien que tú...» (Job 42:2).

    1. «... nos salvas con tus planes. Todos tus planes se cumplen».
    2. «... lo puedes todo, que no es posible frustrar ninguno de tus planes».
    3. «... lo haces todo y nos ayudas con esta situación».
    4. «... elaborarás un plan que nos ayudará a derrotar a nuestros enemigos».

Josué Jueces Rut

1. ¿Dónde vivían los israelitas cuando los madianitas los oprimían? (6:2)

    1. En las montañas.
    2. En cuevas.
    3. Ambas respuestas son correctas.

2. ¿Qué hacían los madianitas con las cosechas de los israelitas? (6:3-4)

    1. Las arruinaban.
    2. Las comían.
    3. Ambas respuestas son correctas.

3. ¿Qué hicieron los israelitas debido a la miseria que sufrían por causa de los madianitas? (6:6)

    1. Se enfrentaron a los madianitas con su ejército.
    2. Clamaron al Señor para que los ayudara.
    3. Se fueron a Egipto.

4. ¿Qué estaba haciendo Gedeón en el lagar? (6:11)

    1. Estaba trillando trigo.
    2. Estaba comiendo su almuerzo.
    3. Estaba leyendo el libro de la ley.

5. ¿Cómo llamó el ángel del Señor a Gedeón? (6:12)

    1. Hombre inteligente.
    2. Hombre miedoso.
    3. Guerrero valiente.

6. ¿Qué respondió Gedeón al ángel del Señor refiriéndose a sí mismo? (6:15)

    1. «Mi clan es el más fuerte de la tribu de Manasés».
    2. «Yo soy el más insignificante de mi familia».
    3. «Yo soy el más viejo de mi familia».

7. ¿A quién vio Gedeón cara a cara? (6:22)

    1. Al ángel del Señor.
    2. Al rey madianita.
    3. Al rey amorreo.

8. ¿Cómo llamó Gedeón al lugar donde construyó un altar al Señor? (6:24)

    1. «El Señor es la paz».
    2. «El Señor es amor».
    3. «El Señor es bueno».

9. ¿Qué derribaron Gedeón y los diez siervos? (6:25, 27)

    1. El lagar.
    2. La casa donde vivía la familia de Gedeón.
    3. El altar de Baal y el poste con la imagen de Aserá.

10. ¿Qué puso Gedeón en la era para que el Señor lo usara como señal? (6:36-37)

    1. Un canasto de grano.
    2. Un recipiente de agua.
    3. Un vellón de lana.

Josué Jueces Rut

1. ¿Dónde vivían los israelitas cuando los madianitas los oprimían? (6:2)

    1. En las montañas.
    2. En las ciudades.
    3. En sus campos.
    4. Todas las respuestas son correctas.

2. ¿Qué hacían los madianitas siempre que los israelitas sembraban sus cultivos? (6:3-4)

    1. Acampaban sobre ellos.
    2. Arruinaban las cosechas.
    3. No dejaban en Israel nada con vida.
    4. Todas las respuestas son correctas.

3. ¿Qué quería proteger Gedeón de los madianitas? (6:11)

    1. Su dinero.
    2. Su vino.
    3. Sus cabras.
    4. Su trigo.

4. ¿Cómo saludó el ángel del Señor a Gedeón en el lagar? (6:12)

    1. «Te saludo a ti, príncipe de Israel».
    2. «¡El Señor está contigo, guerrero valiente!
    3. «Gedeón, ¿por qué estás en el lagar?».
    4. Todas las respuestas son correctas.

5. ¿Qué hizo el ángel del Señor con la ofrenda que Gedeón había preparado para Dios? (6:19-21)

    1. No la tocó.
    2. La tocó y el fuego la consumió.
    3. La comió.
    4. La ignoró.

6. ¿Cómo llamó Gedeón al lugar donde construyó un altar al Señor? (6:24)

    1. «El Señor es bueno».
    2. «El Señor es misericordioso».
    3. «El Señor es la paz».
    4. «El Señor es amor».

7. ¿Qué hizo Gedeón por la noche porque tenía miedo? (6:25-27)

    1. Prensó uvas para hacer vino.
    2. Derribó el altar de Baal y el poste de Aserá.
    3. Discutió con el ángel del Señor.
    4. Todas las respuestas son correctas.

8. ¿Qué dijo Joás que Baal debía poder hacer si de veras era un dios? (6:31)

    1. Reconstruir el altar.
    2. Defenderse.
    3. Saber quién había destruido su altar.
    4. Todas las respuestas son correctas.

9. ¿Cuál fue la primera señal que Gedeón pidió? (6:36-37)

    1. Que el rocío cayera solo sobre el vellón y todo el suelo alrededor quedara seco.
    2. Que el rocío solo cayera sobre el suelo.
    3. Que el vellón desapareciera.
    4. Que el Señor se apareciera junto al vellón.

10. ¿Cuál fue la segunda señal que Gedeón pidió? (6:39-40)

    1. Que el vellón quedara seco y el rocío cayera sobre todo el suelo alrededor.
    2. Que el Señor se apareciera junto al vellón.
    3. Que el vellón desapareciera.
    4. Que apareciera un vellón más grande.

Josué Jueces Rut

PREGUNTAS DE REVISIÓN DE NIVEL BÁSICO (LECCIÓN QUINCE: JUECES 7:1-25; 8:28)

1. ¿Qué le dijo el Señor a Gedeón sobre el tamaño del ejército? (7:2)

   1. «Tu ejército es demasiado pequeño».
   2. «Tu ejército tiene el tamaño adecuado».
   3. «Tienes demasiada gente».

2. ¿Por qué quería el Señor reducir el número de hombres que formaban el ejército de Gedeón? (7:2)

   1. Porque Dios no quería que Israel se jactase contra él diciendo que su propia fortaleza lo había librado.
   2. Porque Dios no quería que murieran en batalla muchos israelitas.
   3. Porque el ejército de Gedeón era demasiado fuerte.

3. ¿Cuántos hombres lamieron el agua llevándola de la mano a la boca? (7:6)

   1. 10 000 hombres.
   2. 300 hombres.
   3. 22 000 hombres.

4. ¿Quién era el criado de Gedeón? (7:10)

   1. Furá.
   2. Téraj.
   3. Obed.

5. ¿Qué soñó un hombre en el campamento madianita? (7:13-14)

   1. Que Gedeón derrotaba a los madianitas.
   2. Que los madianitas derrotaban a los israelitas.
   3. Que Gedeón estaba espiando el campamento madianita.

6. ¿Qué ordenó Gedeón cuando volvió al campamento de Israel? (7:15)

   1. «¡Levántense!».
   2. «El Señor ha entregado en manos de ustedes el campamento madianita».
   3. Ambas respuestas son correctas.

7. ¿Cómo dividió Gedeón a los 300 hombres? (7:16)

   1. En grupos de diez.
   2. En tres compañías.
   3. En cinco grupos.

8. ¿Qué le dio Gedeón a cada uno de los 300 hombres? (7:16)

   1. Una trompeta y un cántaro vacío con una antorcha dentro.
   2. Una espada y una antorcha.
   3. Ambas respuestas son correctas.

9. ¿Qué hicieron los madianitas cuando los 300 hombres hicieron sonar las trompetas? (7:22)

   1. Pelearon contra los israelitas.
   2. Se atacaron entre sí con sus espadas.
   3. Ambas respuestas son correctas.

10. Mientras vivió Gedeón, ¿durante cuántos años tuvo paz el país? (8:28)

   1. Cincuenta años.
   2. Cuarenta años.
   3. Veinte años.

Josué Jueces Rut

1. ¿Qué le dijo el Señor a Gedeón sobre el tamaño del ejército? (7:2)
   1. «Tu ejército es demasiado pequeño».
   2. «Tu ejército tiene el tamaño adecuado».
   3. «Tienes demasiada gente».
   4. «Tus hombres son demasiado pequeños».

2. ¿Por qué quería el Señor que Gedeón redujera el tamaño de su ejército? (7:2)
   1. Porque Dios no quería que Israel se jactase contra él diciendo que su propia fortaleza lo había librado.
   2. Porque Dios no quería que murieran en batalla muchos israelitas.
   3. Porque Gedeón no tenía suficientes armas.
   4. Porque muchos de los hombres de Gedeón debían estar con sus familias.

3. ¿Cuántos hombres lamieron el agua llevándola de la mano a la boca? (7:6)
   1. 500 hombres.
   2. 3000 hombres.
   3. 300 hombres.
   4. 30 000 hombres.

4. ¿Con qué se comparaba el número de camellos de los madianitas? (7:12)
   1. Con langostas.
   2. Con la arena a la orilla del mar.
   3. Con el número de camellos que tenían los israelitas.
   4. Con el número de madianitas.

5. ¿Qué ordenó Gedeón al campamento israelita tras espiar a los madianitas? (7:15)
   1. «El Señor no quiere que luchemos».
   2. «Debemos abandonar esta área».
   3. «El Señor ha entregado en manos de ustedes el campamento madianita».
   4. «Prepárense para luchar».

6. ¿Cómo dividió Gedeón a los 300 hombres? (7:16)
   1. En compañías de diez.
   2. En tres compañías.
   3. En cinco compañías.
   4. En dos compañías iguales.

7. ¿Qué le dio Gedeón a cada hombre? (7:16)
   1. Una espada.
   2. Un camello y una espada.
   3. Una trompeta y un cántaro vacío con una antorcha dentro.
   4. Una piedra y una honda.

8. ¿Qué hicieron las tres compañías cuando escucharon que Gedeón y los cien hombres que iban con él tocaron las trompetas y estrellaron los cántaros contra el suelo? (7:19-20)
   1. Tocaron las trompetas.
   2. Hicieron pedazos los cántaros.
   3. Gritaron: «¡Desenvainen sus espadas, por el Señor y por Gedeón!».
   4. Todas las respuestas son correctas.

9. ¿Qué hicieron los madianitas cuando sonaron las trescientas trompetas? (7:22)
   1. Pelearon contra los israelitas.
   2. Se atacaron entre sí con sus espadas.
   3. Incendiaron el campamento israelita.
   4. Todas las respuestas son correctas.

10. Mientras vivió Gedeón, ¿durante cuántos años tuvo paz el país? (8:28)
    1. Cincuenta años.
    2. Cuarenta años.
    3. Veinte años.
    4. Siete años.

Josué Jueces Rut

PREGUNTAS DE REVISIÓN DE NIVEL BÁSICO (LECCIÓN DIECISÉIS: JUECES 13:1-25)

1. ¿En manos de quiénes entregó el Señor a los israelitas durante cuarenta años? (13:1)

   1. Los egipcios.
   2. Los filisteos.
   3. Los jebuseos.

2. ¿Qué no tenían Manoa y su esposa? (13:2)

   1. Hijos.
   2. Un hogar propio.
   3. Ganado.

3. ¿Quién se le apareció a la esposa de Manoa? (13:3)

   1. El rey filisteo.
   2. El ángel del Señor.
   3. Un soldado.

4. ¿Qué le dijo el ángel a la esposa de Manoa? (13:3)

   1. «Vas a concebir y tendrás un hijo».
   2. «Tu clan es el más débil de Israel».
   3. «Tu esposo morirá pronto».

5. ¿Qué no pasaría nunca sobre la cabeza del niño? (13:5)

   1. Champú.
   2. Una navaja.
   3. Ambas respuestas son correctas.

6. ¿Qué hizo Manoa después de que su esposa le contara lo que le había dicho el ángel? (13:7-8)

   1. Oró y pidió al Señor que enviara otra vez al hombre de Dios para que les enseñara cómo criar al niño.
   2. Huyó a las montañas y se escondió.
   3. Ambas respuestas son correctas.

7. ¿Qué dijo el ángel del Señor que era un misterio maravilloso? (13:18)

   1. Su nombre.
   2. Los caminos del Señor.
   3. Sus pensamientos.

8. ¿Qué cosa sorprendente sucedió mientras Manoa y su esposa observaban cómo se quemaba la ofrenda? (13:19-20)

   1. El Señor se apareció en una llama.
   2. El ángel del Señor ascendió en una llama.
   3. Ambas respuestas son correctas.

9. ¿Cómo llamó la esposa de Manoa al hijo que tuvo? (13:24)

   1. Gedeón.
   2. Manoa Junior.
   3. Sansón.

10. ¿Qué le sucedió a Sansón mientras estaba en Manajé Dan? (13:25)

   1. Se enamoró.
   2. El Espíritu del Señor comenzó a manifestarse en él.
   3. Ambas respuestas son correctas.

Josué Jueces Rut

1. ¿Qué no tenía la esposa de Manoa? (13:2)

   1. Hijos.
   2. Un hogar.
   3. Ganado.
   4. Tierra.

2. ¿Quién le dijo a la esposa de Manoa que daría a luz un hijo? (13:3)

   1. El ángel del Señor.
   2. Manoa.
   3. Una matrona.
   4. El sacerdote.

3. ¿Qué le dijo el ángel a la esposa de Manoa? (13:4-5)

   1. Que no bebiera vino.
   1. 2   Que no comiera nada impuro.
   2. Que la navaja nunca pasara por la cabeza de su hijo.
   3. Todas las respuestas son correctas.

4. ¿Por qué no debía pasar la navaja por la cabeza del niño? (13:5)

   1. Porque pasaría mucho frío si le afeitaban la cabeza.
   2. Porque sería nazareo, consagrado a Dios desde antes de nacer.
   3. Porque no se parecería a su padre.
   4. Todas las respuestas son correctas.

5. ¿Qué le dijo la esposa de Manoa a su esposo sobre el hombre de Dios? (13:6)

   1. «Por su aspecto imponente, parecía un ángel de Dios».
   2. «Por su aspecto hambriento, le ofrecí algo de comer».
   3. «Por su aspecto cansado, le ofrecí un lugar donde dormir».
   4. «Por su aspecto sediento, le ofrecí un poco de agua».

6. ¿Quién se le apareció a la esposa de Manoa mientras ella estaba en el campo? (13:9)

   1. El ángel de Dios.
   2. Un juez.
   3. Todos los siervos de Manoa.
   4. El sacerdote.

7. ¿Qué era un misterio maravilloso? (13:18)

   1. El poder del Señor.
   2. El nombre del ángel del Señor.
   3. Sus pensamientos.
   4. Los caminos del Señor.

8. ¿Qué hizo el Señor mientras Manoa y su esposa observaban cómo se quemaba la ofrenda? (13:19-20)

   1. Envió a otro ángel para que les dijera lo que debían hacer.
   2. Mientras la llama subía desde el altar hacia el cielo, el ángel del Señor ascendía en la llama.
   3. Bajó del cielo en una nube.
   4. Todas las respuestas son correctas.

9. ¿Cómo llamó la esposa de Manoa a su hijo? (13:24)

   1. Gedeón.
   2. Moisés.
   3. Sansón.
   4. Josué.

10. ¿Cuándo comenzó a manifestarse en Sansón el Espíritu del Señor? (13:25)

   1. Cuando se casó.
   2. Cuando cumplió los 25 años.
   3. Mientras viajaba a Jericó.
   4. Mientras estaba en Manajé Dan.

Josué Jueces Rut

1. ¿De quién se enamoró Sansón? (16:4)

    1. Débora.
    2. Dalila.
    3. Darla.

2. ¿Quién quería que Dalila averiguara el secreto de la fortaleza de Sansón? (16:5)

    1. La madre de Sansón.
    2. Dios.
    3. Los jefes de los filisteos.

3. ¿Qué fue lo primero que Sansón le dijo a Dalila que lo debilitaría? (16:7)

    1. Si lo ataba con siete cuerdas de arco.
    2. Si destrenzaba su cabello.
    3. Ambas respuestas son correctas.

4. ¿Qué le sucedería a Sansón si le afeitaban la cabeza? (16:17)

    1. Se haría más fuerte.
    2. Se volvería más alto.
    3. Perdería su fortaleza.

5. ¿Cómo se quedó sin fuerzas Sansón? (16:19)

    1. Lo ataron con cuerdas especiales.
    2. Le entretejieron las trenzas con tela.
    3. Le afeitaron sus siete trenzas.

6. ¿Qué hacía Sansón mientras le cortaban las trenzas? (16:19)

    1. Leía.
    2. Dormía.
    3. Comía.

7. ¿Para qué se reunieron los jefes de los filisteos? (16:23)

    1. Para ofrecerle un gran sacrificio a Dagón, su dios.
    2. Para festejar la derrota de Sansón.
    3. Ambas respuestas son correctas.

8. ¿Qué le pidió Sansón al Señor que hiciera por él solo una vez más? (16:28)

    1. Que le diera la vista.
    2. Que lo ayudara a escapar.
    3. Que lo fortaleciera.

9. ¿Qué hizo Sansón para matar a los filisteos? (16:29-30)

    1. Derrumbó el templo de Dagón sobre ellos.
    2. Incendió el templo de Dagón.
    3. Ambas respuestas son correctas.

10. ¿Durante cuántos años gobernó Sansón Israel? (16:31)

    1. Veinte.
    2. Treinta.
    3. Cuarenta.

Josué Jueces Rut

1. ¿Qué llevó Sansón hasta la cima del monte en Gaza? (16:3)
   1. Las puertas de la entrada de la ciudad, junto con sus dos postes.
   2. A cinco hombres.
   3. Un león que él mismo mató.
   4. A Dalila.

2. ¿De quién se enamoró Sansón? (16:4)
   1. De la hija del rey.
   2. De Doris.
   3. De Dalila.
   4. De Débora.

3. ¿Qué ofrecieron los jefes de los filisteos a Dalila a cambio de su ayuda? (16:5)
   1. Cien monedas de oro.
   2. Un hogar propio.
   3. Mil cien monedas de plata de cada jefe.
   4. Una tierra propia.

4. Según Sansón, ¿qué haría que perdiera su fortaleza? (16:11, 13, 17)
   1. Que lo ataran con sogas nuevas.
   2. Que le entretejieran las trenzas de su cabello con la tela de un telar.
   3. Que le cortaran sus siete trenzas.
   4. Todas las respuestas son correctas.

5. ¿Qué sucedía cada vez que Sansón mentía a Dalila sobre el secreto de su tremenda fuerza? (16:9, 12, 14)
   1. Sansón fingía estar dormido.
   2. Sansón se liberaba y los filisteos no lograban someterlo.
   3. Sansón odiaba a Dalila.
   4. Todas las respuestas son correctas.

6. Al final, ¿cómo logró Dalila someter a Sansón? (16:19)
   1. No dejó que se durmiera.
   2. Pidió que le cortaran las trenzas mientras dormía.
   3. Le dijo la verdad.
   4. Todas las respuestas son correctas.

7. ¿Qué hicieron los filisteos cuando capturaron a Sansón? (16:21)
   1. Le arrancaron los ojos.
   2. Lo sujetaron con cadenas.
   3. Lo pusieron a moler en la cárcel.
   4. Todas las respuestas son correctas.

8. ¿Para qué se reunieron los jefes de los filisteos? (16:23)
   1. Para festejar la batalla que habían ganado contra la tribu de Dan.
   2. Para festejar la derrota de Sansón y ofrecerle un gran sacrificio a Dagón, su dios.
   3. Para festejar el triunfo de Sansón sobre Dagón.
   4. Todas las respuestas son correctas.

9. Tras su salida de prisión para diversión del pueblo, ¿qué le pidió Sansón al Señor que hiciera? (16:28)
   1. Que se acordara de él.
   2. Que lo fortaleciera solo una vez más.
   3. Que le permitiera vengarse de los filisteos por haberle sacado los ojos.
   4. Todas las respuestas son correctas.

10. ¿Qué dice el libro de Jueces sobre la última exhibición de fuerza por parte de Sansón? (16:30)
    1. «Sansón el nazareo murió como esclavo en la tierra de Filistea».
    2. «Sansón mató solo a unos pocos en comparación con cuando gobernó Israel».
    3. «Fueron muchos más los que Sansón mató al morir que los que había matado mientras vivía».
    4. «Sansón obedeció al Señor e hizo grandes obras por Israel».

Josué Jueces Rut

PREGUNTAS DE REVISIÓN DE NIVEL BÁSICO (LECCIÓN DIECIOCHO: RUT 1:1-22)

1. ¿Cuántos hijos tenía Noemí? (1:1)

    1. Uno.
    2. Dos.
    3. Tres.

2. ¿De dónde era originalmente Noemí? (1:2)

    1. De Moab.
    2. De Jerusalén.
    3. De Belén.

3. ¿Qué sucedió mientras Noemí vivió en Moab? (1:2-4)

    1. Su esposo murió.
    2. Sus hijos se casaron con mujeres moabitas.
    3. Ambas respuestas son correctas.

4. ¿Cómo se llamaban las nueras de Noemí? (1:4)

    1. Orfa y Rut.
    2. Rut y Quilión.
    3. Quilión y Orfa.

5. ¿Quién había acudido en ayuda de su pueblo al proveerle de alimento? (1:6)

    1. El Señor.
    2. Los moabitas.
    3. Los habitantes de Belén.

6. ¿Qué dijo Noemí que esperaba que el Señor les concediera a sus nueras? (1:9)

    1. Un viaje seguro hasta el hogar de sus padres.
    2. Buena salud y una vida larga.
    3. Hallar seguridad en el hogar de un nuevo esposo.

7. ¿Qué fue lo primero que dijeron a Noemí sus nueras? (1:9-10)

    1. «Iremos al hogar de nuestras madres».
    2. «Queremos quedarnos aquí contigo».
    3. «Nosotras volveremos contigo a tu pueblo».

8. ¿Por qué les dijo Noemí a Orfa y a Rut que no debían acompañarla? (1:11)

    1. Porque no tenía dinero para cuidar de ellas.
    2. Porque no podía concebir más hijos que fueran sus esposos.
    3. Ambas respuestas son correctas.

9. ¿Quién se quedó con Noemí? (1:14)

    1. Rut.
    2. Orfa.
    3. Las dos.

10. ¿Qué le dijo Rut a Noemí cuando Noemí le pidió que fuera con Orfa? (1:15-16)

    1. «Iré adonde tú vayas».
    2. «Tu pueblo será mi pueblo, y tu Dios será mi Dios».
    3. Ambas respuestas son correctas.

Josué Jueces Rut

1. ¿Por qué se fueron Noemí y su familia de Belén para ir a Moab? (1:1)

1. Porque querían irse de Moab y volver a su hogar.
2. Porque no eran bienvenidos en Belén.
3. Porque había una época de hambre.
4. Porque en Belén no había esposas para sus hijos.

2. ¿Qué sucedió mientras Noemí y su familia vivieron en Moab? (1:3-5)

1. Su esposo murió.
2. Sus dos hijos se casaron.
3. Sus dos hijos murieron.
4. Todas las respuestas son correctas.

3. ¿Cómo acudió el Señor en ayuda de su pueblo en Belén? (1:6)

1. Lo proveyó de alimento.
2. Derrotó a los enemigos de los israelitas.
3. Dio a su pueblo un nuevo líder.
4. Dio descanso a los filisteos.

4. ¿Qué fue lo primero que Orfa y Rut dijeron a Rut que harían? (1:9-10)

1. Quedarse con Noemí en Moab.
2. Buscar un nuevo esposo.
3. Acompañar a Noemí de vuelta a su pueblo.
4. Irse a casa con sus madres.

5. ¿Qué hizo Orfa? (1:14-15)

1. Se fue con Noemí a la tierra de Judá.
2. Dejó a Noemí y volvió con su pueblo.
3. Encontró a un nuevo esposo.
4. Decidió ir a Belén ella sola.

6. ¿Qué respondió Rut cuando Noemí le pidió que regresara con Orfa? (1:15-16)

1. «No insistas en que te abandone».
2. «Iré adonde tú vayas».
3. «Tu pueblo será mi pueblo, y tu Dios será mi Dios».
4. Todas las respuestas son correctas.

7. ¿Qué decidió hacer Rut? (1:18)

1. Regresó con su pueblo y sus dioses.
2. Decidió buscar otro esposo en Moab.
3. Decidió acompañar a Noemí.
4. Decidió irse con Orfa.

8. ¿Qué dijeron las mujeres de Belén cuando llegaron Noemí y Rut? (1:19)

1. «¿Quién es esa mujer que está con Noemí?».
2. «¿Por qué está aquí Noemí? Hace diez años que se fue».
3. «¿Por qué ha venido Noemí con Rut?».
4. «¿No es esta Noemí?».

9. ¿Qué pensaba Noemí que el Señor le había hecho? (1:20-21)

1. Que había apartado su amor de ella.
2. Que le había dado muchos hijos.
3. Que le había colmado su vida de amargura.
4. Que la había hecho marcharse sin nada y regresar con riquezas.

10. ¿En qué época del año regresaron a Belén Noemí y Rut? (1:22)

1. Cuando comenzaba la siembra.
2. **Cuando comenzaba** la cosecha.
3. Cuando comenzaba el invierno.
4. Cuando comenzaba la primavera.

Josué Jueces Rut

1. ¿Quién era pariente del esposo de Noemí? (2:1)

    1. Judas.
    2. Booz.
    3. Elimélec.

2. ¿Para qué fue Rut al campo? (2:2)

    1. Para sembrar maíz.
    2. Para recoger flores.
    3. Para recoger las espigas que alguien dejara.

3. ¿En el campo de quién estaba trabajando Rut? (2:3)

    1. En el campo de Booz.
    2. En el campo de Noemí.
    3. En un campo sin dueño.

4. ¿Cómo saludó Booz a los segadores? (2:4)

    1. «¡Que el SEÑOR esté con ustedes!».
    2. «¡Deben trabajar más duro!».
    3. Ambas respuestas son correctas.

5. ¿Cómo trabajó Rut mientras estuvo en el campo? (2:7)

    1. No dejó de trabajar durante casi todo el día.
    2. No trabajó mucho y fue perezosa.
    3. Estuvo la mayor parte del tiempo en el cobertizo.

6. ¿Qué le pidió Booz al Señor que hiciera por Noemí? (2:11-12)

    1. Que le diera otro esposo.
    2. Que la recompensara y que le pagara con creces lo que ella había hecho.
    3. Ambas respuestas son correctas.

7. ¿A dónde dijo Booz que Rut había venido a refugiarse? (2:12)

    1. Al campo de Noemí.
    2. A su casa.
    3. Bajo las alas del Señor.

8. ¿Qué orden les dio Booz a sus criados acerca de Rut? (2:15-16)

    1. «Recojan algunas gavillas para ella».
    2. «Dejen caer algunas espigas para que ella las recoja».
    3. Ambas respuestas son correctas.

9. ¿Por qué dijo Noemí que era buena idea que Rut trabajara en el campo de Booz? (2:22)

    1. Porque en otro campo podían aprovecharse de Rut.
    2. Porque Rut podía recoger casi todas las espigas en el campo de Booz.
    3. Ambas respuestas son correctas.

10. ¿Junto a quiénes se quedó Rut para recoger espigas en el campo de Booz? (2:23)

    1. Junto a Booz.
    2. Junto al capataz.
    3. Junto a las criadas de Booz.

Josué Jueces Rut

1. ¿Quién era Booz? (2:1)

    1. Un pariente rico e influyente del esposo de Noemí.
    2. Un comerciante rico e influyente.
    3. Un siervo.
    4. Todas las respuestas son correctas.

2. ¿Dónde trabajó Rut? (2:3)

    1. En una tienda que pertenecía a la madre de Elimélec.
    2. En un molino al que la gente llevaba el grano.
    3. En un campo que pertenecía a Booz.
    4. Todas las respuestas son correctas.

3. ¿Cómo saludó Booz a los segadores cuando llegó desde Belén? (2:4)

    1. «¡Que el Señor esté con ustedes!».
    2. «¡Que el Señor les pague con creces!».
    3. «¡Que el Señor los bendiga en abundancia!».
    4. «¡Buenas tardes, fieles trabajadores!».

4. ¿Qué instrucción dio Booz a Rut sobre cómo recoger espigas en su campo? (2:9)

    1. Que preguntara a los capataces dónde podía recoger espigas.
    2. Que siguiera a las criadas y bebiera agua siempre que tuviera sed.
    3. Que recogiera espigas solo en la mitad sur del campo.
    4. Que evitara estar junto a las criadas.

5. ¿Qué oyó Booz acerca de Rut? (2:11)

    1. Oyó que había dejado a sus padres y su tierra.
    2. Oyó todo lo que Rut había hecho por Noemí.
    3. Oyó que Rut había venido a vivir con un pueblo que no conocía.
    4. Todas las respuestas son correctas.

6. ¿A quién le pidió Booz que recompensara a Rut con creces? (2:12)

    1. A Noemí.
    2. Al Dios de Israel.
    3. Al dios de los moabitas.
    4. A las criadas.

7. ¿Qué dijo Booz sobre lo que Rut había hecho? (2:12)

    1. Que Rut había venido a refugiarse bajo las alas del Señor.
    2. Que había hecho obras muy loables por el Señor.
    3. Que había seguido al Señor de todo corazón.
    4. Que había ayudado a Noemí a salir de Belén.

8. ¿Qué o a quién se llevó Rut al pueblo después de trabajar en el campo? (2:17-18)

    1. A los criados de Booz.
    2. La cebada que había recogido.
    3. Frutas y verduras.
    4. Todas las respuestas son correctas.

9. ¿Qué dijo Noemí que era Booz? (2:20)

    1. Un capataz amigable.
    2. Uno de sus parientes que podían redimirla.
    3. Un hombre ávaro.
    4. Un terrateniente.

10. ¿Cómo cuidó Rut de Noemí mientras estuvieron viviendo en Belén? (2:23)

    1. Rut trabajó en la casa de Booz.
    2. Recogía espigas.
    3. Rut trabajó en el molino.
    4. Rut ayudó a Noemí a sembrar su propio campo de trigo.

Josué Jueces Rut

1. ¿Qué le dijo Noemí a Rut que intentaría buscarle? (3:1)

   1. Un hogar.
   2. Un trabajo.
   3. Tierra.

2. ¿Qué haría Booz esa noche? (3:2)

   1. Trabajar en el huerto de su casa.
   2. Aventar la cebada en la era.
   3. Reunirse con los ancianos en la puerta de la ciudad.

3. ¿Qué le dijo Noemí a Rut que hiciera cuando Booz se fuera a dormir? (3:4)

   1. Que le destapase los pies, se acostara y esperara a que él le dijera lo que tenía que hacer.
   2. Que lo ayudara a aventar todo el trigo.
   3. Ambas respuestas son correctas.

4. ¿Qué hizo Booz cuando terminó de comer y beber? (3:7)

   1. Estaba enojado y quemó el trigo.
   2. Se puso alegre y se fue a dormir detrás del montón de grano.
   3. Estaba muy triste y lloró en un rincón.

5. ¿Qué pensaban de Rut los hombres del pueblo? (3:11)

   1. Pensaban que buscaba como esposo a un hombre más joven y rico.
   2. Pensaban que era una mujer ejemplar.
   3. Pensaban que era una persona prudente.

6. ¿Qué le dio Booz a Rut? (3:15)

   1. Veinte kilos de cebada.
   2. Un manto.
   3. Ambas respuestas son correctas.

7. ¿Cómo se ratificaba el traspaso de una propiedad en el antiguo Israel? (4:7)

   1. Una de las partes contratantes se quitaba la sandalia y se la daba a la otra.
   2. Las dos partes firmaban un contrato.
   3. Con un apretón de manos.

8. ¿Qué les dijo Booz a los ancianos cuando el primer pariente redentor rechazó la tierra? (4:9-10)

   1. Que él compraría la propiedad y se casaría con Rut.
   2. Que él compraría la propiedad y se casaría con Noemí.
   3. Ambas respuestas son correctas.

9. ¿Cómo se llamaba el hijo de Booz y Rut? (4:17)

   1. Obed.
   2. Isaí.
   3. David.

10. Completa este verso: «Porque el Señor es bueno y su gran amor es eterno; ...» (Salmos 100:5)

   1. «... su gracia cubre todos nuestros pecados».
   2. «... su poder y fortaleza nos protegen».
   3. «... su fidelidad permanece para siempre».

Josué Jueces Rut

1. ¿Qué planeó Noemí para buscar un hogar para Rut? (3:1-3)
   1. Planeó enviarla de vuelta a Moab.
   2. Planeó enviarla a ver a Booz.
   3. Planeó sembrar cebada.
   4. No planeó nada.

2. ¿Qué sucedió mientras Booz estuvo en la era? (3:7)
   1. Terminó de comer, de beber y se puso alegre.
   2. Se fue a dormir detrás del montón de grano.
   3. Rut se acercó a él sigilosamente, le destapó los pies y se acostó allí.
   4. Todas las respuestas son correctas.

3. ¿Qué respondió Booz cuando Rut le pidió que extendiera sobre ella el borde de su manto? (3:9-10)
   1. «¿Por qué estás aquí? ¡Vete antes de que alguien te vea!».
   2. «¿Por qué quieres estar conmigo?».
   3. «Esta nueva muestra de lealtad de tu parte supera la anterior».
   4. Todas las respuestas son correctas.

4. ¿Por qué tenía el otro pariente redentor la oportunidad de comprar la tierra de Noemí antes que Booz? (4:3-4)
   1. Porque Booz le tenía miedo.
   2. Porque el otro pariente redentor era un pariente más cercano que Booz.
   3. Porque Booz no quería la tierra.
   4. Todas las respuestas son correctas.

5. ¿Por qué decidió no comprar la tierra el otro pariente redentor? (4:5-6)
   1. Porque no necesitaba más tierras.
   2. Porque no tenía dinero para comprarla.
   3. Porque no quería casarse con Rut y perjudicar su propia herencia.
   4. Todas las respuestas son correctas.

6. ¿Cómo se ratificaba el traspaso de una propiedad en el antiguo Israel? (4:7)
   1. Una de las partes contratantes se quitaba la sandalia y se la daba a la otra.
   2. Una de las partes contratantes hablaba ante los ancianos.
   3. Se firmaba un contrato.
   4. Todas las respuestas son correctas.

7. ¿Cómo se aseguraría Booz de preservar el nombre de Majlón? (4:9-10)
   1. Llamaría Majlón a su primer hijo.
   2. Se casaría con Rut.
   3. Llamaría Majlón a su propiedad.
   4. Todas las respuestas son correctas.

8. ¿Qué dijeron las mujeres que el Señor había hecho por Noemí? (4:13-14)
   1. Que el Señor le había dado una gran hija a Noemí.
   2. Que el Señor había estado con Noemí en los momentos buenos y en los malos.
   3. Que el Señor no se había olvidado de los problemas de Noemí.
   4. Que el Señor no había dejado a Noemí sin un redentor.

9. ¿Qué le dijeron las mujeres a Noemí acerca de Rut? (4:15)
   1. Que Rut había tenido la suerte de casarse con un esposo rico.
   2. Que Rut era para Noemí mejor que siete hijos.
   3. Que Rut era una gran hija.
   4. Que Rut era ahora una pariente real de Noemí.

10. ¿Cómo se llamó el hijo de Rut y Booz? (4:17)
   1. Isaí.
   2. Majlón.
   3. Obed.
   4. David.

Josué Jueces Rut

Josué Jueces Rut

Tabla de Puntaje

Nombre de Iglesia/Equipo: _____

Instrucciones: En el nivel inicial de MEBI se usan 15 preguntas, en el avanzado se usan 20 preguntas. Lee las reglas y apégate a ellas.

Nombres: Vuelta 1	1	2	3	4	5	6	7	8	9	10	11	12	13	14	15	16	17	18	19	20	Total
Puntos adicionales del equipo																					

Puntaje total del equipo

Nombres: Vuelta 1	1	2	3	4	5	6	7	8	9	10	11	12	13	14	15	16	17	18	19	20	Total
Puntos adicionales del equipo																					

Puntaje total del equipo

Nombres: Vuelta 1	1	2	3	4	5	6	7	8	9	10	11	12	13	14	15	16	17	18	19	20	Total
Puntos adicionales del equipo																					

Puntaje total del equipo

IGLESIA DEL NAZARENO
MESOAMÉRICA

MINISTERIO DE ESGRIMA BÍBLICO INFANTIL
OTORGAN EL PRESENTE DIPLOMA A:

POR HABER CONCLUIDO EL ESTUDIO
BÍBLICO PARA NIÑOS DE LOS LIBROS:

Josué, Jueces y Rut

¡Nunca se apartará de tu boca este libro de la ley,
sino que de día y de noche meditarás en él, para
que guardes y hagas conforme a todo lo que en él
está escrito; porque entonces harás prosperar tu
camino, y todo te saldrá bien! Josué 1:8

PASTOR   COACH

www.ingramcontent.com/pod-product-compliance
Lightning Source LLC
LaVergne TN
LVHW081315060426
835509LV00015B/1519